社会发展译丛

进步的幻象

[法]乔治·索雷尔◇著　吕文江◇译

The Illusions of Progress

中国社会科学出版社

图书在版编目(CIP)数据

进步的幻象/索雷尔著,吕文江译.—北京:中国社会科学出版社,2013.3
ISBN 978-7-5161-1958-7

Ⅰ.①进… Ⅱ.①索…②吕… Ⅲ.①社会哲学—研究 Ⅳ.①C91-02

中国版本图书馆 CIP 数据核字(2012)第 303270 号

Authorised translation from the English language edition published by University of California Press.

中国社会科学出版社享有本书中国大陆地区简体中文版专有权,该权利受法律保护。
版权贸易合同登记号　图字:01-2012-8026

出 版 人	赵剑英
责任编辑	喻　苗
责任校对	侯　玲
责任印制	王炳图

出　　版		中国社会科学出版社
社　　址		北京鼓楼西大街甲 158 号(邮编100720)
网　　址		http://www.csspw.cn
		中文域名:中国社科网　010-64070619
发 行 部		010-84083685
门 市 部		010-84029450
经　　销		新华书店及其他书店
印　　刷		北京君升印刷有限公司
装　　订		廊坊市广阳区广增装订厂
版　　次		2013 年 3 月第 1 版
印　　次		2013 年 3 月第 1 次印刷
开　　本		710×1000　1/16
印　　张		14.75
插　　页		2
字　　数		245 千字
定　　价		39.00 元

凡购买中国社会科学出版社图书,如有质量问题请与本社联系调换
电话:010-64009791
版权所有　侵权必究

《社会发展译丛》编委会名单

主　　编　李汉林　　赵剑英

编　　委　渠敬东　　折晓叶　　沈　红
　　　　　葛道顺　　钟宏武　　高　勇

项目统筹　王　茵　　杨清媚

《社会发展译丛》编辑部

主　　任　王　茵
成　　员　夏　侠　　喻　苗　　侯苗苗
　　　　　孙　萍　　韩国茹

目 录

英译本序言 …………………………………………（1）
英译者导言 …………………………………………（4）
 一 …………………………………………………（4）
 二 …………………………………………………（6）
 三 …………………………………………………（14）
 四 …………………………………………………（16）
法文第一版前言 ……………………………………（32）
法文第二版前言 ……………………………………（38）
第一章　最初的进步意识形态 ……………………（1）
 一 …………………………………………………（1）
 二 …………………………………………………（8）
 三 …………………………………………………（16）
第二章　获胜的资产阶级 …………………………（28）
 一 …………………………………………………（28）
 二 …………………………………………………（34）
 三 …………………………………………………（39）
 四 …………………………………………………（45）
 五 …………………………………………………（50）
第三章　18世纪的科学 ……………………………（64）
 一 …………………………………………………（64）
 二 …………………………………………………（71）
第四章　第三等级的莽撞 …………………………（81）
 一 …………………………………………………（81）
 二 …………………………………………………（86）

三 ………………………………………………………… (90)
　　四 ………………………………………………………… (94)
第五章　进步的理论 ……………………………………… (102)
　　一 ………………………………………………………… (102)
　　二 ………………………………………………………… (107)
　　三 ………………………………………………………… (111)
　　四 ………………………………………………………… (116)
　　五 ………………………………………………………… (121)
　　六 ………………………………………………………… (126)
第六章　辉煌与衰落 ……………………………………… (136)
　　一 ………………………………………………………… (136)
　　二 ………………………………………………………… (140)
　　三 ………………………………………………………… (144)
　　四 ………………………………………………………… (148)
　　五 ………………………………………………………… (154)
第七章　迈向社会主义 …………………………………… (159)
　　一 ………………………………………………………… (159)
　　二 ………………………………………………………… (163)
　　三 ………………………………………………………… (167)
　　四 ………………………………………………………… (171)
人名对照表 ………………………………………………… (183)

英译本序言

索雷尔的这本著作能被译为英文，是一件让人高兴的事情，而尤其让人高兴的是译本质量优秀，同时斯坦利教授所作的导言也颇具价值。要知道，即使是索雷尔最热诚的仰慕者也不以为思想明晰或文体精妙是他的所长。他的著作与文章中所采取的写作结构与写作方式，反映了他的人生、意图以及思想中的明显冲突。两位译者能够深入原著曲折幽深之处，给我们提供了一部据我看来无论在语义还是精神上都极为忠实的译作，足以说明他们的卓越技巧。

要由一位法国人来揭示一个尽管风靡四方、从最核心处来说却是法国的观念的理智根源，这事真有种高卢式的魅力。现代进步观念——这一观念认为人类以线性方式从过去进步而来，现在仍在进步，而且还会向未来无限进步——产生于法国启蒙运动时期。我们发现早在18世纪修道院院长圣皮埃尔就无比确信地表述过它，而伟大的孔多塞在18世纪末也满怀先知式的激情声称过它。

但是，正如索雷尔在《进步的幻象》第一部分充分表明的那样，在18世纪法国人对文明进步之不可阻挡的信念背后，存在着一个更早且至关重要的信念，即17世纪法国人坚信知识，唯独知识，处于不可阻挡的进步之中。当像帕斯卡、丰特内勒以及佩罗这些法国理性主义名家认定随着时间而呈现的进步式变动普遍且必然之时，他们心中所想的并不是人类的制度机构、组织体制以及道德伦理，而仅仅是如丰特内勒所说的"人类智慧的增长与发展"。

而且，也正像索雷尔几乎是满怀欣喜地强调的那样，这种对人类知识进步的确定性的信念，至少在第一步是奠立在并不比丰特内勒与佩罗如下信念更为坚实的基础之上的，即认为他们时代的文学与哲学著作在质量上超过柏拉图、亚里士多德、埃斯库罗斯、索福克勒斯以及古典时代其他人的著作。因为正是在被后世视做古今之争的知识分子的优雅论战中，必然的、线性的进步观念得到了首次表述。索雷尔敏锐地澄清，现代派的理性主义辩护者们受到某种循环论证之累。17世纪的作家之所以能被声称为优越于古希腊罗马时代的作家，是由于知识如同个人心智的成长一样具有随着时间而逐步增长的自然趋势。而这种假定的进步式变化原则的真实性反过来可由17世纪哲学家和剧作家明显优越于他们的古典前辈加以证明。当我们阅读《进步的幻象》开始的杰出章节时，我们几乎听得到索雷尔咯咯的笑声。他似乎在说，随你摆出多少进步的"证据"，一个不可辩驳的事实始终存在：现代进步观念的出现，不是对历史状况的总结性概括，而是17世纪某些法国知识分子力图证明他们及其同辈在知识上优越于柏拉图和亚里士多德时所采取的某种修辞技巧。

当然，所要说的远不止此——无论在索雷尔本人的著作中还是在对进步观念之历史的更广阔透视中都有更多的东西。斯坦利教授典范性导言的突出优点之一在于他进入了这一广阔的透视，并颇具学识地给我们展现了欧洲进步观念的更深的根源。斯坦利的导言文章提升的不仅是评述索雷尔的学术文字，而且是处理进步观念之历史的更一般性的文字。他相当清晰地阐明，对知识与文化进步的信念，远不是现代人的专利，它在希腊和罗马的古典思想家那里就有着大量的哲学性理解以及吸引力。对于斯坦利在西方思想中追究进步观念的根源的做法，怎么赞誉都不为过；尽管不得不做到简洁扼要，这一追究所带来的启发远远不是短短几页文字所能概括的。

同样重要的是斯坦利教授就进步观念与索雷尔自身时代欧洲思想的关系所作的篇幅较长也更详细的分析。他给我们指出索雷尔本人的某些含糊与误解，尤其是在涉及意识形态概念之时。索雷尔坚信进步是一种意识形态；一种如我们所见首先始自17世纪某些知识分子，但继而依靠资产阶级维持其流行性的意识形态。斯坦利告诉我们，索雷尔的目的与其说在于处理进步的观念，不如说在于同资产阶级的较量，他借攻击这一观念来攻击资产阶级。事实上，索雷尔原本绝不想诋毁进步的哲学。正如斯坦利教授所指出的，"一位起初想驳斥现代的进步观念的思想家却以对生产的物质性进步的肯定来结束他两部最重要著作的主要章节"，这是一个极为矛盾之人的突出矛盾之一。

一个关键之处——这一点在斯坦利评论索雷尔的导言以及索雷尔文本的最后几页很清楚——在于索雷尔厌恶的与其说是"进步"的观念，不如说是进步的"观念"。我相信这一区分至关重要。我们不能把索雷尔完全放在19世纪以及20世纪早期那群论述异化的思想家之中，像托克维尔、布克哈特、马克斯·韦伯等思想家对进步观念的不信任扎根在他们对现代主义，尤其是现代的物质主义的不信任当中。而对索雷尔来说，在物质性生产中的确看得到进步，而且如果理解得当，进步是能够作为对索雷尔崇尚的革命行动的一种激励的。对于进步观念——这一观念从17、18世纪以来绵延不坠，不仅牵扯资产阶级哲学家，而且涉及社会主义者，包括马克思本人（参见本书第七章第一节）——索雷尔所厌恶的是它的自然、正常且必然的弦外之音。正如斯坦利所总结的，《论暴力》一书的作者，这位论述神话、精英以及革命行动的哲学家，很难期望会接受进步观念的这一方面；即使表现为他在马克思那里看到的那种形式，我们知道，那里结合着一种对疗救性革命即将来临的千禧年信徒式的信念。

只有当进步的观念脱离开行动的首要性时，进步的"幻象"才对索雷尔表现为一种幻象。对于斯坦利教授在他导言最后就美德的论述之所及，我想我们还可正当地冠以"进步"一词。在索雷尔看来，进步如同美德一样，"只属于那些行动的人"。有关这本著作与我们今天正在进行中的各种思想与行动之间深刻的关联，的确无须再多说什么来予以特别指明了。

罗伯特·尼斯比特

英译者导言

一

乔治·索雷尔主要是通过他的《论暴力》一书而为英美读者所知的,除了一本小作之外[1],这本书至今仍是他十多本著作中唯一被翻译过来的一本。不难理解为什么会是这样:《论暴力》英译本的面世,正值人们对评判社会主义怀有浓烈的兴趣之时,这本著作反对理性主义的激进立场迎合了当时的风气。今天,暴力在社会运动中的创造性作用这一思想已经引起了研究当代事件的学者们的莫大兴趣。甚至索雷尔著作的标题也有了一些轰动效果。

作为这种相当片面的接触的后果,英语世界的读者将索雷尔主要视做无政府工联主义以及当今著名(或者说声名狼藉)的总罢工神话的鼓吹者。某些狭隘的印象的确由于最近几本美国人的著作[2]而得以纠正,但是,对索雷尔遭到的误解或肤浅印象的这些纠正尽管有力,却显得太过艰难。即使在法国,人们也并未怎么阅读索雷尔的许多不太知名的著作,对他过于简单的思考仍然存在相当数量。比如,萨特①最近就把索雷尔的著作斥为"法西斯主义言论"[3],这一论断,不管它可能包含多少真理的成分,也无异于把《共产党宣言》贬为布尔什维克宣传。索雷尔的著作,不管可能如何冒犯了我们,也必须根据其自身的价值加以研究。

理解索雷尔并不是一件容易的事情。他是一位蹩脚的作家。他的文

---

① 萨特(1905—1980),法国哲学家、作家,存在主义代表人物,拒绝接受1964年诺贝尔文学奖,有哲学著作《存在与虚无》、小说《恶心》和《自由之路》、剧作《苍蝇》和《魔鬼与上帝》等。(后文页下注均为中译注)

章结构糟糕，想法繁杂，而他却心许这种做法；读者必须作出努力才可能理解他。但是译者认为将他的另一本重要著作引入英语世界是推进对这位重要思想家研究的一条绝佳途径。这本著作即初版于 1908 年的《进步的幻象》（*Les Illusions du Progrès*），之所以选择它是有若干理由的。当代学者对进步观念抱有浓厚的兴趣，部分由于这一原因，《进步的幻象》与《论暴力》同被认为是索雷尔最为有趣且最具影响的著作。[4]这就是为什么它是研究进步观念史以及研究索雷尔思想的学生与学者应该阅读的一本著作。

可是，这本著作的意义不只是学术性的。由于将近 200 年的扩张、持续的西进以及几乎清一色的自由理性主义政治思想传统，进步观念对美国人具有某种特别的魔力。很少有政治家不去涉及我们所取得的巨大"进步"，也绝少有哪个州的演讲或者会议基调讲话不去谈论将进步作为美国人生活的几大目的之一。事实上，美国可以说是少数这样的西方工业化国家之一——它们的公民仍然热诚相信人类理性的运用可以增进人类福祉，或者每个新的发现都会有益于大众：尽管原子核的分裂有可能毁灭人类，它还是提供了丰沛的廉价电力资源。[5]

远离美国，索雷尔在欧洲历史的这样一个时刻写下《进步的幻象》，当时不但那些引导古斯塔夫·埃菲尔建造欧洲最高纪念碑的想法，就是理性（rationality）概念本身，总的来说都已被人们淡漠了。心理学方面新的研究，外加奢华没有任何品味与教养的感觉，产生了一种颓废与道德败坏的意识。理性与科学并没有给人类带来解放，反倒奴役、贬低了人类。就索雷尔自身而言，这种意识由于他对那些起初被他视做欧洲文明救星的力量的观察而得以确定。自由主义者和社会主义者在德雷福斯事件中的可耻行为破灭了他的幻想，也正是这种厌恶使得索雷尔起而反对法国的主流激进主义。对索雷尔来说，德雷福斯的支持者们并不对社会主义重建真有什么兴趣。他发现[6]他们中的许多人支持这位遭受围攻的法国军官时抱有个人野心方面的动机。索雷尔认为这些激进分子绝不是对变革事物的秩序发生兴趣，他们仅仅想在原有的秩序中为自己占据一个位置。他们要的是权力，而不是一个更公正的社会；或者至少可以说他们把个人的胜利混同于社会革命的胜利，而事实上他们的成就却主要从强化原有秩序而来。

于是，索雷尔便将他知识生涯的相当部分投入到发起一场两条战线上的战争，一面是反对欧洲资本主义的代理人，一面是反对议会社会主义的支持者。正如索雷尔所见，其中部分的艰难在于资本主义与改良社会主义共享许多欧洲知识分子在世纪之交开始质疑的自由理性主义假设。按照索雷尔的看法，这些假设的基底上摆放着进步的观念。

相当有趣的是，一个有着索雷尔那样背景的人竟会质疑进步观念。索雷尔1849年出生于一个法国中产阶级家庭，在法国素负盛名的综合工科学校接受教育，后来从事政府工程师的工作。然而，工程师行业并不是他的所爱，他早在1892年就退休了。而他的大部分作品正是在他退休之后才写出来的。且不说他的个人经历使他如何疏离于现存体制，索雷尔当然不会允许某种对科学进步的真正崇敬遮蔽掉他对一个远远超出技术性复杂的观念的怀疑。索雷尔知道进步观念发轫并盛行于一个技术性的时代，但是他也意识到这一观念远远超乎更有效率地建造铁路或者扩充更有效率的生产手段。因为他正确地考虑到进步观念是那个时代一种居主导地位的意识形态或（贬义上的）神话——一种具有深远政治后果的意识形态。

二

要解释索雷尔对进步观念的看法，我们应该比较单纯改进或技术性复杂的观念与现代进步观念的不同。为了做到这一点，我们不妨先放下索雷尔而简短讨论一下三本著作，它们均主张索雷尔对进步观念的现代理解实则是很古老的。在这一讨论之后，我们将试着分析"意识形态"指的是什么，这样我们就能讨论索雷尔如何看待"进步的意识形态"。

晚近的路德维希·埃德尔斯坦教授认为希腊人和罗马人具有一种进步观念，埃德尔斯坦追随阿瑟·拉福乔将其定义为："自然或人类固有的一种倾向，这种倾向即过去、现在至未来循序经过若干发展阶段，除了偶然可能有的迟滞外，后面的阶段要优于前面的。"[7]

如果这种对进步的一般界定可以称为"发展式增进"的话，那么很容易确定某些古人的确相信进步。正如某位学者所说，认为"古人以畏惧之心看待变化，因为他们将变化视做灾难"当然是不对的。[8]举一个显著的例子，亚里士多德将城邦的成长当做变化，而这种变化被看做是自然的、好的；这即是说，城邦比更早更原始的政治组织形式要好，从某种意义上也要更"自然"。如果这种想法就是埃德尔斯坦先生所说的进步，那么希腊人肯定相信它。

但是我们应该说，现代的进步观念指的不仅是发展式增进的自然倾向（这是拉福乔—埃德尔斯坦定义的根本所在）。因为在索雷尔的时代，甚至在今天，进步观念既是一种历史发展的规则，一种历史哲学，作为其结果又是一种政治哲学。它将对历史的一种描述性分析与一种认为这种发展是正确与良善的哲学立场结合起来，而且像我们将要看到的，这种立场被用于政治目的。

至此，拉福乔的定义就显得相当含糊，其中蕴涵现代表述的可能性。它宽泛到足以包含历史、哲学以及政治分析。但埃德尔斯坦在其著作的开篇就相当清楚地指出，"历史学家采纳的进步定义不能等同于哲学家的定义"[9]。这样，任何领域中任何为人承认的零碎改进的实例都被埃德尔斯坦归于进步概念之列。他确实暗示改进的尺度既可以是零碎的，又可以是整体的："改进的尺度可以是肉体持存，物质财富的增长，或者甚至纯粹是新奇；可以是道德进步，知识增长，或者更大的幸福。改进既可以从人生的所有方面来寻找，也可以从仅有的几个方面来寻找。"[10]但从他的所有实例中可以清楚地看到，零碎的进步是古人认为可能的唯一一种改进，它的确排除了现代进步观所特有的无所不包的全盘改进观。

为了更充分地理解现代观点，简短审视一下另一位作者的看法不无益处，这位作者主张古人超出了零碎进步观而接近于现代的看法。在《开放社会及其敌人》一书中，卡尔·波普尔教授说亚里士多德的目的论观点构成了黑格尔学派现代进步主义的部分根源。波普尔意指亚里士多德的"进步主义"建立在这位斯塔吉拉人的目的或终极因概念基础之上。任何事物的原因同时也是运动指向的目的，而且这一目的是好的。任何事物发展而成的本质等同于发展所指向的目的或意旨。[11]亚里士多德运用了生物学的类比：孩童的目的是成人；如果我们把这一生物学分析转用或延伸于政治领域，我们可以说村落发展指向的目的是最为自然的且最高形式的组织——城邦。

波普尔说目的与终极因学说导向一种"历史决定论"的历史命运或宿命观，可用于说明所有种类恐怖制度——比如奴隶制[12]——的正当性，因为它们是不可避免的。这种认为事件不可避免（一定程度上也可预见）的"历史决定论"观点对现代进步观来说是根本的。但是亚里士多德的终极因说是否具有波普尔意指的那种决定性还有疑问。决定论是历史性的，而即使是波普尔也不得不承认亚里士多德对历史趋向不感兴趣，对历史决定论没有直接贡献。[13]放下决定论不提，亚里士多德也并未把城邦的成长等同于无论是道德还是技术的成长。技术在某些领域达致完善，在其他领域尚需进一步调适。[14]此外，城邦政治制度的成长并不一定伴随相应的道德提升。因而亚里士多德小心谨慎地区分了"好人"与"好公民"的不同，即好人与好公民只有在最好的城邦中才是同一的。[15]反之，阐述进步的理论家则倾向于把道德的、技术的与政治的发展看做互相关联的整体。

事实上，假定古人终究有一种历史理论，那么道德分离于我们今天所称的"历史"就是古代的突出特征之一。海夫洛克曾在他的《希腊政治学中的自由习气》[16]一书中指出：美德可以被传授这一智者派观念具有对历史与美德之现代认识的根本性质。海夫洛克以普罗米修斯为了人类的利益而从宙斯的炉中盗火的神话[17]引出他的论题，但是没有证据表明这一理论类似于现代的理论。譬如，正像我们已经指出的，普罗米修斯神话没有揭示任何无限的进步——而这是现代性的突出特征。普罗米修斯受到惩罚将进步转为巨大的幻象，一个最终彻底破灭的虚妄希望。更重要的是，美德可以被传授的智者派观点本身并未显示现代意义上的进步。海夫洛克认为普罗泰哥拉①主义将一个社会进步的时代予以正当化[18]，而且采取的正是伯利克里在葬礼演说中颂扬雅典的方式。[19]但是这里同样，古代的进步在技术提升的含混意义之外真没有什么好说的，它缺乏一种历史感。列奥·施特劳斯曾经有力地说明："自由主义包含一种历史哲学。'历史'在此语境中指的不是某类探索或者某一探索的结果，而是某一探索的对象或'真实的某种维度'。既然作为'历史'一词来源的希腊语词并没有后一种含义，语文学上就不允许称任何希腊思想家有一种历史哲学，除非你对此宣称有恰当的根据。"[20]正如他所指出的，希腊资料中没有证据表明智者派或任何其他学派拥有我们会称之为历史哲学——特别对应于现代进步观的一种哲学——的东西。而

---

① 普罗泰哥拉（公元前490？—前420？），古希腊哲学家，智者派的主要代表人物，提出相对主义的著名命题"人是万物的尺度"，著有《论神》，因被控以不信神之罪，著作被焚。

且可以假设，如果确实有这种观念的话，柏拉图的对话录会给予特别的记录，因为进步非常容易遭到攻击，而且如此对立于有关恒久不变的终极真实的柏拉图式观点。

最后，即使能够说古代历史学家本身拥有某种历史哲学，这种哲学倘能说它是进步的，也只有在例如波利比奥斯①那里可以看到的循环史观的更大语境中才能如此说。不过，我们还是得问，现代的历史哲学是什么。为了做到这一点，让我们先说它不是什么。如果我们返回埃德尔斯坦教授的著作就可做到这一点，他的著作可以帮助我们列举出现代进步明确区别于古代增进或"发展"观念的五六个特征。

埃德尔斯坦并未关注智者派，而是将注意力转向塞内加②，之所以挑出塞内加是觉得他提出的进步观比任何其他古代思想家的都更明确更全面，因而最接近19世纪的进步观。在塞内加那里，通向未来的门是敞开的。头脑敏锐再加研究会带来新的、目前未知的发现。进步不仅一直通达现在，而且还将伸展到未来。按埃德尔斯坦所说，不论是在科学领域还是在人类活动的其他领域，均是如此。[21]

埃德尔斯坦认为，通过将人类活动的所有分支联系在一起，塞内加比其他任何人都更接近现代的进步理论。[22]确实，对于现代信奉进步的人来说，进步不是我们一再说过的零碎进步，而是发生于知识、道德、政治、技术所有这些领域；它伸展于美德的发展，同样还有思想的自由；伸展于迷信与偏见的祛除，同样还有科学。塞内加以这种方式体现了现代进步的头两条原则：

> 1. 今天的进步是多面的；人类致力的每个领域都被看作是马队的一员；众马协力并进，在同一条路上奔向同一个方向。在埃德尔斯坦看来，塞内加虽然尚未达到巴瑞的要求[23]，但还是发挥了这种观点。
>
> 2. 大多数过去的思想家并没有像评论现今那样多地思考未来，

---

① 波利比奥斯（公元前205？—前123？），古希腊历史学家，其名著《通史》40卷叙述了公元前264年至公元前146年间的罗马历史。

② 塞内加（公元前4—后65），古罗马哲学家、政治家和剧作家，尼禄的老师，因受谋杀尼禄案的牵连而自杀，哲学著作有《论天命》、《论忿怒》、《论幸福》等，悲剧有《美狄亚》、《俄狄浦斯》等9部。

但塞内加瞩目于未来的发展，这确实是现代观念的特征。[24]

还有四项别的品质，则是塞内加以及其他古人在他们的发展观念中都没有提到的。

  3. 尽管他有前瞻性视角，塞内加与大多数其他古人（包括卢克莱修和原子论哲学家）还是服从于世界的毁灭。[25]尽管在他们看来毁灭是确凿无疑的，但在现代进步论思想中毁灭却不无疑问。乐观主义渗透了现代进步主义，不仅涉及未来，而且涉及一切人类事务。

  4. 现代进步论者不但对毁灭存疑，而且作为结果他们也会有种"无限可完善性"[26]的观念，一种不为任何著名古人分享的乐观主义。

  5. 尽管塞内加认为毁灭终究是必然的，人类所有的伟大成就都会消灭，但是新的文明还是要在旧文明的灰烬上崛起。从这方面来看，如果说塞内加终究还是有着什么历史理论的话，他的观念也是循环的：文明兴起复消歇，这种观念在古代思想中几乎是普遍的。文明中所有的进步之后，都有着随之而来的衰落与最终的完结。不管"历史"的观念中终究有着怎样一点独立的品质，它拥有这点品质的形式也是车轮式的，从这方面或那方面来看，还是要回归到事物秩序的原本位置。现代进步主义则是另一种取向，它将历史描述为一条直线——当然偶尔会有断点——势必要向无限完善的方向挺进。对历史的线性而非循环观念或许是现时代进步观唯一至关重要的特征。

  6. 在上述的所有特征之外，现代进步主义笼罩着一种宗教性的确定气息。在古代，历史意味着混乱或悲剧的可能性，伴随着一种"Moira"①观念上的顺从感，"Moira"大致可译作"命运"，它拥有一种神秘的、未知的品性。[27]反之，现代的进步历史观把未来的进步不仅看作是无可避免的，而且从某种有限的程度来说，是在对现有数据进行理性计算的基础上可以预见的。正是这种无可避免性

---

① 莫伊拉，希腊神话中的命运三女神之一。

强烈助长了现代的历史决定论观念以及将社会科学看作是一种预言的科学。[28]事件常常会被赋予某种形式的必然性的特征，但只有现代性将这种必然性造就为一种优点。

进步观念源起于17世纪，在启蒙运动时期成熟起来。对进步观念的最好总结可能莫过于现代进步观念的创始者孔多塞在其《人类精神进步史表纲要》总结段落中的表述。在这本著作中，孔多塞将所有六个意思全盘托出，使其融为一个18世纪的新观念（虽然并非源于孔多塞）以及一个标志着以后时代特征的观念：（1）进步发生于一切领域；（2）伸展于未来；（3）反对不可避免的毁灭以及与此相伴的悲观主义；（4）提出文明是可以无限完善的；（5）拥有一种线性史观；（6）把未来看做是具有某些可以计算的不可避免的模式。

孔多塞丢弃了预示世界末日的景象：

> ……从哪一面来看（这一景象）都不能被宣称，在某一时代人类势必拥有如此程度的知识，对于我们短浅的理解难以形成什么认识……假设它真的发生了，从中既不会引起对人类幸福的惊慌，也不会触发对人类无限可完善性的担忧，只要我们考虑到在这一时期之前，理性的进步与科学的进步已经携手并进；迷信的荒唐偏见也不再给道德加以某种严酷性——败坏它贬低它而不是净化它提升它。[29]

现在，这一论述就不只是在描述我们会称之为"发展"的东西。它不仅仅意指艺术与科学的成熟。通过将数目众多的人类活动合在一起并宣称从这种联合中可以产生道德提升，孔多塞描述了近乎完美的乐观主义态度，离开它，现代的进步理论就无从说起。因为进步现在就意味着在所有领域的提升，因此所有人类活动——人类自身——的历史就是进步的历史。至此，"历史"和"进步"就确实成为同义的了；于是孔多塞就把未来敞开给一种在所有领域中的明确提升，这种提升伴随着知识或"启蒙"。这种不断扩展的启蒙成为历史过程本身的一部分；进而，这种启蒙不仅应当发生，而且，因为历史是线性的，它必将发生。进步既是通过历史观察看到的一种发展模式，也是人类不可规避的一种法则。正是这种不可避免的进步法则产生出了最不寻常的乐观主义。这里是孔多塞写于他因大革命的恐怖统治而自杀前不久的最后一段文字：

> 这幅图景设计得多么美妙！人类从枷锁中解放出来，摆脱了进步之敌，同样摆脱了偶然性的支配以后，就迈着坚定而必然的步伐在真理的大道上前进，这对哀悼他的错误、哀悼不义的可耻行为、哀悼仍然玷污着大地的罪行的哲学家是怎样的慰藉啊！正是对这种前景的思考回馈了他为理性的进步和自由的确立所付出的努力。他敢于将这些努力看作是人类命运之永恒枷锁的组成部分；正是在这里他找到美德的真正快乐，那种付出的持久努力永不会被任何动荡所摧毁的快乐。这种感觉就像是躲进了庇护所，对迫害他的人的回忆不能跟踪而来：在那里他在思想上与那些恢复了自己的权利、从压迫中解放出来、迈步疾行在幸福大道上的人们生活在一起；在他这样思考时，他忘记了个人的不幸；他不再面临厄运、诽谤与怨恨，而与那些他曾如此热切地致力于他们令人羡慕的条件之产生的更聪慧更幸运的人们为伍。[30]

正是这种赋予历史某种独立的品性以及尊严的做法，将历史从一种探索方式转变为极具革命性后果的一种客体。尽管索雷尔辩称启蒙时代忽视历史的必然性，但所有领域的线性发展和推进的观念仍然给予"历史"一种它前所未有的力量与连贯性。通过在所有领域一起涌现，进步就意指着人类的历史；通过成为线性的，这种推进就变做无限好的；通过成为无限好的，它就强化了历史本身，从而使得"历史"成为政治合法性的一种来源。只要历史在本质上是循环的，它就不能被用来给某一政权赋予合法性。循环不仅意味着提升，还意味着随后的衰落与终结。因而，如果某个政权的历史将导致最终的灾难，人们就不可能用"历史"来给它赋予合法性。这就是为什么古人发现不可能将他们最好的政权正当化为历史产物的原因。柏拉图的《理想国》同亚里士多德《政治学》中的理想国都不是历史产物；它们事实上是相当反历史的，因为历史意味着不完善与悲剧。"乌托邦"一词的词源"乌有之城"指出了《理想国》的性质，它对"历史"的讨论只是在理想国本身被讨论之前或之后进行的。[31]将最好的政权予以正当化的是"理性"或至少是"可推理性",这种理性从不等同于"历史"。孔多塞和启蒙运动的思想家们,通过将历史等同于启蒙的进步,把理性本身塑造成一种历史产物。

于是,作为进步观的一个后果,用以说明政权正当性的就不再仅仅是理性,而且还有"历史"本身。为了更好地理解合法性概念,我们不应忘记正是合法性这种性质或这些性质为一个政府或政权及其机构树立信誉,获取服从。这一概念当然要依我们的合法性与道德的标准来定。比如,在实用主义者看来,如果一个政权致力于社会愉悦的最大化,它就是"合法的"。然而,不管存在怎样的思想派别,各种政治合法性的理论通常伴有某位作者称做具备"仁慈"性的东西[32];它能产生别的政权未能同样产生的某些好处,不论是秩序、安全、快乐、理性还是免除了什么。但是除非"历史"如同一种研究方式那样也是一种客体,而且这一客体毫无最终衰落与终结的概念——即一种循环性的概念,仁慈的性质才能被赋予"历史"。当历史的这种循环面相被消除,而且当现代性将历史看做是一种普遍进步的现象时,这样的"历史"才首次获得了一种独立客体的品格,具有了一种无限仁慈的性质。正是在这一点上,历史的思想开始越来越强烈地支配起政治话语:如果某一政府是实在的,它就被视做历史事件,视做历史发展的"产物";如果"历史"是仁慈的,那么政权也是如此。作为"历史"的一个产物,它就成为眼下可能的最好政权,而最好的政权(对比于眼下可能的最好政权)成为历史进程的目的。但是眼下可能的最好政权与最好的政权之间的差别(比如柏拉图《法律篇》中的克里特城邦对理想国)是模糊的,而后者事实上也杳无踪迹。在古代,最好的政权是定义上的。柏拉图承认理想国在生成的世界(即历史)中可能永远达不到,这正是为什么马克思这位最杰出的进步理论家要宣称他是反乌托邦者的原因。[33]只要一个政权能够区别好人与好公民,只要历史主要被看做是一个故事,一个关于灾难与悲剧的故事,人类事务中一定的多元性就是不证自明的。历史意味着混乱,混乱意指各种动机、各种事件的复杂碰撞。但是当"历史"的观念变成线性的并且伴以无限的提升,悲剧就被完美化路途中的一系列微小倒退所替代。英雄被"理性"或"世界性历史人物"[34]所置换,"世界性历史人物"不是通过伟大的作为而是通过把握历史必然性的能力成其为伟大的。神秘莫测的命运被代之以"历史",一种其间任何事情都已被解释或可以被解释的历史。悲剧可以被解释为更宏大的历史实现计划中的合理（必然）组成部分。[35]

在一个悲剧可以变作合理、一切都能被解释的世界，真理就具有了一种辽阔的整体品质。通过成为历史性的，真理就成为一个广阔连续谱的组成部分，而这一连续谱通过将同一条线的两端置于过去与未来之间，模糊了实然与应然之间的差别。如果完美在这个世界上是可能的，种种事件就能获得此前一直只有各种乌托邦才具备的那种整体性，而这类乌托邦在古代从来毫不含糊地都是非历史的。现在，历史本身代替柏拉图的整体城邦，给人提供了一种与其他人以及事件的一体感。

三

线性进步观在法国革命之后的世纪中给整体推进赋予了如此的重要性，以至于它远不止伸入社会和道德之中，更及于思想本身的领域。如果历史被看做涵盖了人类一切活动的领域，而绝不只是"人类心智的进步"，那么"启蒙"在孔多塞进步理论中原本占有的崇高位置就要让位于知识本身只是历史进步中的又一因素的想法。但为什么要历史地解释"思想"而不是别的人类活动呢？在这一点上，哲学——它常常意指爱智慧——开始被径自当做人类行为的另一模式。作为政治哲学，面对有形现实之方式的对审慎的运用让位于某种历史预言的科学；而此前一直作为探究我们为什么要服从的一种方法的政治哲学，转变为对观念的历史起源与背景的某种研究。这一发展要归于德斯蒂·德·特拉西。这位与孔多塞近乎同时代的人，在他的《意识形态的要素》（*Eléments d'Idéologie*）（1801—1815）一书中呼唤一种"观念的科学"。

这一发展的重要性首先应该为如下之人点出，他们没有理解将哲学转变为所谓"意识形态"这样的思考变动的基本性质：从其历史背景角度解释所有思想具有全盘贬低哲学重要性的效果，即剥夺哲学的任何内在固有价值，而代之以对它在"历史"中的位置的种种解释。于是，比如说有限政府这种自由观念就不是在限制主权有什么价值这种基础上来讨论的，而是被视某些社会利益——在这一例中是限制工厂立法等的处于支配地位的资产阶级的利益——的合理化或正当化。这种倾向在马克思的思想中表现得最为突出，他甚至在写作《共产党宣言》之前就断言观念是物质性关系的产物。[36]

在这些情形之下，我们很容易看到，有关历史本身的观念成为政治合法性唯一可行的基础。如果像在马克思的作品中那样，除了某个人自己的观念之外的所有观念都放在与社会阶级或习俗同样的平面上，它们就与任何社会现象一样短暂；它们转瞬即逝，就像如此多的社会数据随着那些据称产生出它们的历史前提条件的变化而变化一样。于是观念只有当它接近实际的"历史状况"时才是"真实的"。如果它不紧靠历史状况，它就是"虚假意识"。基于这一理由，马克思的如下主张就是相当前后一贯的：他认为资本主义相对封建主义的真理在于前者代表了历史发展的一个更"先进的"阶段；但资本主义的观念当面对社会主义时就在某种意义上成为"虚假意识"，而后者当让位于共产主义时又会成为虚假的。在这种对观念的处理方式之下，思想丧失了任何借以从社会本身区分开来的永恒品质。[37]

但意识形态这一概念，特别是在马克思主义中的这一概念，由于对同一历史时期中相互竞争的观念的考虑而进一步复杂化了。于是资本主义是统治阶级的意识形态，而其意识形态本应是社会主义的无产阶级如果接受了资本主义的论说就表现了"虚假意识"。当历史的进步不仅被用来解释观念，而且转而反对观念时，即使是观念的暂时效力也被削弱了。因为如果观念仅仅是对利益的辩护和对剥削有意识的合理化，那么观念就不仅成为暂时的，而且被弃置一边；如果辩护者的真实面目将被揭示出来，观念就成为要被撕去的面具。[38] 观念于是由暂时的解释变为虚假意识，又由虚假意识变为无意识的谬误。[39]

伴随着对"意识形态"一词的现代用法而来的极度误解应该从如下脉络中来看待。一种"意识形态"并不简单地就是比如"资本主义"或"社会主义"这样的政治观念，而是对社会中某个特殊群体的某种正当化或合理化。由此来看，马克思不会将意识形态仅仅看做某种政治观念。它是一种历史的产物，据此，只有最为接近于历史现实的观念（眼下是社会主义）才是合法的，而且由于历史进步，每个后续的观念更合法。在此种情形之下，只有历史的进步本身能够成为最终合法的观念，而对观念的研究就是历史性的。但如果对观念的研究是历史性的，那么对意识形态的研究就确实不是一种研究而是一种方法。于是这里的意识形态就必须与意识形态方法区分开来，意识形态方法指的是揭露或解释政治哲学与其他一切思想的"真实的"或历史的基础的实际过程。[40]

四

既然对历史进步的认可是意识形态概念的倡导者们能够接受（如果他们至少要前后一贯的话）的一个合法的概念，那么进步观念本身被带到意识形态方法的显微镜下就不过是迟早的事情。索雷尔《进步的幻象》一书相当有趣的特点是：意识形态方法是进步观念的一个后果，却被用于反对进步观念以至历史必然性的这套观念。

然而，正如索雷尔所刻画的，进步作为一种意识形态并不是马克思主义的组成部分，而是资产阶级的一个创造。他写作本书的目的在于通过拆毁"传统谎言这一上层结构，摧毁将18世纪的庸俗再加庸俗的人们的'形而上学'所享有的声望"而反对资产阶级。[41]

从方法论上来说，意识形态这一概念有许多玄机。这些玄机丝毫没有确定观念与（据称）它们发轫于其中的物质条件之间的确切关系。譬如，是这些条件"引发"观念径直而纯粹地出现，还是观念独立地出现，然后被特定的利益或制度拿来运用？[42]索雷尔似乎倾向于后一种解释。这是索雷尔思想中很重要的一部分，因为它使得他可以赋予观念本身以一种因果性的影响——一种可能使更为正统的马克思圈子大皱其眉的独立性。这样索雷尔就能够说进步观念可以追溯到古代派与现代派作家之间纯粹书面的冲突，而不是追溯到物质条件；或者也能够说伏尔泰精神的消失是某一书面革命的结果，而不在于资产阶级于某一时期怎么"认定"回归教堂是他们利益的要求。索雷尔将后一种解释斥为"意识形态的和相当肤浅的解释"。[43]

进而，索雷尔主张，观念的创造者拥有如同在新的材料上创作的艺术家一样的自由，但是观念一旦形成，就确立起同其他现行观念的联系，因而成为一定时期占主导地位的信条的一部分。该信条在这一时期可能具有与作者本意十分不同的某些意义和阐释。同样地，别的时代的别的阶级可以从这一观念中提取另外不同的意义。旁人仅仅看做是次要的东西被赋予了根本的重要性；一些人看做不过是文学性的地方，另外一些人却看做是哲学性的。这样，同样的观念因持有者社会地位（阶级)的不同而被以相当多变的方式来持有。这对马克思主义适用——议会社会主义者看待它的严肃性远逊于它的创立者;对进步的信条同样适用——它因被采纳的时期不同而变换形式:在19世纪它变得更加肯定。

索雷尔赋予道德观念一定的独立性这一点具有明显的重要性。索雷尔是个道德主义者;这是此人唯一最突出的特征,除非强调他的大部分作品背后根本和潜在的原则是对现代欧洲道德堕落的真正绝望,任何对他观念的解释都不可能成立。只有在进步观念以及孕育这一观念的社会制度不复存在的状况下,道德的重生才是可能的。这样,索雷尔就必定不把道德仅仅看做是各种历史力量的产物,而要赋予它某些自主性。因此,他主张欧洲道德水平的降低不是由于对詹森派教徒的迫害,而是出自别的原因。[44]

索雷尔对马克思意识形态理论的运用令人想起他的隔离(diremptions)概念:"审视某一状况的某些部分,或者甚至并不考虑将它们与总体联系起来的所有纽带,通过隔离它们从而以某种方式确定它们活动的特点。"[45]索雷尔对意识形态的用法与马克思的不同之处在于马克思把观念看做必然是社会整体的一个组成部分,十分类似于医生对待身体的组成部分,而索雷尔把意识形态看做一种方法,并不一定将它与人类社会的整体运动——它由之出现的总体——关联起来。索雷尔的隔离方法与马克思的理论之间的不同在于后者将意识形态理论(与他的其他观念)看做整个体系、世界观的组成部分。意识形态必须放在整个体系的语境中来予以审视。而对索雷尔来说,将体系的某些部分抽取出来,直接"用之于"对现象的更广泛理解的目的,这种做法是可取的。因此不一定非得接受整个体系,索雷尔显然并不接受马克思主义的所有方面。

但是索雷尔仍然谨慎地将马克思与他过分简单化的追随者区分开来,并断言马克思主义的意识形态方法并不包含简单化的概念与庸俗的决定论。索雷尔以这种方式避免了意识形态以及意识形态方法的陷阱。通过将马克思区别于庸俗的历史决定论,他就可以建设性地利用总体理论的某个方面,而并不一定得接受总体理论本身。

索雷尔虽然后来也说马克思主义确实分有资产阶级在进步概念中首先提出的世界一体进步观的许多特征,但还是认为马克思的追随者提出了一种比马克思本人远过统一的体系。[46]进步的观念曾在社会中孕育了社会一体性的虚假意识，这种一体性极为曲折地助长了社会的衰败。索雷尔的目的因此就是运用意识形态方法（即揭露）摧毁一种意识形态（进步）。索雷尔很少直面意识形态方法正源于他试图摧毁的那种意识形态这一事实。他只是通过降低进步主义在马克思那里的重要性而隐晦地承认了这一点。不管怎样，通过运用隔离方法，意识形态概念就能与进步观念分离；意识形态方法隔离于他试图摧毁的整个体系。

事实上，索雷尔论述进步的总体目的是把这一观念与其他观念分离，把这一观念离析为它的组成部分，而不是建立一个统一的结构或体系。正如若干年前休姆在给他翻译的《论暴力》一书所作导言中所说，索雷尔认为现代民主继承了最初出现于17、18世纪的各种进步观念中的大部分内容。如休姆所指出的，现代民主在把自己看做是社会中无差别的进步的产物的过程中，未能分辨民主与进步。类似地，索雷尔对议会社会主义的"激进分子"的反对在于他们属于同一运动：他们也看不出民主、社会主义与工人阶级运动之间的不同。[47]进步观念通过将所有这些概念融合为一个内部互相关联的总体，销蚀了它们的生命力与道德效力。这一总体认为它本身拥有道德力量，实际上它没有任何道德。它产生出的只是自鸣得意，并会遮蔽当代社会并不从属于事物的自然秩序这一真理。

索雷尔在《进步的幻象》以及他的多数其他著作中的目的，是要表明道德的卓越很早就与政治的进步主义分离开来（假定它们曾经结合在一起），并把本身系于独立生产者的社会主义。[48]为了保持这种卓越性完好无缺，具有美德的新人必须始终与进步观念关联的所有观念和制度相独立——进步观念的目的正在于抹除这些区分以及由于这些区分的形成而导致的社会冲突。这是索雷尔不把马克思这位阐述阶级冲突和斗争的理论家看做进步主义思想家的另一理由。

索雷尔试图证明进步涵盖资产阶级社会的各种建制，它使得这些建制包括因而也支配社会中种种互不相干的要素，使其貌似一个整体。进步并不代表事物的自然秩序，它实际上是现代支配建制的意识形态的组成部分。

这一支配的首要方面是它的连续性。索雷尔接受托克维尔对法国大革命的观察，认为它实际上加强而不是削弱了在旧制度下成长起来的建制。旧制度、资产阶级的自由民主以及议会社会主义的现代"福利国家"都是现代国家种种制度不断增长的权力的不同表现。自由民主主义与议会社会主义二者都在强化国家。

这种连续性带来支配的第二个方面：某一时期的精英在另一时期继续存在并且巩固了自身。作为某一时代的"胜利者"的意识形态，进步观念有助于掩盖继承权力的统治阶级的利益。民主本身掩盖了它的反面，因为就像索雷尔说的那样，"没有什么比民主更属贵族的了"。由此，议会社会主义者就可比做拿破仑使之成为贵族、而他们也努力强化由旧制度遗留下来的国家的那些官僚。[49]议会社会主义通过知识与政治精英、公务人员、扈从等强化了国家机器以及国家的经济权力。

在索雷尔那里，精英主义和国家权力两个概念携手并进。只要工人接受了进步国家之整体性的观念，后者就被合法化了，而且因为旧有精英的支配继续存在，真正的道德重生就不可能。尤有甚者，寡头统治集团通过恭维之语以及进步辞令助长了大众的平庸，枯竭了他们的美德，即早期希腊人和罗马人特有的那种战斗活力。[50]

与精英对国家支配的连续性观念相伴随的是索雷尔关于支配的第三个概念，即进步观念在本质上是社会中的一种保守力量。索雷尔没有强调进步观念的革命意涵，反而把它看做是对历次国家强化的合法化。但是既然国家历经这些变化却仍然保持着原有的特征，那么进步确实就是对原状的合法化。万变不离其宗（Plus ca change, plusc'es t la même chose）。索雷尔如果曾进一步审视过进步倡导者们的生平的话，可以看到他的说法会得到支持。进步的倡导者们常常如同杜尔哥①一样保守，杜尔哥的"敢作敢为"有助于第三等级的兴起，但这并不妨碍他忠于法国王朝——托克维尔看做法国革命真正起源的开明专制，不妨碍他赞成绞死某些叛乱者。孔多塞，这位比杜尔哥能力稍逊的继承者，在他更为狂热的妻子鼓动他加入温和自由派（吉伦特派）之前不久，仍然可能宣称"我是保皇党"。革命后的进步论者圣西门、孔德（间接还有黑格尔）甚至更加保守，这些人有时会是他们当时各自政权的支持者。[51]

但是索雷尔也意识到进步观念既能产生保守主义也能产生某种政治"无为主义"。如果进步必定使得变化"无可避免"，那为什么还要行动

---

① 杜尔哥（1727—1781），法国经济学家，重农学派主要代表之一，曾任法王路易十四的财政大臣（1774—1776），主要著作为《关于财富的形成和分配的考察》。

呢？因此索雷尔批评马克思持有很深的黑格尔式偏见，它在社会主义运动中产生了某种消极性。马克思对黑格尔辩证法的唯物主义重新审视构成了马克思版本的进步。因此美国社会主义者曾经热烈欢呼托拉斯的胜利，因为按照这些社会主义者的说法，托拉斯代表了资本主义过渡到社会主义之前的最后阶段。这种对历史的理性主义建构在索雷尔看来全无根据（有趣的是，我们看到在索雷尔死后十年，德国的马克思主义者仍然可以宣称 Nach Hilter uns!——希特勒之后是我们，在这一宣称中，德国马克思主义者由于期望纳粹运动也是"发展的一个阶段"，实际上对这一运动有所支持）[52]。

进步观念产生的那种消极心态，是索雷尔批评激进运动的根据之一。进步既是一种意识形态，同样也是人类发展的一项总体"法则"；由此它就是对人类心智的一种理性主义建构，强加了一种有关社会本身的一体性的虚假意识。其所以如此的原因在于这种表述的基础中包含的通常正是理性和实证，而理性主义和实证主义各自都局限于手头的范围。真的东西就是展现给观察者的东西，展现的东西就是真的东西。思想的这种循环一体阻止了行动，因为行动依靠的是冲出给定的范围，依靠的是拓展新的方向。只有作出了与体系相反的判断时，行动才是可能的。然而，如果所有判断都在历史分析层面上作出，所有事件都被作为历史的必然而予以合法化，那么一切都是允许的，包括保守主义。这里，就像一位现代哲学家所说的那样，所有行动和思想都成为"单向度的"[53]。实然和应然之间无所区分。

索雷尔对现代社会科学家的批评也可从这方面来看。理性主义进步论者想要在一切事物中看到逻辑的发展模式。这样，"发展"经常被视为事物的通盘图式的一部分。社会中的一切都被看做席卷于事件的进步之中。被索雷尔看做资产阶级侍女的现代社会科学家，出于对逻辑简明的喜爱而将非常不同的事物放在相同的平面上，并以此维生；比如，性道德就被化约为契约双方之间的平等关系以及规定债务问题的家庭行为准则。[54]这样，贯穿他的所有著作，索雷尔一直对备受尊敬的社会科学教授或者"博学的社会学家"、"琐碎科学"等加以讽刺。

但是尽管社会科学家青睐某个进步的整体，索雷尔还是说现实更多地表现为混乱的斗争。索雷尔不把全部世界视做代表了我们今天称之为"发展"的某个阶段，[55]而是将历史看做衰落的海洋，其间偶然会有历史的伟大时刻。只有在人类历史的例外时期才会有壮观景象的发生，而且很显然索雷尔并不认为当时的欧洲表现出了任何"辉煌"的特征。辉煌只发生在很短的时刻，在那些时刻，通过出自人类意志的英勇行为，人们"逼迫出"历史。索雷尔的工联主义，如同他对列宁主义与法西斯主义的偶尔调情一样，必须被看做是企图找到可以作为新的伟大质素之体现的某一运动或个人。比如，列宁能够像马克思本人一样将行动与思想结合起来。但应该注意到，不像列宁，索雷尔是从一定距离之外赋予苏维埃工人委员会以巨大的重要性，它拥有许多他在法国工团那里看到的特征。[56]索雷尔将这些制度看做是现代衰败的前兆——现代国家——的替代物。它们代表了一个通盘的革命或者是将国家本身扫到一边，它们体现了一种新的活力——柏格森所说的生命冲动——一种通过不断的斗争而维持自身的生命力。[57]

之所以如此的原因在于这些制度将自身置于旧的秩序之外。它们有效地摧毁了一体的虚假原则，而代之以斗争的原则。索雷尔看到同样的斗争原则曾经体现在前苏格拉底时代的古希腊、早期罗马共和国、早期基督教以及拿破仑的军队这些伟大制度的道德质地中。这些时期未被虚假哲学的诡辩所败坏。反之，它们的美德产生于行动的迫切性，正是主要通过行动本身而不是所有其他活动，"人发现了他自己的最好品质：勇气，耐心，不惧死亡，献身于光荣以及同胞的利益——一句话：他的美德"[58]。

于是，索雷尔就相当出人意料地将现代进步论者通过掩盖所有斗争而赋予统治阶级的寄生生活以正当性的虚假一体性，与通过跟敌对城邦不断斗争的行动而巩固了自身一体性的古人的荷马式美德并列对比。后者最接近的等同物是现代的阶级斗争。

进步与民主这种意识形态，一旦摆脱黑格尔的唯心主义，就导致思想与行动的分离。为了将行动与人的思想重新结合起来，就需要某种完全不同的思考类型。思想与行动的结合不是通过某种新的理性意识形态，而是通过神话产生的。与其他类型的思考方式相反，神话的特征正是掩盖区分；原因在于它类似于讲给儿童听的故事，不能将事实与幻象分离。于是，索雷尔在他的总罢工的革命性神话中，看到了具有荷马神话的某些英雄品质的现代版本。但是他既强调这一神话的含糊，又强调它的心理性质，他将这一神话界定为一组形象，这组形象在对之作出任何分析之前仅仅通过直觉"就能激起一团整体不分，对应于社会主义对现代社会发起的各种战争的情绪"。所有的逻辑性与合理性被置之一边，而代之以我们愿意称为"冲动"的东西。"唯一重要的只是作为一个整体的神话。"[59]

对索雷尔来说，神话不能被理解为类似于意识形态的东西。意识形态基本上是一个贬义词。索雷尔把它看做一旦暴露就势必毁灭的防御机制，当意识形态被历史事件超越，就被揭示为虚假意识。但是索雷尔的神话是对意识形态问题的回答。神话不可摧毁的原因在于，由于它自身的暧昧模糊以及它自身非理性的构成，它能随着实践经验而变化与完善自身。各种意识形态很可能被超越，原因正在于它们的理性特征给予它们一种神话所不具有的固定性。由于这一原因，索雷尔与马克思一样敌视各种乌托邦，他还引用马克思的话说：谁为未来制定蓝图，谁就是反动分子。

但我们在这里可以提出一个有趣的问题，即索雷尔尽管背离了马克思的意识形态概念，却并没有进一步诋毁哲学，这是否是真的？索雷尔没有讲述哲学的重生以及分离于"历史"的理性，他为我们提供的是要进一步并入实践经验的、不是构成"真正理性"而是构成冲动的神话。从最根本上来说，正是缘于索雷尔对神话学的认识，人们才指控他是"法西斯主义者"。正如我在这篇导言的开始所说，这样的指控是徒劳的：法西斯主义和索雷尔二者都必须立足于自身的价值，将一方联系到另一方不会取得什么成果。

索雷尔在写作《进步的幻象》期间（1908年）实际展望的那种体制是生产者在他们的工作场所紧密关联的体制。在他们工作场所的情境中，索雷尔尊重的是纯粹技术进步与经济进步的观念。正是在经济进步而不是停滞与衰退期间，向新的事物秩序的转变才会发生。人们正是在这些时期才能最好地欣赏工厂里技术的工艺基础。这样，生产性技艺就会与政治和宗教运动在早期拥有的那些神秘和神话的品质融在一起。同理，索雷尔把生产称为"人类活动最神秘的形式"[60]。

索雷尔对世界持一种极端实用主义的看法。他主张，虽然我们知道总罢工是一个神话，但通过接受这一观念，我们确实会像一个对他的科学信心十足的医生所做的那样，尽管未来可能视之为过时。"真正具有科学精神的是我们，而我们的批评者已经不再了解现代科学。"[61]

索雷尔对科学与艺术的等同——总罢工的"社会诗"——由于如下这种想法而得以正当化：它既讨厌再生产已被接受的类型，又讨厌受到自由理性主义者人为强加的外部标准的支配。自由理性主义的进步论者并不真的是进步论者。只有当社会科学或管理科学中的官僚或者科学"专家"强加的生产模式或社会模式被弃置一边因而有利于新的神话时，工厂或社会中不断的动态改进才有可能。"质量和数量的不断提升由此会在这样的工厂中得到保证。"[62]有趣的是，一个着手驳斥现代进步观念的思想家，却在他两本重要著作主体部分的结尾对生产的物质性进步加以肯定。正是这种在生产者体制中推行的生产领域或日常经验中的不断革新，构成了索雷尔对进步的看法。在这种意义上，索雷尔关于真正进步的观念对他的视角的必然性，几乎就像一般的进步观念对启蒙运动时期的思想家表现出的那种必然性一样。某种意义上，索雷尔代表了不羁的进步观念。他的大多数著作——甚至在他工联主义写作时期之后——的内容都是一个被辜负的进步论者的极度痛苦的抗议，这位进步论者将过错归咎于同时代的人们，而不是归咎于"历史"；归咎于人缺乏控制外部环境的充足意志，而不是归咎于"不利的社会条件"。索雷尔期望控制这种环境，这当然是他和现代自由主义者共享的一个观念。按照索雷尔的说法，后者的麻烦在于它丧失了这么做的意志。索雷尔将会赋予社会运动一种复兴的道德基础，其方式是表明自由主义的进步观念实在并不等同于美德，美德只属于那些行动的人。

约翰·斯坦利
加州大学河滨分校

注　释

1. 我指的是 Irving Louis Horowitz 对《马克思主义的解体》（*La Décomposition du Marxisme*）的翻译，译作收入他的《激进主义与对理性的反叛》（*RadicaLism and the Revolt Against Reason*，New York：Humanities Press，1961）。《论暴力》（*Reflections on Violence*）一书由 Free 出版社于 1950 年出版，书前有 Edward Shils 写的导言。该译本由 T. E. Hulme 译自 1920 年的法文原本 *Réflexions sur la violence*，且附有 J. Roth 所撰的三篇附录。Hulme 的导言可见于他的 *Speculations*（New York：Harvest Books，未注明出版日期）一书第 249 页及以下诸页。

2. 大部分论述索雷尔的英文著作写于 1950 年之后。其中最好的一本是 Horowitz

的前引书，出版于 1961 年。也可参见 Richard Humphrey, *Georges Sorel*, *Prophet Without Honor*, *A Study in Anti – Intellectualism* (Cambridge: Harvard, 1951); James Meisel. *The Genesis of Georges Sorel* (Ann Arbor, Michigan, 1953); C. Michael Curtis, *Three Against the Republic* (Princeton University Press, 1959); H. Stuart Hughes, *Consciousness and Society* (New York: Vintage ed., 1961) chaps, 3, 5; Scott Harrison Lyttle, "Georges Sorel: Apostle of Fanaticism," in *Modern France: Problems of the Third and Fourth Republics* (Princeton, N. J., 1951), pp. 264 – 290。又可参见 Shils 为《论暴力》一书所写的几篇导论文字。Neal Wood 的文章——"Some Reflections on Sorel and Machiavelli," in *Political Seience Quarterly*, LXXXIII, March 1968, pp. 76 – 91, 是对 James Burnham. *The Machiavellians*, *Defenders of Freedom* (Chicago: Regnery ed., 1963; 初版于 1943 年) 一书的纠正。

3. 见他为 Franz Fannon 的 *The Wretched of the Earth* (New York, 1968) 所作导言，见该书第 14 页。更为重要的是萨特承认法农的一些著作颇为得益于索雷尔对暴力的创造性作用的见解。我发现很难理解为什么萨特会认为索雷尔比强调憎恨、种族有甚于他的法农更为"法西斯主义"。

4. 索雷尔对加缪影响甚深。见 *The Rebel* (New York: Vintage ed., 1956), p. 194。其间加缪只提及《进步的幻象》一书。又见 John Bowle, *Politics and Opinion in the Nineteenth Century* (New York: Oxford, 1967 ed.), p. 403, 以及 H. Stuart Hughes, *Consciousness and Society*, p. 162。索雷尔的其他著作还有 Contribution à l'étude profane de la Bible (1889); Le Procés de Socrate (1889); La Ruine du monde antique (1898); Introduction à l'économie moderne (1903); Le Système historique de Renan (1906); La Décomposition du Marxisme, Réflexions sur la Violence 以及本书 Les Illusions du Progrès 均出版于 1908 年, 时值索雷尔工联主义巅峰时期, 且是其仅有的被译为英文的著作; La Révolution dreyfusienne (1909); Materiaux d'une théone du proletariat (1919); De l'utilité du Pragmatisme (1921); D'Aristote à Marx (1935)。

5. 有关现代美国人如何看待进步的一个好例子，参见 George Gallup, *The Miracle Ahead* (New York: Harper, 1965)。

6. Sorel, *La Révolution dreyfusienne* (1909).

7. Edelstein, *The Ides of progress in Classical Antiquity* (Baltimore: Johns Hopkins, 1968), p. xi, 引用 Arthur O. Lovejoy 和 George Boas 所著 *Primitivism and Related Ideas in Antiquity*, *A Documentary History of Primitivism and Related Ideas* (Baltimore, 1935) (I, 6) 中的定义。其他论述进步观念的著作还有 J. B. Bury, *The Idea of Progress* (New York: Dover ed., 1955); Charles Frankel, *The Faith of Reason: The Idea of Progress in the French Enlightenment* (New York. 1948); John Baillie, *The Belief in Progress: A Reevaluation* (London, 1953); Frederick J. Teggart, *Theory and Processes of History*

(Berkeley and Los AngeLes, 1962) 以及 *The Idea of Progress: A Collection of Readings* (Berkeley, 1949); Ernest Lee Tuveson, *Millennium and Utopia* (New York: Harper, 1964); R. V. Sampson, *Progress in the Age of Reason* (London, 1956). Robert A. Nisbet, *Social Change and History: Aspects of the Western Theory of Development* (New York: Oxford University Press, 1969)。

8. J. Salwyn Schapiro, *Condorcet and the Rise of Liberalism* (New York).

9. Edelstein, *The Idea of Progress in Antiquity*, pp. xxix – xxx.

10. 同上书, p. xxix.

11. Karl Popper, *The Open Society and Its Enemies* (NewYork: Harper paper ed., 1962), 11, 5。

12. 同上书, 第7—8页。

13. 同上书, 第7页。

14. 埃德尔斯坦称亚里士多德眼中的"完善"是在所有领域的完善（第127页），但他在前面又说亚里士多德看到某些技艺已经进展到一个不能被超越的卓越阶段，而赚钱的技艺是无限的，因为人的索求没有极限。但埃德尔斯坦在这里似乎忽视了一个重要问题。亚里士多德区分了索求的健康与不健康形式，即以占有的自私欲望为基础的索求与关涉家政学的健康类型的索求，家政学是管理家庭的技艺，它受到家庭自然需要的限制。这种区分之于现代进步的重要性将很明显。现代进步倾向无限的获取与无限的提升，而亚里士多德倾向自然的限制。另外，亚里士多德那里的那种自然目的概念不同于马克思主义进步观中的末世论看法。（有关无限索求的现代观念，见 Locke 的 *Second Treatise on Civil Government*, §31, 37, 50; 参见, *Politics*, 1258.）

15. *Politics*, 1276b.

16. *The Liberal Temper in Greek Politics* (Yale University Press, New Haven, 1957) chap. 3.

17. 同上书, 第52页及以下诸页。

18. 同上书, 第176页。

19. *Peloponnesian War* (《伯罗奔尼撒战争史》), II, 43。

20. Leo Strauss, "The Liberalism of Classical Political Philosophy", in *The Review of Metaphysics*, XII (1959), p. 400.

21. Edelstein, *Progress in Antiquity*, pp. 175 – 176.

22. 同上书, 第180, 175页。

23. J. B. Bury, *The Idea of Progress* (Dover ed., 1955), pp. 13 – 15。在 Bury 看来，塞内加那里的自然科学的价值局限于少数精英而不是一般大众。后者构成现代的观点。

24. 同上书，第15页。参考埃德尔斯坦，第170页。Bury和埃德尔斯坦在这一点上意见一致。(Seneca, *Naturales Quaestiones*, Ⅶ, 25, 4-5) 埃德尔斯坦宁愿让我们相信甚至柏拉图也戏谑未来的无限进步。因此他说（见第108页）柏拉图在《法律篇》里称"在以前的文明终结之处，并非其中的任何事情可以被贬低。"但埃德尔斯坦在这里关注的是各种技艺，而引述段落的主旨是：在大洪水之前，从道德上讲人要"更勇敢，更单纯，因而总的来说更自制，也更正直"。(*Laws*, 679b)

25. *NaturaLes Quaestiones*, Ⅲ, 30, I. Edelstein, p. 173. Bury上引书说塞内加对种族堕落的信念是相当坚定的。

26. 这一表达是孔多塞在《人类精神进步史表纲要》的第十时代中给出的。

27. "莫伊拉确实是一种道德力量；但是任何人也不必谎称她绝对是仁慈的，或者她对人类的褊狭利益有任何尊敬。还有——这是最重要的一点——她不具有前见、目的、设计，这些属于人以及人化的诸神。莫伊拉是盲目的、自动的力量，它们从属性的目的和愿望自由活跃于它们本身的合法领域之内……"（F. M. Cornford, *From religion to Philosophy*, New York：Harper ed. , 1957, pp. 20-21）莫伊拉与进步相对，因为它导致对宇宙中一种固定秩序的顺从感（Bury. p. 19）。还可参见 William Chase Greene, *Moira：Fate, Good and Evil in Greek Thought*（New York：Harper ed. 1963）。近来的学术研究试图表明进步观念可上溯至中世纪的千禧年主义（millenarian and chiliastic）思想家。当然奥古斯丁以及教堂神父由于对尘世人性持有极为悲观的看法，因而并不是进步主义思想家。通过将善的城邦放在天堂，奥古斯丁和教堂神父就与将善的城邦放在尘世的千禧年派截然对立。论述现代革命的文献常常参照千禧年主义文献中善与恶的决定性之战，结果是要在尘世建立天城。（见 Ernest Lee Tuveson, *Millenniumand Utopia*. New York：harper ed. , 1964 和 Norman Cohn, *The Pursuit of the MitLennium*, New York, Harper ed. , 1961。）按照这些作者的观点，中世纪的千禧年主义者继承了《启示录》以及犹太教末世观中的许多观念，把世界看做是通向一场最终的战斗，其结果是新的耶路撒冷。）不过甚至 Tuveson 也承认这些派别后来并不赞同君士坦丁死后就会有千年（第14页），同时汉娜·阿伦特指出不能将歇斯底里混同于一种历史理论，直到现代之前，没有革命是以基督教教义的名义制造的。（*On RevoLution*, New York：Viking, 1963, p. 19）索雷尔注意到马克思主义运动中的犹太成员人数；然而，他也注意到他们并不因为种族原因，而是因为其独立知识分子的人生立场投入这些运动的。那些将马克思视为"最后一位希伯来预言者"的人必须与世俗的理性主义成分论辩，后者渗透于现代的历史观，与宗教的启示形成鲜明对照。（参考 Edmund Wilson, *To the FinLand Station*, New York：Anchor ed. , 1940, 第五章）

28. 德谟克利特可以通过对宇宙的一种极端物质主义看法来解释对未来的预先认识，可是这一宇宙没有规划。（F. M. Cornford, *Principium Sapientiae*, Harper ed. ,

1965，p. 130）德谟克利特影响甚微。（Bury，p. 15）

29. 孔多塞：《史表》，第十个时代，伦敦版，1975，p. 346（斜体是后加的）。Charles Frankel 为孔多塞的进步观辩护，宣称无限可完善性的概念只是指人类永远不能假设已经达到人的希望的极限。"人的无限可完善性原理只不过是否认存在任何人们可以完全肯定的绝对之物。它并不是对未来的一种预示；它是对某一方针的陈述……"（*The Case for Modern Man*，Boston：Beacon，1959，p. 104）但 Frankel 忽略了孔多塞的如下论断，"人类必将有一种更清楚的知识"，而这会把人从"偶然性的支配中"解脱出来。（见孔多塞最后论断文字第 30 行及以下诸行）

30. 同上书，第 371—372 页（斜体是后加的）。

31. "历史"在这里指的是以某种先后次序排列的人类事务，而不是现代观念。参见《理想国》，367e—274e（其中描写了奢侈城邦的出现）；543a—575。尽管索雷尔一再争辩启蒙运动时期的人是"非历史的"，对必然性并不重视，但在此例中很可能正是要由一个"非历史"的人产生一个历史决定论者。假若孔多塞并不是历史决定论者，那么法国大革命失败这一事件也闪现了对历史决定主义的依赖——这种历史决定主义远比个人的意志宏大（虽然个人明确的思想力求具有更高的一体性、力求实现）。正是对矛盾的这种解决使得黑格尔及马克思加入了进步论者的阵营。

32. Bertrand de Jouvenel，*On Power*（Boston：Beacon），p. 25。作者将仁慈同力量、合法性一样看做是稳固的权力的共通要素。但他说这三种要素只在分析上是可以孤立的。

33. 《共产党宣言》，Ⅲ，3："批判的空想社会主义与共产主义的意义，是同历史发展成反比的。现代阶级斗争越发展和越具有确定的形式，这种超乎阶级斗争的幻想立场，这些对阶级斗争的虚幻反对，就越失去了任何实践价值和任何理论根据。所以，虽然这些体系的创始人在许多方面是革命的，但是他们的信徒总是组成一些反动的宗派。这些信徒无视无产阶级的历史进展，还是死守着老师们的旧观点。"对空想主义的一个辩护，见 Hacker，"In Defense of Utopia，" in *Ethics*，65（Jan. 1955），pp. 135 – 138。

34. 这是黑格尔《历史哲学》中的用语。见 *The PhiLosophy of History*，tran. J. Sibree（New York：Dover, 1956），p. 29。

35. 有大量对所谓历史决定论的批判，见 Karl Popper，*The Poverty of Historicism*（New York：Harper ed. , 1964）。一种自然法的分析，可见 Leo Strauss，Natural Right and History（Chicago, 1953），Chap. I。一种存在主义的观点，可见 Albert Camus，*The Rebel*，Anthony Bower 英译（New York：Vintage ed. , 1957），第三点。又见 Karl Jaspers，*The Origin and Goal of History*（NewHaven：Yale, 1953）；Sir Isaiah Berlin，*Historical Inevitability*（London and New York：Oxford University Press，1954）。

36. 见《德意志意识形态》(*The German Ideology*, New York: International Publishers, 1947, pp. 13–14),"思想、观念、意识的产生首先是直接与人们的物质活动,与人们的物质交往交织在一起的……是人们物质行为的直接外现"(斜体是后加的)。文中"直接"一词的重要性不容低估。

37. "我们从实际的、活动的人出发,在他们真实生活过程的基础上展现对于这种生活过程的意识形态反响和回应的发展。人脑中形成的幻象当然也是他们物质生活过程的升华,它们与物质性前提连接在一起,是可以用经验证实的。道德,宗教,形而上学,所有别的意识形态以及它们的相应意识形式,由此不再保留独立性的外观。它们没有历史,没有发展……"(同上书,第14页)马克思用"不再"一词不是指它们曾经一度拥有独立性,而是相对德国唯心主义哲学,从他的唯物主义观点来看,观念"不再"保有独立性。简言之"是生活决定意识,而不是意识决定生活"(同上书,第15页)。

38. 阿伦特说其至在法国大革命中,虚伪由小的罪过上升为大的犯罪也有抹除个人角色(persona)或合法面具的经典特征的效果。合法面具一词源于舞台面具,并发展为"合法人格"或"负有权利和责任的人"这种概念。"人没有了角色,也就会丧失权利和责任。"见 *On Revolution* (New York: Viking, 1965 ed.), pp. 102–103。

39. 乔治·利希特海姆(George Lichtheim)说马克思的观点是认为在一个理性秩序中,思想会决定行动。"人们在能够造就他们自身的环境之时才会自由。历史唯物主义只有带来它的辩证否定时才是有效的——""理解'前史'之必然性的成熟意识不会是一种意识形态"(*The Concept of Ideology and Other Essays*, New York. Vintage, 1967, p. 21)。因而马克思相信存在某些超越于变动的社会境况的永恒真理。"意识形态概念说明的是人们还未拥有真实意识的历史境况,而如果人们拥有了这种真实意识,它将使他们能够理解整体的世界和他们在其中的位置。"(同上书,第22页)马克思确实认为他自己的观念在某种程度上是超越性的真理;不过利希特海姆承认马克思拒绝认可以下困境,即一方面断言一切思想都是被决定的,另一方面又说某些观念不受决定。利希特海姆引用了恩格斯1893年7月14日给梅林(Mehring)信中的话:"意识形态是由所谓的思想家有意识完成的过程,这是真的,不过他采取的却是一种虚假意识。推动他的真正动力对他来说始终是未知的,否则这就不是一种意识形态过程。"[马克思、恩格斯通信选(莫斯科,1953),第541页;利希特海姆,第15页] 因此,按照利希特海姆的说法,马克思坚持"客观的"思维与"意识形态的"思维的区别在于是否有能力"理解构成人类活动各个连续阶段之状况的特定的决定因素"(Lichtheim,第20页)。但青年时期的马克思并不符合恩格斯的这种表述。(见上书第36页及37上半页)利希特海姆看出马克思本人在意识形态问题上的含糊,他保留了相当多的黑格尔唯心主义和启蒙运动时期的理性主义,以之来处理思想。意识形态理论可以导致所有独立思想的终结，这是马克思从未正面面对的一种可能性；恩格斯甚至也说即使我们理解了必然性的法则我们也得服从于这种必然性，我们有理由将思想纳入这种必然性的过程。"自由不在于从自然法则中脱离出来的梦想，而在于知晓这些法则，在于使得它们服务于确定目的的可能性。这对外在的自然法则和限定人们自身肉体和精神存在的法则都同样适用——这两类法则我们至多只能在思想上区分而不能在现实中区分。意志的自由因此指的不是别的，而是运用对相关主题的知识作出决断的能力。因此，人的判断相对于一个特定问题来说越是自由，这一判断的内容所伴随的必然性也就越大。"（《反杜林论：杜林对科学的革命》，莫斯科外文出版社 1959 年版，第 157 页；斜体是恩格斯加的）以上文字写于马克思逝世以前。（见下注）

40. 有关马克思对思想观念的历史唯物主义分析的逻辑结论，见曼海姆《意识形态与乌托邦》。曼海姆正面面对马克思关于思想观念的理论之后果，这在曼海姆所说的知识社会学中达到极致。如马克思一样，曼海姆认为完善的意识形态方法——知识社会学——会逐渐将人们思维中的"乌托邦因素"转变为越来越与历史现实紧接并因此丧失了其对抗功能的思想。"但是从我们的世界中完全清除掉超越现实的因素会导致我们'就事论事'，这最终会导致人类意志的衰败……乌托邦的消失会带来一种沉寂状态，人自身就不过是一种物。我们于是就要面对能够想得到的最大悖论，即，人类取得了最高程度的对存在的理性把握，却一无理想，成为不过是具有冲动的一种生物。于是，经过漫长、艰难而英勇的发展，就在意识的最高阶段——这时随着乌托邦的销声匿迹，历史不再是盲目的命运，而越来越成为人类自身的创造——人类却会失去他塑造历史的意愿以及理解历史的能力。"（*Ideology and Utopia, An Introductiun to the Sociology of knowledge*, trans. Louis Wirth and Edward Shils, New York：Harvrest Books ed.，n. d.，初版于 1936 年，第 262 页）

41. 见本书第五章第五节末尾。

42. 有关意识形态方法带来的问题，以及由它开出一门知识科学，详细的说明见 Robert Merton, *SociaL Theory and Social Structure*（Glencoe：Free Press, 1957 ed.）第 460 页及以下诸页。

43. 见本书第一章第一节末尾。

44. 见本书第一章第二节开始。

45. 《论暴力》（New York：Collier ed.，1961），p. 259。该书的编者希尔斯认为，鉴于"diremption"一词在英语中没有对应词，索雷尔可能自造了该词。

46. 利希特海姆赞同这一判断，但理由却不同于索雷尔。他认为马克思保留着很多的黑格尔唯心主义，因而在他的体系中，马克思本人的思想（一种纯粹知识）与意识形态之间存在着某种分立。（见第 39 行及以上诸行）不过，他也认识到这一理论瞩目人类的一体性——这是进步主义的一个特征。（见 *The Conception of IdeoLogy*，第 220 页）但是要由实证主义者将一体性概念推向它的逻辑结论。它不再是理想而是实际存在的。因此马克思的断言——圣西门的乌托邦主义继承者比如孔德是反动的——是对的。不过，对的原因正在于他们的乌托邦主义以及实证主义。

47. T. E. Hulme, *Speculations* (Harvest Books ed., n. d.), 第 249 页及以下诸页。

48. 这是《论暴力》一书的基本主题。

49. T. E. Hulme, *Speculations* (Harvest Books ed., n. d.), 第 275—276 页；也见于第 94 页，该处作者讨论了托克维尔对法国大革命中的保守主义的看法。

50. 索雷尔在讨论议会社会主义者必须有工人阶级、中产阶级、上层阶级的成分，只有这样他们才能获得影响时，已经见及美国政治科学与政治学中所说的"共识"。(见《论暴力》，第 120 页) 参见 *La Ruine du Monde Antique*: *Conception materialiste de l'histoire* (Paris, 3 ed., 1933) 中索雷尔认为的美德的经典概念。

51. 对伟大的进步论思想家一项富于同情的生动描述，见 Frank E. Manuel, *The Prophets of Paris* (New York: Harper ed., 1965), 对杜尔哥、孔多塞以及圣西门温和甚至保守主义面貌的说明，尤其见第 15, 45, 58, 111 页。有关孔德对秩序的强调，见第 274—286 页。有关黑格尔所实践的保守主义，见作者对"英国改革法案"的批评，文载 Carl Frederich 编 *The Philosophy of Hegel* (New York: Modern Library, p. 540)。

52. 对德国社会民主党的无为主义以及实际上的保守主义的一个出色写照，见 J. P. Nettl, *Rosa Luxemburg* (London: Oxford University Press, 1966), Vol. II (See also n. 40 above)。罗莎·卢森堡与考茨基这位在实际行动中证明是保守的马克思主义理论大家的争辩，在该书中有详细叙述。

53. 这是马尔库塞在《单向度的人》中的用语。Herbert Marcuse, *One Dimensional Man* (Boston: Beacon, 1964)。马尔库塞的黑格尔主义遮蔽了他对进步与单一向度的存在之间联系的认识，但他似乎已经意识到这一点。尤其见第 188—189 页。

54. 《论暴力》，第 147 页。

55. 现代政治科学，尤其是比较政府与比较社会学领域的文献，似乎继承了不少进步概念。"功能"理论家们好像对这一方面尤感兴趣。比如，可参见 Gabrial A. Almond and G. Bingham Powell, Jr., *Comparative Politics*: *A developmental Approach* (Boston: Little Brown, 1966), "独立民族国家已经成为一个几乎是世界性的现象。在过去几十年中，独立民族国家在亚非大陆纷纷涌现。这带来了各种文化的大混乱，以及古老的和现代的制度形式的混合。这种混乱必须以某种方式引入秩序，解释和预言的能力必须重新得到肯定。"(第 214—215 页) 两位作者称他们"不会重复启蒙时期的理论家看待政治体系中的演进式进步的幼稚"(第 215 页) 但是作者在结论的文字中却摆出了"启蒙运动的最终问题。人能否运用理性去理解、塑造与发展自己的制度……现代的政治科学家们不再能够承当启蒙运动的幻灭的后代，但是必须成为它的冷静的受托者。"(第 331—332 页) 作者同意对体制的伦理判断是重要的，虽然他们对之略而不提。不过 Seymour Martin Lipset 的 *Political Man*（Garden City：Doubleday，1959）揭示了对民主的巨大关注。

56. 见《论暴力》的附录："保卫列宁"。

57. 柏格森对索雷尔影响的一个分析，见 Irving LouisHorowitz, *Radicalism and the Revolt Against Reason.*

58. 索雷尔，"关于蒲鲁东哲学的随笔"（"Essai sur la philoso‐phie de Prou‐dhon"），载于 *Revue Philosophique*（《哲学杂志》），XXXIII（1892），XXXIV（1892），引述于 James H. Meisel, *The Genesis of Georges Sorel*（Ann Arbor，1951），第96页。也见 Neal wood, "Some Reflections on Sorel and Machiavelli"，载于 *Political Science Quarterly*，LXXXIII, No.1, March 1968，第79—80页。

59. 《论暴力》，第126—127页。

60. 同上书，第148页，及《幻象》第156页及以下诸页。

61. 同上书，第150页。

62. 同上书，第242页，及《幻象》第156页及以下诸页。

法文第一版前言

在描述进步幻象的过程中，我力图遵循马克思对于所有如下之人的建议，这些人在观念史的研究中乐于探索可由基于理性的知识获得的最为基本的素材。

专业历史学家如此普遍地对马克思的历史方法表现出的淡漠，必须主要由大众的品味予以说明，大众的赞美是历史学家名望、学术荣誉和财富的保证。勤学好问远逊于"受到启蒙"的公众，对干扰了其惯常平静的强烈抗议超过对其他任何事情的抗议。这些人喜欢阅读、喜欢提升他们的头脑，但条件是这种努力不会导致任何的紧张。他们要求他们的作者提供给他们的是精确的区分、易于应用的原理以及至少看似清晰的论文。这些笛卡尔式的品质仅仅出现于十足肤浅的历史著作中，对他们来说无关紧要，因为该读者群正是因为这些笛卡尔式品质而满足于肤浅的。

当我们迈向对历史的深度略有探查的一个分析时，我们察觉事物显示出一种极度的复杂性，理智对它们的分析和描述，总是产生不可解决的矛盾。哲学如果希望避免假充内行、谎言欺骗或浪漫主义的陷阱，就得尊重某种模糊，而由这种模糊对现实予以保护是一件好事。马克思主义方法（当它得到透彻的理解时）最大的优点之一就是它尊重这种基本的神秘，而肤浅的历史研究却声称要对之加以阐明。

不幸的是，马克思主义诸种方法受到的谈论经常多于真正的理解。它们几乎总是被界定为难以理解的言辞。对它们真正运用的例子据我们所知少得可怜。十年前，曾经作出非常可嘉的努力将马克思主义观念引入意大利大学文化之中的意大利教授拉布里奥拉宣称，他很快就会发表依据他拥护的原理作出的历史研究。他说，他不希望做"效仿在岸上空说游泳来教授游泳的教练"[1]。遗憾的是，他未实现他的诺言就去世了。

在我看来，当马克思的评论者们相信他们在马克思1859年为《政治经济学批判》所写序言中找到了他们导师学说的经典表述时，他们就走在了错误的路途上。这一著名文本并不旨在提供研究某一特定时期历史的法则。它处理的其实是不同文明的演替；因而，"阶级"一词甚至也没有被提及。描述经济学的作用的语句极为隐晦，部分是象征性的，因而非常难以理解。这样我们就无须震惊于对这篇序言的随意发挥，如此多的人虽然引用它却从来没有认真研究过它。

既是意大利社会党领袖，又自称是哲学家和学者的法瑞曾经告诉我们，马克思总结了以前对历史的"两个单向的，因而是不完全的，虽然是实证的与科学的解释"——孟德斯鸠、博克尔[①]、孟基内凯夫曾经提出环境决定论，而文化人类学者则提出人类学决定论——并以之补充他的经济决定论。法瑞将新的信条表述为："作为运作于一定自然环境下的种族活力与习性之结果的经济状况，是无论个体还是社会的人类生活的各种道德、法律以及政治表现形式的决定性基础。"[2]这一由无稽、荒唐和错误概念组成的混乱之辞，[3]构成了意大利政治家所称的"实证科学"的主要著作之一。作者如此满意于他对马克思主义的解释，以致几年之后，他不禁想要夸口独自一人发现了这些有趣的事情，[4]而事实上在当时还不为人知的信件中，恩格斯对历史唯物主义已经给出了一个比许多年来所给出的更为广阔的解释。

我不想对比法瑞和拉布里奥拉，在我看来，后者并未成功地从马克思那里提取出可以指导历史学家的法则。他将1859年序言的若干近似语与从马克思别的著作中抽出的若干观念进行结合，所能给出的只是对马克思主义概念的一般想法。在拉布里奥拉发表他的《唯物主义历史观随笔》（*Essays on the Materialist Conception of History*）之时，还没有人觉察到在将马克思的多种主题结合到一起时必须保持高度警惕：马克思按照所要处理的问题考虑不同方面的历史，这样就有几种马克思的历史体系。除了希望将只有放在它们得以出现的特定体系中才有价值的陈述结合在一起，别无其他的揭示马克思主义的更好方式。

[①] 博克尔（1821—1862），英国历史学家，力求使历史成为一门严谨的科学，认为可用支配自然因素，如气候、土壤、食物等的科学规律解释各民族的历史，著有《英国文明史导论》。

从《共产党宣言》中，我截取了一段在我看来最适于眼下所进行的这种研究的文字："人们的观念、观点和概念（Vorstellungen, Anschauungen und Begriffe），一句话，人们的意识（Bewusstsein），随着人们的生活条件、人们的社会关系、人们的社会存在（Lebensverhaetnissen, gesellschaftlichen Beziehungen, gesellshaftlichen Dasein）的改变而改变（sich aendert），这难道需要深思才能了解吗？思想（Ideen）的历史除了证明精神生产随着物质生产的改造而改造（sich ungestaltet），还证明了什么呢？任何一个时代的统治思想（herrschenden Ideen）始终都不过是统治阶级的思想。"[5]

当资产阶级在历史上成为统治阶级之时，进步理论被接受为信条，于是它就应被视为某种资产阶级学说。因此，马克思主义历史学家可以发现这一学说如何依赖于资产阶级得以在其中形成、崛起和胜利的环境。我们只有在审视这整个的宏大社会历险时，才能真正理解进步观念在历史哲学中所占据的位置。

这种关于社会阶级之历史的概念与人们今天几乎普遍接受的观念形成强烈的对比。人人都爽快地同意我们的社会中存在着巨大的多样性，职业、财富分层与家庭传统导致了我们同代人思考方式上的巨大差异。许多观察者极为细致地展示了这一点。蒲鲁东在不接受马克思主义阶级观念的前提下[6]甚至可以写道：一个伟大的现代民族包含"人类发展每一阶段的表现"；原始时期由"众多贫穷和无知之人——他们的悲惨导致了无休止的犯罪"予以表现；文明发展的第二个阶段可以在"由劳动者、工匠、店主组成的中间阶级"中看到；而"由行政官、公务员、教师、作家和艺术家形成的精英阶层标志着人类发展的最先进阶段"。不过，在如此强烈地指出世上呈现的矛盾之后，他却不能放弃总体意志的概念。他说："追问这些多样的利益、这些半原始的本能、这些根深蒂固的习惯以及这些高远的抱负它们隐秘的想法是什么。按照群体的自然进步将种种看法进行归类，你就会悟得一个总体构想，它（尽管包含相反的方面）表达的是总体的倾向而不是某个个人的意愿，它将构成社会契约和法律。"

在我看来，蒲鲁东以这种清晰不过的方式提出总体意志的问题，就将民主恒定地与阶级斗争学说对立这一一元化教条推到了荒唐的地步。事实上，要构造他所寻求的综合完全不可能。当历史学家论及总体倾向时，他不是从其构成要素推断它，而是通过在历史进程中展示的结果来构造它。蒲鲁东本人似乎也同意它确实以这种方式发生，因为他在以上引文之后紧接着写道："总体文明就是这样在冲突、革命和战争的外衣下逐步形成，立法者与政治家对它一无所知。"[7]综合的出现就这样外在于推理性的思想。

我们容易理解社会运动以大量谈判为先决条件。通过同时代人的记述可以认识到各党各派迫于能够采取决定性行动的群体而有的许多审慎的盘算、许多妥协和许多仲裁。历史学家不能假装可以详细追踪这些招数。而且，哲学家或政治家在它们通过结果展现出来之前也不能探查到它们。

历史学家付出最大努力要了解的，另外也是最容易了解的，是胜利者的意识形态。它取决于刚才讨论过的所有历史历险。它以不同方式取决于统治阶级的本能、习惯和抱负。它与其他社会阶级的社会状况也有许多联系。优势意识形态与它的所有关联点之间可以观察到的联结不能被彻底限定，因而，谈论历史决定论只会是假充内行与幼稚。我们最有希望做的就是对历史学家们为了指导他们对事物根源的追溯而应遵循的路径略加说明。

民主政体惊恐地看待马克思主义观念，因为民主政体总在寻求协调一致。民主政体继承了旧制度对国家的赞赏，认为历史学家的作用仅限于通过在统治阶级中占据主导地位的观念解释政府的行为。

我们甚至可以说民主政体完善了集权理论。人们过去认为在一个运作顺畅的君主国家，任何反对君主的不和谐声音都无权出现。现在据称每个公民（至少通过间接方式）都在争取他有权拥有的一切。因而，政府的行为就被设想为反映了总体的意志，而我们中的每个人被认为都参与了这种总体意志。这种总体意志之所以可能，是因为在每个历史时期，人们的思想都被以纯粹状态存在于那些受到良好启蒙的头脑中——这些受到启蒙的头脑摆脱了传统的偏见，不偏不倚地服从理性的声音——的观念所湮没。在这些无人拥有而人人都假定共享的观念面前，人类行为的真正原因被遮蔽了——这些原因至少大体可从社会阶级出发加以把握。在不考虑社会阶级的前提下考虑支配性的观念就如同抽象的人这一观念一样古怪，对于抽象的人，梅斯特宣称他从未碰到一个实例，而革命的立法者却声称他们已经为之制定了法律。我们现在知道这一抽象的人并不全然属于臆想的形象。他由自然法的各种理论制造出来，用以取代第三等级的人。历史批判主义正如它重新确立了真实的人，同样也会重新确立真实的观念，即它应该回归对社会阶级的考虑。

民主政体会使头脑陷于混乱，它阻碍许多明智之士看到事物的真实面目，因为给民主政体效劳的是擅长掩盖问题的辩护者。这要归咎于精巧的语言、圆滑的诡辩和大批的科学演说。首先是在民主的时代，人们可以说人性是由激动人心的词语的魔力而不是由思想所控制，是由口号而不是由理性所控制，是由起源无人得见的教条而不是由建立在观察基础上的学说所控制。

依我之见，大可以对这些骗人教条中的一个（即进步的观念）进行分析，而这种分析所遵循的方法本身可以保证我们不受任何欺骗；这种分析即以对阶级之间的关系进行历史调查为基础的分析。以这种方式总结出对资产阶级意识形态的若干观察（我认为这是很值得的）之后，我就放心地将其交付公众。我曾不止一次地偷懒；而一旦找到澄清某一现代观念的起源、意义与价值的机会，我就相信我有理由从那一点岔开去。读者勿因这样的岔开之处而怪罪我，因为它们会激发不止一位满怀好奇的才智之士对马克思主义方法作出新的更深刻的运用。我实际上是想展示而不想简单地告知，迈向一个更伟大的真理的目标如何可能。

我最初将这些对于进步的研究发表在《社会主义运动》（*Mouvement socialiste*）杂志（1906年8—12月）上。我当时感到我对在大学中受到赞扬的某些大人物缺乏尊敬会冒犯许多读者。在仔细地重新检查我的文字以及完全重写某些地方的过程中，如果我试图取悦轻浮的大众，我本会对我讨论的语气加以修饰。不过我还是保留了原先采取的语气，不是想模仿马克思进行论辩的严厉，更不是以语言的放纵哗众取宠，而是因为我发现在资产阶级力图灌输的所有幻象中，最为荒唐的是它想强加给我们的那种膜拜——对肯定不值得大加赞颂的外行圣人的膜拜。

在那些声称是法国民主之官方代表的作家中，没有几个人赞赏孔德。他们在别的方面首先赞赏于他的是，他想通过新型拜物教恢复对法国的尊敬。今天很少有人会幼稚地认为祈祷、圣事与实证主义布道能对人产生重大影响，但人们却竭力培育对那些被民主接受为它的英雄的、著名或不太著名的人物的崇敬。许多人希望如果大众开始接受了对这些所谓人类楷模的崇拜，他们可能也会对那些以传播这种崇拜为业的演说家抱有一些尊敬——如此在新的圣人与他们的祭司之间就不会有太大的鸿沟。这样，我们的民主人士在如此殚精竭虑地培育18世纪的荣耀之时，他们是在追逐自己的利益。因此，重新确立历史真理，就不仅是一个良知的问题，而且是一个直接的实际利益的问题。

1908年1月

注　释

1. 拉布里奥拉：《唯物主义历史观随笔》（*Essais sur la conception matériaListe de l'hitorie*），第一版，第272页。

2. 费里：《社会主义和实证科学》（*Socialisme et Science positive*），第152页。

3. 说个人的生活是由这里给出的绝非个人性的原因所决定的，这多少有点荒唐。当马克思有时提及经济是意识形态立于其上的基础时，他所用的术语（Basis和Grundlage）有效地排除了这一基础积极主动的想法。

4. 费里：《社会发展和经济发展》（*Evolution économique et évolution sociale*），第27页。1900年1月19日在巴黎的演讲。

5. 《共产党宣言》（*Communist Manifesto*），第51页。不论这里的译文价值如何，都有必要引用德语语词，它们具有一种不易翻译的技术性意义（源于黑格尔学派）。

6. 这一事实导致了蒲鲁东的解释中一些相当困难的地方；读者期望在某处看到马克思的阶级学说，却发现一无所有。我相信蒲鲁东不遵循马克思的路径是由他的道德成见所致：他把夫妻之间的忠诚看做是道德规范最重要的因素。他不认为这种忠诚一般来讲依赖于阶级状况。由于他首先是位伟大的道德家，所以他非得从这种独立中引出结论说所有的意识形态都是头脑的构造，而阶级的存在只能对之起到间接的影响。

7. 蒲鲁东：《进步的哲学》（*Philosophie du Progrès*），第99页。

法文第二版前言

在这一版中,我在细节上作了许多改进。我希望我已经成功地将那些给某些人带来困难的论点说得足够清晰了。我还加了一个附录论述有关辉煌与衰落的观念,在我看来我们的同代人对它过于忽视了。

1910 年 7 月

第一章　最初的进步意识形态

Ⅰ 古今之争。宗教与文学中的楷模问题。与布瓦洛敌对的上流人士。优秀语言技巧家的胜利。

Ⅱ 17世纪末的道德。丰特内勒的哲学。自然观念的政治起源。帕斯卡对肤浅理性主义的批判。笛卡尔主义与上流人士。

Ⅲ 人的教育的思想。普及者。孔多塞设想的按照贵族模式进行的大众教育；他对教育结果的幻想。

一

历史学家们将进步学说问题追溯到古代作家与现代作家之争，这一争论在17世纪末曾经喧嚣一时。这样一个纯粹文学的冲突竟能产生如此后果在我们今天看来可能非常奇怪，因为我们如今难以承认会有艺术的进步存在。

在我们今天看来，最为奇怪的莫过于佩罗这派人表现出的糟糕品味，佩罗经常将他的同时代人看得高于古代或文艺复兴时期的伟人，比如他认为勒布朗高于拉斐尔。① 乍看上去我们会以为他不过是在行使官

---

① 佩罗（1628—1703），法国诗人，童话作家，法兰西学院重要成员之一，在"古今之争"中持厚今派观点，著有诗篇《路易大帝的世纪》、童话集《鹅妈妈的故事》等。

勒布朗（1619—1690），法国画家、设计师、法王路易十四的首席画师、法国皇家绘画雕塑学院创始人和首任院长（1663），组织大批艺人创作路易十四风格的美术装饰和工艺品。

拉斐尔（1483—1520），意大利文艺复兴盛期画家、建筑师，主要作品有梵蒂冈宫中的壁画《圣礼的辩论》和《雅典学派》，其他代表作有《西斯庭圣母》、《基督显圣容》等。

方文化掌管者的愚蠢职责。事实上，佩罗1678年宣读于法兰西学院的第一篇论文就叫《路易大帝的世纪》。布吕纳介非常恰当地评论它说："必须承认布瓦洛①在赞扬帝王时用的是与此有别的一种风格，虽然缺乏独立不羁的头脑（当时没有人自命具备），但可能得自古人的稳健品味，至少使他在阿谀中没有如此的陈词滥调。"[1]

但在丰特内勒②插入之后，讨论很快就呈现出更加一般的面相；而佩罗在用诗体形式揭示了他的思想之后，又用三卷散文（1688，1692，1697）具体阐发了现代作家应该优于古人的理由。

为了透彻地理解这一问题，我们应该注意到17世纪的人们对后代所认定的他们的同代伟人远未报有虔诚的仰慕。我们如此乐于表述为这一时期之典型的波舒哀③本人，根本未从其真正价值上得到人们，甚至包括国王的欣赏。他的观众认为他对动人的语言、精巧的修辞以及矫情运用不足（这一点不像弗莱希耶），或者他对怎样通过每个贵族社会都追求的那些描述充分激起好奇——就像通过制造丑闻驱动好奇一样——一无所知（这一点不像布尔达卢）。[2]

如果我们局限于考察布瓦洛对第一流著作的影响，我们或许会相信他是一位广受尊敬的大师。按照布吕纳介的说法，拉封丹、莫里哀和拉辛④从他那里受益匪浅。[3]但我们一定不能仅从那些超越某个世纪的人物来判断这个世纪，因为这些人物常常是与当时的主流相悖的。他们正是因为这种相悖才得以不朽。

我们不假思索地设想布瓦洛的同时代人会乐于让他将他们从夏普兰

---

① 布瓦洛（1636—1711），法国诗人、文学理论家，作品主要为《讽刺诗》，还有用诗体写的文学理论代表作《诗艺》，被认为是古典主义文学理论的经典。

② 丰特内勒（1657—1757），法国哲学家、诗人，著有《宇宙万象解说》、《神灵显迹的历史》，提倡科学、进步、理性，否定传统和宗教信仰，为18世纪启蒙哲学的先驱。

③ 波舒哀（1627—1704），法国天主教主教，拥护天主教统治，宣扬天主教教义，反对基督教新教，著有《根据经文论政治》等。

④ 拉封丹（1621—1695），法国寓言诗人，代表作为《寓言诗》12卷，内容丰富，讽刺尖锐，对后来欧洲寓言作家影响很大，另作有《故事集》和韵文小说等。

莫里哀（1622—1673），Jean-Baptiste Poquelin的笔名，法国著名剧作家、演员、剧团经理，首创法国现实主义喜剧和喜剧的新风格，主要悲剧有《达尔杜弗》（一译《伪君子》）、《愤世嫉俗》、《吝啬鬼》、《贵人迷》等。

拉辛（1639—1699），法国剧作家、诗人，法国古典主义悲剧代表作家之一，主要作品有诗剧《安德罗玛克》、悲剧《爱丝苔尔》、《菲德拉》等。

的束缚下解脱出来："直到布瓦洛1665年首次面世的《讽刺诗》出现，人们才对《贞女传》①打起了哈欠，但是他们隐藏了他们的不耐烦。而且，当人人对它打起哈欠时，他们却宣称该著非常漂亮。"[4]夏普兰在如此长的时间内被当做法国文学首屈一指的大师，以至于许多有教养的人一想到他受到一个小小新贵的诋毁就耿耿于怀，他们等待有利的时机对批评者发起反攻。事实上，布吕纳介看到了重要的一点，即布瓦洛是与"沙龙与文学小团体的思维"相反的资产阶级思想的一位代表。[5]另外，布瓦洛进入法兰西学院这一夏普兰朋友们的堡垒并非毫无困难。[6]

　　法国的品味一直忠于布瓦洛的原则。跟他一样，我们将感觉优雅、表达清晰和语言自然看得高于一切。我们害怕过火的想象，我们欣赏在刻意雕琢与通俗白话之间保持中道的风格。外国人对这种文学如此钦佩，以至于长期以来他们竭力按照这种法国规则培训他们的天才人物。[7]

　　为了给使得布瓦洛对古人报以轻微的迷信式尊敬的原因确切说明，我们必须回头参照勒普莱，他提供我们为了创造一种能够启迪心系当代社会改革的人们的科学而要遵循的一套方法。

　　勒普莱极为蔑视有关政府原理的所有抽象讨论。他希望通过调查来确定哪些民族是繁荣的民族，而且对于每个这样的民族，是哪些原则确保了它在历史过程中的壮大。他想要法国人将他们通过此种方式成功发现的"那些优秀模式"——关于家庭组成、劳动组织、政治等级——引进他们自己的国家。我们头脑的构造方式使得我们更多是通过类比，而不是通过三段论进行推理。我们只有在对我们试图给出一个学术性定义的制度能够唤起一个非常清晰的图景后才能清楚地理解某一原理。我们总是倾向于承认我们可以从如下行为中获益，即在我们自己的国家复制原本存在于别的国家，而在最近不管出于什么原因已在世界获得巨大声誉的事物。这就是我们为什么从英国、美国以及最近从德国吸取了如此多的建制的原因。

　　文艺复兴与宗教改革时期的人们已经走在这条路途上；他们对古代文献如此熟悉以至于他们相信自己拥有的是基于经验的知识。前者研究希腊习俗，后者遵行使徒习俗。他们要求同时代人跟随他们去恢复过

---

① 《贞女传》，夏普兰以贞德为题材的一部低劣的史诗。

去。龙萨①认为复兴希腊精神并不比加尔文为了成为圣保罗的门徒所做的更为困难。[8]这两种企图的失败并不能证明任何不利于原理的东西,因为人们可以追问失败是否并不源于改革者的热情过度。模式如此卓越,就意味着它们就永远不是别的而是模式,对它们的应用必须富于技巧。

詹森主义②者曾经获得巨大的声名,这使得不止一个著述者感到震惊,但是如果我们参照如上观察,它就很容易得到解释。詹森主义者相信可以回到圣奥古斯丁的时代,制止所有的愚蠢与不洁——这种愚蠢与不洁根据他们严厉的判断是由黑暗时代③的学者以及谄媚诡辩者带来的。由于完全是受古典传统的滋养,圣奥古斯丁看来比基督的最初门徒更可接近。帕斯卡④《致外省人书简》(1656—1657)的巨大成功似乎证明公众乐意接受这种圣奥古斯丁式的方向。按照布吕纳介的说法,拉封丹与莫里哀是唯一完全免于这种影响的著名作家。这种影响在杰修特·布尔达卢那里也可以见到,他的许多布道大可被波·罗雅尔修道院署名通过。[9]

在道德改革看来已经胜利的同时,一个明智的文学改革难道不能成功?这两种情况都是反对西班牙与意大利渗透的问题。法国作家过于钦佩擅长矫情的傲慢马林——"夏普兰本人曾在一篇值得注意的序言中加以赞誉的《美男子》(*Adonis*)的作者"——以及"他的名字已经开始等同于夸张与晦涩"[10]的贡戈拉⑤。布瓦洛想将自然与优雅推荐给受到上述模式欺骗的同时代人;他向他们提倡古代文学给出的"优秀模式"。可以说布瓦洛吸收了龙萨的一个思想,而且他与七星诗社⑥的"改革

---

① 龙萨(1524—1585),法国诗人,"七星诗社"中心人物,其作品反映了文艺复兴时期的人文主义理想,主要作品有《颂歌集》、《给爱兰娜的十四行诗》等。
② 詹森(1585—1638),荷兰天主教神学家,创立詹森教派,反对耶稣会,被罗马教皇斥为异端。
詹森主义,17世纪天主教詹森教派的神学主张,认为人性由于原罪而败坏,人若没有上帝恩宠便为肉欲所摆布而不能行善避恶。
③ 欧洲中世纪的早期,5—11世纪,被认为是愚昧黑暗时代。
④ 帕斯卡(1623—1662),法国数学家、物理学家、哲学家,概率论创始者之一,提出密闭流体能传递压力变化的帕斯卡定律,写有哲学著作《致外省人书》、《思想录》等。
⑤ 贡戈拉·阿尔戈特(1561—1627),西班牙诗人,著名文学流派"贡戈拉主义"创始人,其诗歌用词怪僻夸张,晦涩难懂,形成"夸饰主义"风格(后称"贡戈拉主义"),代表作为长诗《孤独》。
⑥ 七星诗社,由16世纪法国7位喜欢模仿古典作品的诗人组成的团体。名称得自七星诗社的为首者龙萨根据亚历山大的古希腊诗人团体Pleiades(普勒阿德斯七姊妹)。

者"想法一致——虽然他对他们的看法严厉。[11] 他复兴了前人的工作——就像波·罗雅尔修道院复兴了加尔文的工作，只是相信他做的是与这些前人全然不同的事；他因此使得改革易被法国人接受。

17 世纪的所有伟大作家在古今之争爆发时都站在布瓦洛一方，而佩罗却不屈不挠地维护布瓦洛大加针砭的那些糟糕作者：夏普兰、科坦、圣阿芒。布瓦洛的美学阻碍了那些平庸的作家，他习惯于文体的高度自由，自由到让这些人接受不了。[12] 看到像培尔①这样博学的人也跻身现代派之列真有点让人吃惊；但我们一定不要忘记培尔缺乏品味，他保留了上一世纪的全部谬误，他对所读书籍的文学价值无所用心。[13] 将他的态度解释为反对路易十四赞助的美学政策是错误的。[14]

上流人士以仍然构成这类人一切思维之基础的那些理由理所当然地支持现代派。"这些世故的鉴赏家对任何严肃的事物都怀有一种本能的恐惧。艺术对他们来说不过是消遣。"[15] 几乎所有妇女都站在佩罗一边；布瓦洛的第十讽刺诗可能就是他受她们的反对所致的坏心情激发的。另外，他的敌对者则对这些温和的鉴赏家报以热烈欢呼。按照布吕纳介的说法，妇女通过阻止文学以必要的严肃性处理人生真正重大的问题而对文学产生了相当不利的影响。[16]

在慷慨地分发这些不朽的证书之时，佩罗不禁大大增加了他的朋友的数量。这里是他的一例文学声明：[17]

> 未来的人们将会如何珍视他们啊，
> 勇武的撒拉逊人温柔的瓦蒂尔们，
> 天真的莫里哀们，罗特鲁们，特里斯丹们②，
> 还有别的百余人——都是他们时代的骄傲。

因此，佩罗将大批文学报刊与大量佯装具有文学品味的人归于他那边就不足为奇。《休战》杂志（*Trévoux*）给我们提供了有关当时各种倾向的最有价值的信息。杰修特兄弟本没有理由要取悦佩罗，他们的兄

---

① 培尔（1647—1706），法国哲学家，启蒙运动的早期代表，用怀疑论批判从理性上论证宗教教义的哲学体系，其主要著作《历史批判辞典》对启蒙运动有很大影响。
② 特里斯丹，英国亚瑟王传奇中著名的圆桌骑士之一，因误食爱情药与 Comwall 国王 Mark 之妻 Iseult 相恋，欧洲许多文艺作品即以这段姻缘为题材。

弟，一位索邦神学院教授，支持的是阿尔诺。布瓦洛曾经竭力想要博取颇具影响的杰修特兄弟的青睐，但他并没有赢得他们对其事业的支持。[18]我们本以为宣称信仰人文主义的人会支持古代派，但当杰修特兄弟每次在法国必须采取某种立场时，他们总是站在庸人一边，因为他们想以此保证最大多数人站在他们这边。因此他们在詹森主义者面前为道德庸人辩护。事实上，杰修特兄弟因为在宗教领域提倡平庸经常遭到批判。显然，他们受到高度赞扬的教育导致他们的学生平庸化。他们以文凭工厂知名的学校，追求的是科学的平庸；17世纪他们想在布瓦洛面前维护文学的平庸。

布瓦洛的失败就这样成为定局。"在他的周遭，他看到文学的矫揉造作卷土重来，同时在转变为沙龙的小圈子中，丰特内勒和拉莫特们却回到巴尔扎克和瓦蒂尔们的传统。几年以后，当朗贝尔侯爵夫人以及随后的唐森夫人开始大具影响时，情况又有所不同。18世纪的最初年月会让人想起17世纪的最初年月。"[19]按照丰特内勒、唐森夫人以及特鲁莱特教士（Abbé Trublet）的说法，拉莫特是法国最完美的天才之一。下面是受到丰特内勒钦佩的拉莫特的哲学—科学诗中的一首：[20]

> 这空洞的实质啊
> 在假想的实体里
> 如水一般地倾释
> 只是伪装的充实

布瓦洛的报复是彻底的，但这种报复只是到我们的时代才出现，而且也相当困难，因为浪漫主义者激烈地攻击他，甚至试图恢复受他摒斥的一些人的名誉。相反，蒲鲁东则对布瓦洛满怀钦佩，据说"被他正直的理性"深深吸引。[21]我相信布瓦洛在我们的时代被证明正确可以由文字风格而不是思想内容之类的原因来解释。

一场现代革命使两群作家从根本上分裂开来。一方以身为"优秀文学工匠"而自豪，其成员经过一段很长时间的学习，在相当程度上完善了他们的风格；另一方继续按照时下的品味粗制滥造出一些作品。布吕纳介非常成功地将作家的风格界定为"天才对写作艺术的材料施加控制的类型"。他还补充说："所有伟大的文学革命都是语言的革命。譬如在法国，仔细审视一下我们的文学史就可以发现，龙萨、马莱伯①、布瓦洛、卢梭、夏多布里昂②和雨果，所有这些革新者首先以及主要予以革命的就是语言。"[22]当代语言由于抛弃了模糊的表述以激发特别的形象，因而要操纵它就变得难乎其难。

我们当代的风格大师们是长期备受奚落的布瓦洛的真正传人。布吕纳介说："在该资产阶级中有着一位艺术家，一位卓越的技巧家，一位在其艺术方面严谨的理论家……如果还有人感觉得到形式在诗歌中的价值，他就是布瓦洛……这可以说明为什么布瓦洛令人奇怪地总是对瓦蒂尔抱有敬意。他到死前才宣称瓦蒂尔的那种双关语在他的《论模棱语讽刺诗》中枯燥乏味；不过，他因为瓦蒂尔至少一丝不苟地修改过他的作品而感激他。"[23]

那些耐心写作的人自愿把他们交付给有限的公众，别的人则为卡巴莱③和报纸而写作。于是便存在两类泾渭分明的公众与两类几乎从不接近的文学类型。眼下很难理解为什么我们的先辈对介于帕尼（Parny）与卡巴莱歌星之间的贝朗瑞怀有莫大的尊敬。他所占据的中间位置不再对应现今的任何文学习惯。[24]今天，我们期盼的不是专注于他的艺术的诗人，便是为《乐园》（l'Eldorado）安排粗俗叠句的人。贝朗瑞18世纪的老师同他一样被忘却了，因为他们的风格一样平庸。

这种转变给现代思想带来的影响相当可观。伏尔泰写的反对基督教的小册子不再流行；渐渐地，我们从《百科全书》撰稿者降至奥默④先生以及《路灯》（Lanterne）的编辑者，而处理宗教史问题的文字却变得非常严肃甚至近乎严厉。勒南⑤最初几本著作的巨大成功，缘于他知道怎样找到依据我们如今的想法适合于所论主题的严肃语调。[25]我们倾向于相信，在资产阶级认为盲目追随教会是其利益的必然要求的那一

---

① 马莱伯（1555—1628），法国诗人、文学批评家，诗歌多为宫廷祝颂之作，主张语言纯正准确及韵律严整，其理论对后来法国文学的发展和正统诗歌理论产生影响。

② 夏多布里昂（1768—1848），法国早期浪漫主义作家、外交家，写有《墓畔回忆录》和反映北美印第安人生活的小说《阿塔拉》等，波旁王朝复辟后，曾任外交大臣和驻外使节。

③ 卡巴莱，指有歌舞与滑稽短剧等表演助兴的餐馆或夜总会。

④ 奥默，福楼拜小说《包法利夫人》中一个自命为科学家的药剂师，是个庸俗的资产阶级人物。

⑤ 勒南（1823—1892），法国哲学家、历史学家，以历史观点研究宗教，主要著作有《基督教起源史》等，尤以该书第1卷《耶稣的一生》最为著名。

天，伏尔泰的精神消失了。这是一个意识形态的且相当肤浅的解释。伏尔泰精神的消失发生在某一文学革命使得伏尔泰的方法显得可笑之时。我们难得找到这样显著的例子来说明风格对思想产生的影响。

二

17世纪末发生的古今作家之争，其后果无限超出文艺的范围。法国社会因为对新的存在状况感到骄傲，并自信已经达到甚至超越了历史学家颂扬的最为著名的时期，因而认为自己不再需要从别的国家搜寻模式。法国社会从此要成为所有文明人的模式；法国品味要独自决定智力作品的价值。在一切事物中，法国社会都打算陶醉于自己文明的成果，而不容任何人批评。

17世纪末，先前曾使整个国家极度激动的宗教问题不再引起任何人的关心，以致波舒哀与费奈隆①保留重要的论战著作不予发表。马西隆的布道也只涉及道德。[26]人们常常认为对詹森主义者的迫害以及寂静主义②无用的争吵对宗教思想的这一衰落不无影响。[27]我并不相信这是一个令人满意的解释。

17世纪的最后15年，日子很是惬意。以前，詹森主义采取了某种方式，由此可以提出基督徒命运的问题，可以对抗宣扬轻松宗教的诡辩家提出的方案，可以说明某种严酷纪律的正当性。[28]现在，人们都想享用新时代所允许的安乐，于是，詹森主义就显得非常恼人。其辩护者的数目在上流社会缩减了，波·罗雅尔修道院也听任它的敌人肆虐。由此我认为我们不应把道德水平的降低归于对詹森主义者的迫害；我们倒是可以将对詹森主义者的迫害归于道德水平的降低。然而，仍有一些家庭保持旧的方式，难以割舍过时的道德，他们愈孤立则愈高傲。在这些家庭中，詹森主义常常表现为一种狂热的抗议。

当时，人人震惊于女性道德的瓦解，震惊于上流社会对受到解放的

---

① 费奈隆（1651—1715），法国天主教大主教、作家、教育家，支持寂静主义，主张限制王权、教会脱离政府控制，为国王及教皇所贬斥，著有《死人对话》、《泰雷马克历险记》等。

② 寂静主义，天主教神修学派的主张，认为人要修德成圣，在于绝对寂静，逃避外务，合一于天主。

妇女的溺爱。"福斯小姐（她像著名女演员巴隆那样引人注目）与孔蒂公主以及旺多姆①们都很熟稔。"[29]在一封日期为1696年12月19日的信中，迪博对培尔说女人们不再想要孩子而想要"高大英俊的青年"做她们的男仆，她们不再想要女仆而想要贴身男仆。[30]

布瓦洛敢于抨击这些女人，但他的讽刺却带来无穷的流言飞语。阿尔诺这位住在比利时与其旧思想为伴的人赞赏诗人的严厉，但他的朋友却警告他说，他的称赞给人以非常糟糕的印象。[31]我猜测波舒哀包容对布瓦洛的敌对判断是因为他察觉到公然藐视上流社会舆论的危险。我们知道波舒哀曾不止一次被指责对大人先生的品行过于宽厚。按照布吕纳介的说法，这种宽厚态度源于波舒哀一直仅仅"处在上流社会的边缘"，而不像帕斯卡那样身居其中。"无论是在上流社会还是在宫廷生活中，波舒哀看到的总是别人允许他看或想要他看的东西。"[32]

非常明显的是培尔保持了一种来自基督教的对人的悲观看法，因而布吕纳介就可以说他在道德去基督教化的过程中坚持了宗教性的道德。按照培尔的意见，人应该抵制各种本能，这是一个后来似乎令人反感的想法。随着费奈隆的出现，人性善的观念进入了严肃文学。[33]它与当时最深刻的倾向——对于人的乐观看法不久就要占据上风——正相呼应。我们可以说，对罪恶的恐惧、对纯洁的尊敬以及悲观主义[34]大约同时在17世纪末完全消失。基督教就这样杳无踪迹了。

这个社会离不开哲学，因为它已经从先前的时代继承了推理的习惯，尤其是将司法推理运用于一切问题的习惯。因此对天恩、命定和圣礼的讨论才可以在长达半个世纪的法国历史上占据一个如此突出的位置。这样一个社会如果不证明其行为的正当性就不能沉浸于幸福；它必须证明它有权不遵循旧的箴言。因为如果社会不能给出这种证明，它难道不怕被比做这样一个孩子——他如此急于享受父辈的遗产以致吞食了所有未来的资源？因此，他们非常乐于找到一些才能出众的辩护者，这些辩护者能够严肃地证明人们完全可以消遣娱乐而不用担心其后果：[35]

---

① 旺多姆（1654—1712），法国将领，西班牙王位继承战争（1701—1714）中的统帅，在卡萨诺击败尤金亲王（1705），后驰援西班牙国王菲利普五世（1710），收复马德里，大败奥军。

这就是进步学说的起源。丰特内勒拥有给其同时代人揭示出这样一种哲学之可能性的荣誉。

对上层阶级来说，路易十四时代的生活条件比以前君主统治下的要舒适，人们本身做梦也不会对此有所质疑。因此他们有权追问：难道不可以设想促使这种生活改善的力量，来自于一系列如同物理事件一样自然的事件带来的新的社会构造？如果这些力量持续发挥作用，难道它们不会在社会世界中拥有一种加速的动力——就像一个物体在物质世界中由于重力作用而加速下坠一样？如果是这样的话，为什么还要担心后代人的命运？他们注定会拥有自动优于我们的命运。布吕纳介正确地看到自然法则之稳定可靠的观念是进步理论的一个要素。[36]不过，我们应该确定这种观念是来自于物理学还是应当独自由历史作出解释。第二个假设看来比较接近事实。

丰特内勒（他推广了自然法则之稳定性的思想）的同时代人印象最为深刻的是，看到王室能在何种程度上以一种似乎确定的方式凌驾于纯粹的机遇之上。他们倾向于将一切社会运动与社会从王室权威那里取得的动力联结起来。于是，他们就一定要把王室机构视为在已经取得的改进上日益添加某些新的改善的恒定力量。改善呈加速进行的想法于是清晰而必然地呈现出来。伽利略想到的重物加速下坠法则或许竟是政治类比的后果；在他的时代，王权变得如此绝对，以至于人们足可将它视为某种类型的恒定力量。[37]

按照布吕纳介的观点，进步观念很大程度上依赖于笛卡尔有关知识的两个重要论点：知识从来不能脱离于它的应用，而且总在不断增长。[38]看起来，从这两项前提应该能直截了当地推出无限进步，但是我认为将一位现代作家会给予它们的科学识见赋予它们是错误的。在17世纪，它们源起于政治意识形态而不是真正的科学，因而，当衡量进步观念的历史重要性时，我们首先应该考查的是政治现象。

从笛卡尔时代起，人们就不难看到拥有集中化权力和规范化行政的新式政府，能够以一种非常准确的方式推行它们的计划，它们如此就可以实现理论与实践的某种结合。而且，王权似乎是无限的。文艺复兴以来由于最高权力意志而发生了如此之多的惊人变化——尤其是在宗教事务中，以致王权似乎无远弗届。肯定他们的神圣权利充足完备的统治者从来都不会缺乏科学。科学必须同那些用它来支配的人的权力一同成长。南特敕令①1685年被废除之后，这些考虑就远比笛卡尔时代强烈。在这一清清楚楚证明国王权力无限的重大事件之后两年古今之争就爆发了。

我并不完全同意布吕纳介有关普及化在此中影响的观点。按照他的观点，17世纪末的人们对能知道如此之多的东西感到惊奇。布吕纳介认为他们不像他们的先辈那样关注良心的照料，他们喜欢科学胜过喜欢宗教，[39]他们抛弃了波舒哀的观点而接受了丰特内勒的观点。与此有别，我则认为科学的普及化对新哲学的形成具有虽然并不直接，但的确重大的影响；普及化的兴味首先有助于在沙龙思维与笛卡尔主义之间建立起一种牢固的联系。结果是将古人与今人文学方面的论辩伸展到人们起初预料不到的范围——它成为哲学史中的一块里程碑。丰特内勒既是现代派一边的文学党徒，又是一个非常富于技巧的普及者，一个笛卡尔迷，如此一来他就能强烈地影响观念的发展，这是一种与他本身的平庸相当背反的时势。

为了透彻地理解这一问题，我们应该对笛卡尔主义略加审视，看看是什么原因使它成为沙龙的哲学。我们于此看到在某一思想体系中发现了表达自身阶级倾向的某些公式的阶级接纳该思想体系的一个非常显著的实例。对于那些以历史唯物主义观点研究这类学说的真正哲学家来说，绝少有什么现象比这种接纳更为重要。一个体系的创造者，就像一个极度自由地理解周围一切的艺术家。如果这一体系与现行观念有足够多的联系，它就能持续下去并成为后来某代喜爱的学说，这一代将从中发现某些与时人所喜迥然不同的东西。历史的最终判定依据的正是这种接纳。这种判定常常会颠覆最初的追随者曾经给该学说各部分赋予的价值秩序；它能将他们视为次要的东西带到前列。

笛卡尔的支配开始得非常晚，布吕纳介甚至说"笛卡尔对17世纪的影响是库辛②认为的法国文学史充斥的杜撰与错误之一"[40]。在一段很长的时间内，大神学家们似乎甚至没有理解笛卡尔哲学可能扮演的角色。他们看到世上那些不信教的人（被称做自由思想家）对经院神学

---

① 南特敕令，1598年法王亨利四世在南特城颁布的法令，给予胡格诺派教徒政治上一定的权利，该法令于1685年被废除。

② 库辛（1792—1867），法国哲学家、教育家、历史学家，创立系统折中主义，著有《论真、善、美》、《现代哲学史教程》等。

家用来证明上帝存在与灵魂不朽的那些论辩难以接受。他们以为笛卡尔的解释会更成功。波舒哀在他1687年5月21日写给马勒伯朗士①的某位弟子的信中以及在1689年5月18日写给佑特的信中表达了这种想法。[41]神学家们认为,一旦基本原理被接受了,宗教的一般部分就不成问题。

帕斯卡写作《思想录》有可能意在反对笛卡尔主义者。[42]他不是一个专职神学家,并因此对学究式的证明不抱信心,但他对笛卡尔的理论与对索邦神学院的理论同样不欣赏。帕斯卡采取的是宗教经验的见解,这要求有一位时时在场的上帝,而且他理解笛卡尔主义信仰的只是某个缺席的上帝。波舒哀所认为的反击无神论的充分理由在帕斯卡看来非常软弱。波舒哀认定人人都像他自己,他没有看到生活于圣事之中的神职人员与世俗之人有着巨大差别。

天天践履宗教经验的虔诚的神职人员倾向于信服生活于这种经验之外的世俗之人看来站不住脚的解释。帕斯卡是写给那些相当多地保持了16世纪方式的人看的。然而,这些新的异教徒——狂热、傲慢、变化无常——并非完全回避重返基督教的任何可能性,因为他们认为奇迹是确实可能的;现在,奇迹是对世界中之神圣存在的世俗经验。奇迹强烈地吸引了帕斯卡的想象,但笛卡尔哲学中却没有它的位置,该哲学欲将一切归入万能的数学。

笛卡尔似在怂恿那些认为经验奇迹是不可能的人。于是就有帕斯卡经常被引用的语句:"我不能原谅笛卡尔,他在其全部哲学[43]中都想撇开上帝,但是他却不能不让上帝捻一下他的手指以使世界动起来。之后,他就没有什么有劳上帝了。"(布伦士维格版本片段77,下同)

圣伯夫透彻地看到,18世纪的哲学是通过将人从上帝那里拉开而与帕斯卡争斗的。按照圣伯夫的观点,布丰②在创造一门自然科学的过程中,最为彻底地批驳了帕斯卡。[44]我们知道狄德罗③曾经热烈地研究博

---

① 马勒伯朗士(1638—1715),法国哲学家,继承并发展了笛卡尔学说,主张偶因论,认为人的认识来源于神,万物包含于神之中,主要著作有《真理的探索》、《基督教沉思》等。

② 布丰(1707—1788),法国博物学家,曾任法国植物园主任,皇家博物馆馆长(1739),与他人合著《博物学》44卷,另著《风格论》,提出"风格即人"的观点。

③ 狄德罗(1713—1784),法国启蒙思想家,唯物主义哲学家和文学家,《百科全书》主编,主要哲学著作有《对自然的解释》、《达朗伯和狄德罗的谈话》等,还写有小说、戏剧及文艺理论著作。

物学以图使得上帝毫无用处。[45]于是，笛卡尔因为将上帝降为无用的玩意儿而为百科全书派铺平道路要受到感谢，帕斯卡却名声扫地。孔多塞特别擅长通过对某个伟大天才大加赞扬而使他显得荒唐可笑。圣伯夫说："帕斯卡被描绘为某种可怜迷信的受害者；帕斯卡至关重要而微妙的虔诚却被稀奇古怪的强调遮掩了。自孔多塞的评论以来，不断重复的是对《符咒》（*Amulette*）的讨论。"[46]

我并不认为帕斯卡今天的仰慕者对他的理解方式总是正确的。比如，布吕纳介断言帕斯卡试图削减理性的影响。[47]但我们一定不要将对理性的科学运用与通常所称的理性主义混为一谈。帕斯卡之所以无情地抨击后一种骗人的做法，不仅因为他是一个基督徒，而且因为他的头脑不允许用伪数学推理来回答道德问题。"我曾经花费很长时间来研究抽象科学，而从中不能获得真正的交流使我对它们心生厌恶。当我开始研究人的时候，我看出这些抽象科学是不适于人的，而且我对它们的钻研比起别人对它们的无知来，更会把我引入歧途。"（片段144）我们必须明白，在帕斯卡眼中，数学性的科学只是整个知识领域中的一个非常有限的部分，人如果试图在道德研究中模仿数学推理，他将面临无穷的错误。

帕斯卡高度缜密的头脑反感笛卡尔主义者运用的、给人以他在解释整个世界的印象的、狂热的、经常也是骗人的程序。他极为鄙视《哲学的原理》①，把它比做皮柯·米兰多拉（Pico de la Mirandola）《论可知的一切》（*de omni re scibili*）中的命题（片段72）；他轻蔑地写道："笛卡尔既无用又可疑。"（片段78）还说："我们大体上必须得说，'它（世界）由形式与运动所产生'，因为这是对的。但要说出是何种形式、何种运动，以及把机器的部件组装起来，那就荒唐可笑了。因为这是无用的，靠不住的而又令人厌烦的。而如果这竟是真的，我们便会认为哲学中的一切都不值得花费一小时的功夫。"（片段79）

帕斯卡以真正科学的名义反对仅仅适于满足时常出入时髦沙龙的人之好奇的伪物理学。后来，牛顿提出同样的观点；他要求几何学家们不要提出解释重力的假设。我们知道这一要求激起了许多反对；时至今日，一些"受过启蒙"的心灵也从不疏于揭露我们对天体力学"起因

---

① 笛卡尔著作名。

法则"的无知。帕斯卡当时尚没有足够知识对他的同时代人说：你们所有的伪哲学是徒劳的且不值得花费一小时工夫的证据是，我不用它就解决了所有的天文学问题。[48]他只能以一个富于天才之人的方式来反对他认为充斥周遭的幻象。由于他只是写给自己看的，所以他就不加抑制地表达出他看到精巧且骗人的笛卡尔机械论所激起的热情后感受到的所有恶劣情绪。

很难知道帕斯卡如果能完成他的著作，他会得出什么结论。他的意思经常是不清楚的，这使得评论者得以将一些很可能不是他本人的观点归之于他。我在片段233的一段著名文字中看不出什么大的奥秘，这段文字往往被看做是对理性的一个批驳。帕斯卡对那些声称他们不知道如何达致信仰的自由思想家们说道："跟着信教者的路走就是了，他们开始也是仿佛真信似的样样都做——领圣水，望弥撒，等等。这样自然就会使你相信，同时也会使你麻醉。"帕斯卡对照虔诚的实践与文学的实践。很可能是为了强化这一对照，他有意使用了自由思想家们总是用来诋毁虔诚的那些贬义词中的一个。自由思想家答道："但这正是我所害怕的。""为什么呢？"帕斯卡说，"你有什么可丧失的呢？但是为了向你表明这种方法会导向信仰，它就要削弱你的情感，情感是你最大的障碍。"这样它显然就不是一个使得自由思想家愚昧的问题，而是一个引导他冷静思考的问题。事实上，在书的前面部分，帕斯卡认为自由思想家如果能够直爽地欣赏向他建议的选择的好处，他会作出倾向宗教的决定，但是情感却使他继续囚禁于自己的恶习当中。在上述片段的结尾，他讲到基督徒生活的谦卑，在此我看到被麻醉的思维的同义语："你就不会陷入有害的愉悦、欢乐或荣耀。"问题是不知道这种虔诚的实践能在何种程度上产生帕斯卡所期盼的结果。或许它真能对那些惯于生活在以不信教为荣的社会中的人有所裨益。首要的一点，帕斯卡关心的是改变人们的联想。无论如何，他对自由思想家的建议都不包含任何蔑视理性的意思。

在片段218中，我看不到有丝毫迹象表明帕斯卡如同人们认为的那样冷漠地看待同时代人复兴行星运动理论的著作。他说："我们最好不要深究哥白尼的看法，但是这一点……知道灵魂究竟必死还是不朽，这对一切生灵都很重要。"帕斯卡认为上流社会的人与其把他们的时间投入他们力所不逮的天文学问题，不如用于思考人们死后的命运。

如果观其大略，我们能够清楚地看到帕斯卡反感的是笛卡尔思想的肤浅。笛卡尔思想最适于高谈阔论而不是真正的科学研究。

不过，为什么会有这样一种对"科学的"谈论的需求？理由正如我在上面所说，17 世纪的人惯于分析原因。笛卡尔的科学中夹以这么一点数学技巧，以至于受过良好普通教育的上流人士可以就它与专家交谈。笛卡尔敏于即兴提供对不论是已知的自然事实，还是人们报告给他的新的经验的解释。一个熟悉笛卡尔推理的聪明人可以为任何事情找到答案，这对沙龙习性来说是一种优秀哲学的特征。

在我看来，笛卡尔的物理学与诡辩家的诡辩有颇为类似之处。在这两种情形中，横亘于人与真实之间的精巧机制阻止头脑发挥其恰当的功能；巧妙的、看似有理的种种幻象被制造出来。上流社会的理性主义者的轻浮在真正理性毁灭性代价的基础上滋长起来。

笛卡尔在阐述他的系统怀疑著名法则的过程中所做的一切，是将贵族的思想方式引进哲学。布吕纳介精确恰当地指出，出身贵族的作家对传统绝少尊敬。[49] 笛卡尔主义与上等之人钟爱的怀疑主义的这种相似性似乎是新哲学胜利的主要原因之一。

对实验科学的方法不了解的人，一旦有人（以一种随和的方式）成功地将解释连接到他们的常识易于接受的其他原理时就心服口服。他们看不出这样一个过程涉及大量欺骗。丹纳①引用马勒伯朗士的这么一句话来说明笛卡尔精神的特征："要获得真理，只需注意人人具备的明确观念就足够了。"[50]

因此，聪明人在笛卡尔主义被供给他们时少不了去拥抱它。上流人士倚仗他们"天生的启蒙"而对他们未曾钻研的事物侃侃而谈，其装腔作势确实由上述哲学给予了正当化。

《思想录》发表之后大约 30 年，波舒哀发现了这一喋喋不休的理性主义（笛卡尔主义）对宗教的威胁："借口我们只能承认我们清楚地理解的东西（这在一定限制条件下完全没错），人人都可以随便说：'我理解这个，我不理解那个。'……任何思想都被大胆地提了出来，一点也不顾及传统……以致马勒伯朗士神父只愿意听阿谀奉承者，或者那些

---

① 丹纳（1828—1893），法国文学评论家、历史学家、实证主义哲学家，著有《英国文学史》、《艺术哲学》、《当代法国的由来》等。

对神学的本质缺乏体悟、只是一味崇拜其华丽词藻的人的话。我看这病真是没救了。"[51]

这封信极为重要，因为它向我们展示了一位主教因人们鲁莽地把神学视同儿戏而沮丧的心情。这些人关心语言之美胜过关心理性，他们对问题不作深究，而宁愿用常识加以判断。在这封信中我们看到对普及化的抗议。与笛卡尔主义相联系的一切事物都表现出帕斯卡早已认识到的那种特性：是文学导致了有用或确定的东西消失一空。这种哲学的全部价值在于它阐述的雅致。

进而，通过波舒哀的措辞，我们看到这关乎一个全新的形势。作者看到在笛卡尔哲学的名义下，一场对教会的大战正在酝酿。事实上就在这时，丰特内勒刚刚发表了他论述世界多重性的著名著作，笛卡尔的真正支配由此开始。

仔细审视笛卡尔哲学的基本观念，我们不难看出它们与当时的心智状态极为对应。笛卡尔主义是绝对乐观的，[52]这一事实大受一个渴望纵情消遣而对严厉的詹森主义大为恼火的社会的青睐。此外，并不存在笛卡尔主义的道德，[53]因为笛卡尔将伦理化约成一种要求尊重既有习俗的行为规则；既然道德已变得十分温和，这做起来也就非常方便。笛卡尔对生命的意义似乎从未用心。[54]作为耶稣会会士的前学生，他一定不会对罪孽作出过多思考，而他的门徒也有能力像勒南那样隐瞒罪孽。[55]圣伯夫说笛卡尔将信仰，"如同伊壁鸠鲁的诸神那样，降到思想的某种过渡区域"[56]。这适宜于那些希望摆脱基督教的枷锁的人。

三

此后，法国哲学仍将以高度典型的理性主义特征为标志，这类特征使其非常合宜于巴黎的知识界。笛卡尔物理学在下个世纪可以被抛弃甚至被称为荒唐，但笛卡尔主义却一直会是法国哲学的范本，因为它非常适合于一个以其推理能力为荣，并急于找到途径说明其轻浮为正当的机灵的贵族阶层的癖好。[57]

对要迈进到现代民主的那种宏大运动来说，进步学说总会是其中的一个根本要素，因为这一学说允许心安理得地享受今天的好东西而无须担心明天的困难。它取悦于旧的游手好闲的贵族社会；它也总是会受到由民选而上台的政客的青睐，这些人因为可能垮台，于是想让他们的朋友占尽国家的便宜。

今天，如同丰特内勒的时代一样，统治社会要求一种"包打天下的科学"，使其无须经受任何相关专门教育就可以对任何事情发表意见。在该社会中号称科学的东西实际上是一种按笛卡尔传统杜撰自然的方式；它与深入探究由真科学提出的、以平凡的事实为基础的问题毫不沾边。[58]正如神学的描述使以前的贵族得到消遣一样，斯宾塞①和海克尔②的宇宙论假设给今天的文人带来乐趣，而且由现代传说激起的热情的后果相当可观。他们的读者在解决了所有宇宙论问题之后，似乎以为他们也能解决一切日常难题。从这种心智状态产生出对"受启蒙者"决心的愚蠢信任，这种信任一直是对现代国家过度忠诚的思想基础之一。

今天，一切都可以付诸无比清晰的分析这一观念与笛卡尔的时代一样强烈。如果有人想对理性主义的幻象提出什么抗议，他马上会被指控为民主之敌。我经常听到那些以致力于进步而自豪的人谴责柏格森的学说，指斥它们是对现代思想的最大威胁。[59]

对我们的民主分子来说，如同对世故的笛卡尔主义知识分子一样，进步既不在于技术手段的积累，甚至也不在于科学知识的积累。进步是摆脱偏见、满怀自信、信任未来的头脑的装饰品，这种头脑创造了一种担保一切拥有富裕生活手段的人过得幸福的哲学。人类历史可谓一种教导，这种教导表明如何从野蛮状态进至贵族化的生活。杜尔哥在1750年曾说："从其源头看起，人类像个巨大的实体呈现于哲学家眼中，它就像每个个人一样，有它的童年与它的发育成长。"[60]在接续杜尔哥未完成的著作的过程中，孔多塞更加深化了这一脉思想；他试图给我们描述人类教育的历史。

根据这种观点，成为焦点的巨大问题就是如何教导人们很好地推理。由此逻辑就被赋予了惊人的重要性。孔多塞将洛克看做人类心智的伟大施惠者之一："最终，洛克抓住了哲学将要遵循的路线。"他的

---

① 斯宾塞（1820—1903），英国哲学家、社会学家，认为哲学是各学科原理的综合，将进化论引入社会学，提出"适者生存"说，著有《综合哲学》、《生物学原理》、《社会学研究》等。

② 海克尔（1834—1919），德国动物学家，达尔文主义支持者，提出生物发生律，为进化论提供了有力证据，主要著作有《人类发展史》、《生命的奇迹》等。

"方法很快就成为所有哲学家的方法,而且在将其运用于伦理学、政治学和经济学的过程中,这些哲学家成功地给这些科学带来了有如我们在自然科学中看到的同样确凿的发展"[61]。孔多塞对人类经由革命而获得新生的规划,其中有一点是他对改善我们"模糊而晦涩"的语言的梦想。他认为如果说人们曾经接受的是不完善的教育,那么他们完全需要一种精确的语言,[62]因此他想依照上层社会当时所用的贫瘠语言改革通俗语言。他也希望能够创造出一种通用的科学语言,它能成功地使"有关真理的知识容易出现,而谬误却几乎不可能产生"[63]。

在要给上流人士提供知识摘要并把一切转化为令人愉悦的谈话主题的人那里,这类关注非常自然。在孔多塞看来,这种通俗化是18世纪最体面的成果之一。文字的长度以及语气的庄重充分说明了作者赋予哲学传播的重要性:"在欧洲,形成了这样一类人,他们关心传播真理甚于关心彻底地揭示真理;他们以破除流俗的错误为荣,甚于以拓展人类知识的界线为荣。这是一种推动人类进步的间接方式,它的危险并不更小,它的用处也一样巨大。英国的柯林斯①和博林布鲁克②,法国的培尔、丰特内勒、伏尔泰、孟德斯鸠以及他们所建立的各个学派,都在为真理而战斗……运用从风趣到悲怆的各种书写风格……抨击宗教、政府、风俗和法律中的一切带有压迫、残忍和野蛮特征的东西……最后采用'理性、宽容和人道'作为战斗口号。"[64]这段文字从文学进到新闻报道,从科学进到沙龙以及辩论社团的理性主义,从起初的探究进到宣言,其文辞之热烈令人叹为观止。

当孔多塞成了一位重要政治人物时,他认定要人民加入启蒙之进步的时候已经到了。他有关公共教育的思想对我们至关重要,因为通过对这些思想的研究,我们可以获得一幅有关18世纪进步观念之本质的准确图画。我们应该在这一观念用之于社会,即在它全部复杂而生动的现实中去理解它。因此,这里就有必要对孔多塞的计划略加分析。

孔多塞认为,如果有人能够教给人们如何采取与旧制度下出没于沙龙中的那些人同样的方式进行推理,世人的幸福显然就会得到保证。他

---

① 柯林斯(1676—1729),英国哲学家、理神论者。
② 博林布鲁克(1678—1751),英国托利党政治家、自然神论哲学家,反对传统的宗教信仰,认为必须承认有创造了宇宙并确立了宇宙规律的最高理性力量。

以此为目的而对中等教育的筹划在今天的专家看来并不怎么成功。孔佩雷（Compayre）虽然无比钦佩孔多塞的思想，但还是认为国民公会在这一点上由于对他亦步亦趋而被误导了。中央高等学校的失败，原因在于它们是"稀里糊涂的机构，那里的讲授太宽泛，课程太浮夸，而且学生似乎要学着讨论可知的一切"[65]。照我看来，孔佩雷似乎没有透彻地理解孔多塞的思想。

孔多塞并不想造就农民、制造商、工程师、几何学家以及学者；他想造就的是"受到启蒙的人"[66]。在他的报告中，他披露自己在选择学术主题时受到18世纪哲学的启发。他希望摆脱"权威与习俗的所有旧的锁链"。而这一哲学，"在启蒙当前一代的过程中，预示、准备和推进了人类的必然进步所要求于后人的卓越理性"[67]。

我们现在知道受18世纪哲学的启发以及塑造受到启蒙的人意味着什么，这意味着：要用这样一种方式普及知识，以使年轻的共和主义者在一个以旧制度的观念为基础的社会中得以占据受尊敬的位置；以使民主政体仿照过时的贵族社会；将新的主人放在与其前辈同等的社会层次。为了取得这些结果，就有必要给出各类知识的一点皮毛；正是由于这一原因，中央高等学校被设想出来。孔多塞轻蔑地谈及古典语言：希腊语和拉丁语曾为以前活跃在旧制度沙龙中的人所用，它们不应再为有志在一个民主社会中崭露头角的人所用。[68]我们于此听到古代派现代派争论的最后回音，是后者在孔多塞的世界中胜利了，我们改革家的观念是从过去拿来的。

孔多塞相信，与旧学院相反，新学校通过运用概要图表[69]极易获得令人特别满意的结果。关于概要图表他的评论如下："我们将要阐明，借助少数这类不难掌握的图表，那些从未超出最初等教育的人将怎样能够随意地找到日常生活中有用的细节知识，不管他们何时需要这些知识；还有，通过运用同样的手法，初等教育的方方面面将会怎样来得更容易，不管其中这种教育是基于真理的系统秩序，还是基于一系列观察或事实。"[70]通过此种方式，确实有可能使学生将一本《百科全书》快速浏览过去。而如果他们受到随口评论可知的一切的训练，他们就会出落得能为报纸撰文，或者就他们所知很少的题目发表议会演说。

这样我们就达到了普及化的终点。孔多塞的方法也是蠢人用于应付考试的方法：一个多么可爱的民主理想啊！

我们的作者告诉我们他通过公共教育希望达到什么目标。这值得略加说明："我们能教给全体人民每个人对家庭经济、对事务管理、对自己技能的自由发展、对认识和使用自己的权利、对知悉自己的义务以便履行、对根据自身的理解来判断自己以及他人行为的能力等所需知道的一切。没有人会不熟悉给人性带来光荣的崇高或优美情感。"

让我们在这里稍加停顿，注意一下丹纳由于看到18世纪设想人类具有怎样的统一性而大为吃惊。"人仅仅被当作是训练有素的木偶，某位作者通过鼓吹它而对公众侃侃而谈。希腊人、罗马人、中世纪骑士、土耳其人、阿拉伯拜火教徒、秘鲁人、拜占庭人都不过是借来发表各种长篇演说的管道。公众把所有跑来向人们慷慨陈词的农民、工人、黑人、巴西人、帕西人、马拉巴尔海岸人都视为成功人物。"[71]对于文学的受众来说，"似乎只存在沙龙和文人"[72]。这是一个使"给人性带来光荣的崇高或优美感情"的表达方式庸俗化的问题，以至于最小的村庄都会有一个若弗兰夫人沙龙的翻版。于是世界就会按照小说与悲剧为赢得轻浮的文学公众喝彩而创造的模式得到转变。

现在继续我们对初等教育好处的描写。"我们不应盲目依靠那些我们得委托他们来照料我们的事务或利用我们的权利的人，我们应该选择和监督他们。"但是当代的经验表明，知识的普及并没有使人们有能力选择和监督他们所谓的代表，而且如下断言很难说是悖谬的：即我们越是随着民主的浪潮前进，这种监督将越加无效。

报纸炮制某种风格、某种文学声誉或者某种药物的商业价值，它们同样也炮制政治观点。民主将它晋身显位之前已经存在的某些方法予以体系化，但它并没有创造任何东西。在这里，如同在民主的所有方面一样，我们看到18世纪的意识形态遗产。我们未曾想到当前报界与旧沙龙世界之间的相似性是因为我们震惊于当代报纸的粗俗，同时因为我们稍微倾向过于通过传说看待过去。从根本上说，我们现在的大记者与《百科全书》的编者们在能力方面并没有太大差别。至于他们的习惯，很不幸，他们彼此也惊人地相似。不管在当前的报界还是在沙龙中，人们都可以看到对肤浅推理的满足、对高贵情感的大量展示以及对科学的仰慕。[73]没有理由期望现代报界的观点在品质上能比由哲学性沙龙炮制的观点好一点。

既然教育的目的是想让资产阶级从贵族那里拿来的推理方法普及

化，那么，当我们断言教育对无产阶级毫无用处时，我们说得并不过火。我想我们的大教育家们会同意我所说的，同时我想也正是因此，他们以其大量的旧观念败坏了初等学校。孔多塞希望教育能够祛除一切带有神秘性质的幻象。他说人们"不应再受以迷信的恐惧或虚幻的希望折磨人生的流行谬误的愚弄。他们应该以理性的唯一力量保护自己不受偏见的侵害，他们应该抵制冒牌专家的引诱，这些人为他们的财富、健康、观点的自由表达或良心设置陷阱，却假托是在丰富、治疗或维护它们"。

在最后这些话中，孔多塞显然在影射卡廖斯特罗①、梅斯梅尔②以及光明异端派这些在18世纪末轰动一时的人物。如今，这样的冒牌专家对人们并没有太大影响，但这可能是因为人们不大认识他们。事实上，他们所接受的那种教育能否保证他们免于这类蠢事很成问题。我们时代最天才的学者克鲁克斯③和里歇（Richet）都曾受到巫师的愚弄，然而我们却不能否认他们懂得科学方法！没有人能够预见大众传媒对神秘主义巧妙的普及会带来什么。[74]我们不应忘记马隆（Benoit Malon）以便擅长这些荒唐之举，而且他似乎还要将它们结合到"完整的社会主义"之中，且后者在这种混合中并不会丧失太多东西。[75]所有创制了新药方的人很容易在资产阶级当中找到大量主顾，这表明即便是最为荒唐的信仰，只要它们披上科学的外衣就能获得某种信任。

孔多塞看来是关于天主教较好的预言家。事实上，他最后一个片段的开始几行指的就是天主教。人们公认初等学校的发展对教会来说非常危险。25年前，勒南写道："大众理性主义，如同公共教育与民主建制的进步不可避免的后果一样，使得教堂开始遭到遗弃，纯粹世俗的婚礼与葬礼大量增加。"[76]

第三共和国的教育政策使得教会与民主的官方代表时常发生冲突。教会教育秩序的利益受到世俗教育的威胁，教会于是奋起保卫。教会发

---

① 卡廖斯特罗（1743—1795），意大利江湖骗子、魔术师和冒险家，流窜欧洲各大城市，以兜售假药、算命等行骗，因触犯刑律被判处无期徒刑。
② 梅斯梅尔（1734—1815），奥地利医师，始创催眠术，用以治病，但其"治愈率"为一专门委员会的调查报告所否定。
③ 克鲁克斯（1832—1919），英国化学家、物理学家，发现元素铊和克鲁克斯辐射计原理，研究阴极射线，证实其直线传播及撞击某些物质产生磷光和热。

起猛烈的运动，试图废止共和主义者视为不容攻击的法律。一两次失利不会使教会丧气，它仍然希望获胜。教权主义由此成为民主的死敌，而后者也力求篡夺对教会的忠诚。共和主义者被斥责为"上帝的敌人"；结果，学术竞争招致了一场反对信仰的斗争。既然公共学校只是由于采取了反天主教的宣传才成功地得到保卫，怀疑主义于是就成了共和主义方案中的一个根本要素。

教会使得这种宣传易于进行，因为它将对它的防卫托付给了出没于圣器室的小资产阶级，而这些人认为将某些东西——有教养的基督徒难以接受讲给他们的孩子听——教给人们是一个好主意：天命的信条沦落到野蛮人的智力水平，他们关于自然的观念无异于拜物教徒的自然观念，神的奇迹蒙受了药品小贩之流的假充内行的耻辱。初等学校教育使得人们自己可以发落载有《十字架》（*La Croix*）和《朝圣者》（*Le Pélerin*）之人嘲笑他们的内容的书籍和报纸。神职人员的报刊在盲目中使它的敌人得以轻松证明那些自称是上帝的朋友的作家的愚蠢、糟糕信仰与极度无知。

科学知识的普及当然给基督教——它有时过度地将其神学连接到中世纪的自然观念——制造了严重的困难。在法国，这些困难在教会发起维护其教育秩序的斗争时变得特别严重。拥有稍多一点高贵文化的那部分资产阶级与大众相比，对教会的敌意要少得多，因为这些资产阶级并未受召将福音书等同于《朝圣者》。[7]而对大众宣讲的神职人员，几乎总得警惕将自己称为出没于圣器室的小资产阶级——这些人在贫困阶级中进行政治运动——的敌人。

注　释

1. 布吕纳介：《文学史中体裁的发展》（*Evolution des genres dans l'histoire de la littérature*），第三版，第 116 页。我将频频用到布吕纳介的著作，在我看来它们是有关古典世纪知识的最精확指南。一些人指责我过于信任一个积极的准神职人员的证言。不过我应该指出，直到 1894 年末，布吕纳介几乎未曾偏向教会。吉罗（Victor Giraud）说："在叔本华、达尔文和孔德的综合影响下，他当时坚信一个严格实证的道德在今后将是自足的。它甚至可能取代绝迹的或废弃的各种宗教并产生好处。"（同上书，第 26—27 页）我用的只是布吕纳介完成于他访问梵蒂冈之前的著作。

2. 布吕纳介：《法国文学史手册》（*Etudes critiques surl'histoire de la littérature francaise*，R. Devechet 英译：*ManuaL of the History of French Literature*），第六辑，第 205—

206 页。

3. 同上书,第 164—165 页。

4. 布吕纳介:《文学史中体裁的发展》,第 79 页。

5. 同上书,第 92 页。

6. 里果特:《古今之争的历史》(Histoire de la querelle des anciens et des modernes),第 151 页。

7. 布吕纳介:《法国文学史手册》,第六辑,第 189—190 页。

8. 布吕纳介:《法国文学史手册》,第四辑,第三版,第 170 页。

9. 布吕纳介:《法国文学史手册》,第 164—165 页。圣伯夫说布德洛实际上大量运用了"由波·罗雅尔修道院重新确立的忏悔箴言",而且他的布道使詹森主义者的朋友相当满意(Port - Royal,Ⅱ,155 - 156);另外,在论及对极少数选民的布道时,他写道:"圣西戎(M. de Saint Cyran)确是在对文森特·德·保罗(Vincent de Paul)讲道,不过,后者显然很受震惊,就像圣事的有效性受到打击一样。"(第 190 页)(原书未注明第几辑——英译者注)

10. 布吕纳介:《文学史中体裁的发展》,第 88 页。

11. 布吕纳介:《文学史中体裁的发展》,第 45—46、104 页。

12. 布吕纳介:《法国文学史手册》,第五辑,第 190 页。

13. 同上书,第 121—132 页。相当奇怪的是培尔竟不了解文学中的粗俗下流如何地不受他的同代人欢迎。

14. 里果特:《纠纷的历史》(Histoire de la querelle),第 223 页。

15. 布吕纳介:《文学史中体裁的发展》,第 127 页。

16. 同上书,第 128 页。不过,塞维涅夫人,女修道院院长方特沃特(the Abbess of Fontevrault),隆格维尔夫人,以及孔蒂公主却在古代派的维护者之列。(H. Rigault, Histoire de La querelle,第 242—243、248、259 页)

17. 里果特:《纠纷的历史》,第 146 页。

18. 同上书,第 229、231 页。

19. 布吕纳介:《文学史中体裁的发展》,第 109—110 页。

20. 里果特:《纠纷的历史》,第 161,336 页。

21. 蒲鲁东:《论革命中与教会中的正义》(De la Justice dans la Révolution et dans l'Eglise),Ⅲ,390。蒲鲁东说布瓦洛荣誉的再现与新一代摆脱浪漫主义的衣钵成正比。

22. 布吕纳介:《法国文学史手册》,第二辑,第五版,第 269 页。他认为同样的道理也适用于绘画,而且一般来讲,"艺术史上最伟大的革命都是在艺术材料上的革命",值得注意的是,拉斐尔在其生涯中从一个风格过渡到另一个风格"所改变的是技巧而且可能只是技巧"。

23. 布吕纳介：《文学史中体裁的发展》，第 105—108 页。众所周知，《论模棱语讽刺诗》是在布瓦洛死后才发表的。

24. "说到风格以及诗的运用，他不过是伏尔泰和帕尼的弟子。或许除了勤奋与诗句晦涩外，他没有任何突出的个性特征。他的诙谐与玩笑大致出自两个可能的来源：不敬与淫秽……贝朗瑞是严肃的，但一点也不天真，他常常紧张而敏感，但从来不轻浮。"（蒲鲁东：《论正义》，Ⅳ.171）按照勒南的说法，贝朗瑞的诗歌经常表现出学童的夸张，而且总是"接近粗俗"［《当代问题》（Questions contemporaines），第 456，473 页］。

25. 人们想知道勒南是否未曾受到卢梭的巨大启发，卢梭以与他的同时代人相当不同的一种方式谈论基督教，而且他的风格异常考究。

26. 布吕纳介：《法国文学史手册》，第五辑，第 162—163 页。布吕纳介甚至将这一道德称为彻底世俗的道德。

27. 同上书，第 217—224 页。

28. 一句话，詹森主义的道德改革并不是其神学理论的结果，它的神学理论倒是其道德改革的结果。在我看来这像是勒南的观点。［Saint Paul，第 486 页；《宗教史新论》（NouveILes études d'histoire religieuse），第 472—473 页］人们可以从历史唯物主义的观点理解上述调换的重要性。

29. 布吕纳介：《法国文学史手册》，第五辑，第 210 页。然而，国王却逼迫她在一个女修道院从 1702 年一直住到 1713 年。

30. 同上书，第 210—211 页。迪博暗示道德的变化已持续了大约十年。对白兰地的消费翻了两番，对赌博的热情也开始高涨起来。

31. 里果特：《古今之争的历史》，第 259—260 页。

32. 布吕纳介：《法国文学史手册》，第六辑，第 202—203 页。他认为："波舒哀由于他所受的教会教育，终其一生都保持着一种基本的羞怯，不老练，甚至笨拙。"

33. 布吕纳介：《法国文学史手册》，第五辑，第 157—158、180—181 页。

34. 关于这三个概念的角色，见我的《勒南的历史体系》（Le Système historique de Renan，Paris：Marcel Rivière，1906），第 57—61 页。

35. 看到如下一点也很有帮助，即，在佩罗写作《古今之比》的同一时期，人们开始感觉到对辩护的需要如同经济衰退的征兆一样清楚不过。土地的价格开始下降，而且这种下降持续到远远超出路易十四统治时期。［阿弗内尔：《1200 年到 1800 年地产、工资、商品以及所有总价格的经济史》（Histoire économique de la propriété, dessalaires, des denrées, et de tous les prix en général depuisl'an 1200 jusqu'en l'an 1800），I，第 387—388 页］

36. 布吕纳介：《法国文学史手册》，第五辑，第 139—240 页。

37. 加速的观念有可能从政治学进入物理学之后，马上又掉转过来，因而物体加速下坠的理论有助于进步观念的精致化。在进化的假设那里，我们可以看到一个类似的现象；有关进化的诸种假设源出于历史哲学，但它们并没有给历史学家留下必然如此的印象，直到在生物科学中转了一圈之后方才如此。

38. 布吕纳介：《法国文学史手册》，第四辑，第 122 页。

39. 布吕纳介：《法国文学史手册》，第五辑，第 225 页。

40. 同上书，第 46 页。

41. 圣伯夫：《波·罗雅尔史》（*Port-Royal*），Ⅴ，第 367 页。布吕纳介上引书第 47 页。在他的第二封信中，波舒哀似乎认为笛卡尔在许多要点上遵循神父们的看法。布吕纳介认为这一判断相当准确。（第 49 页）

42. 布吕纳介：《法国文学史手册》，第四辑，第 144—149 页。

43. 这里的哲学指的是物理学；这种意义在英语中仍然存在。

44. 圣伯夫：《波·罗雅尔史》，第 3 卷，第 414 页。

45. 雷纳克：《狄德罗》（*Diderot*），第 170 页。

46. 圣伯夫：《波·罗雅尔史》，第 3 卷，第 412 页。

47. 布吕纳介：《法国文学史手册》，第五辑，第 147 页。

48. 牛顿至少两次宣称笛卡尔的机械论在科学中是无用的："Virium causas et sedes physicas jam non expendo"（不能像过去那样考虑力的原因和物理基础）；——"Rationem harum gravitatis proprietarum nondum potui deducere et hypotheses non fingo"（我还不能演绎出这种重力特性的原因，同时也不虚构假设）然而，他却不敢完全否认对这类原因的思考会带来好处。我们在他写给玻意尔的一封信和写给本特利的另一封信中发现了关于这一点的证据。[斯塔洛：《物质和现代物理学》（*La matière et la physique moderne*），第 31、34、35 页] 只是他的继承者——配备有优良的仪器，且在笛卡尔哲学中再也看不到任何好处——才完全从中摆脱出来。科梯斯（Côtes）第一个作出这种激烈的断言，而欧勒在他 1760 年 10 月 18 日的一封信中 ["a une princesse d'Allemagne"（致德国某公主）] 仍然反对这种过分的简单化。

49. 布吕纳介：《文学史中体裁的发展》，第 172 页。

50. 丹纳：《旧制度》（*Ancien Régime*），第 262 页；参见第 242 页。

51. 1687 年 5 月 21 日信，载圣伯夫：《波·罗雅尔史》，第 5 卷，第 368 页。

52. 布吕纳介：《法国文学史手册》，第四辑，第 129 页。

53. 同上书，第 125 页。

54. 同上书，第 131 页。

55. 勒南：《孤立的书页》（*Feuilles détachées*），第 370 页。

56. 圣伯夫：《波·罗雅尔史》，第 3 卷，第 422 页。

57. 丹纳认为 18 世纪的人们"虚荣地自称是培根的追随者，自称拒斥固有观念"。与笛卡尔主义者不同，他们对培根的背离一以贯之；与笛卡尔主义者相同，他们刚了解了一点经验的皮毛就放弃了它。

58. 勒南关于这一问题写下了几行重要文字："如果报纸及上流人士支持的科学骗子占据了大学的系所以及法兰西学院，我们就会退回到巴比伦时代。在法国，存在某些超乎这些上流人士的怪念头的需要，比如制造炸药大炮，建造有赖科学的工厂。所有这些都将维系真正的科学。巴比伦却是浅尝辄止者的天下。"〔《犹太人民史》（Histoire du peuple d´Israel），Ⅲ，179–180。〕17、18世纪并没有科学式的工厂。

59. 柏格森与帕斯卡可作比较的地方不止一处。

60. 杜尔哥：（Daire 文库），Ⅱ，598。

61. 孔多塞：《人类精神进步史表纲要》，第九个时代。

62. 同上书，第十个时代。

63. 同上书，第十个时代。丹纳认为法国语言在趋向贫瘠化的过程中，已经变得非常适于将那些它能表达的东西说得清楚明白。（《旧制度》，第247页）这种贫瘠的法语成为欧洲上层阶级通用的语言，而且可能正是因为抽象言语的这种通用性使得孔多塞认为不难创造一种世界性的科学的语言。显然一种语言当它越不接近于生活中的寻常事物时就越容易被不同的人群所接受。与丹纳的观点相反，我认为法国语言在18世纪缺乏明晰性。只有采用特别的术语——仅仅是那些能唤起形象的——我们才能准确地表达我们的思想而不蒙蔽读者和自己。

64. 孔多塞：《人类精神进步史表纲要》，第九个时代。请注意孔多塞对他在这里没有提到的布封的厌烦。

65. 孔多塞：《关于公共教育之总体组织的报告与建议》，后注简称《报告》(Rapport et Projet de décret sur l'organisation générale de l'instruction publique)，Compayré 所作序言，p. xviii。

66. 同上书，第25页。

67. 同上书，第29页。

68. 孔多塞的理由不能令人满意。事实上这类问题后面的真正动机绝少受到强调。他声称"古人"充满谬误，而且雄辩虽然对那些直接通过全体会议而自治的人是极好的，但对生活于议会政体下的人却是一个危险。代表们不应屈从于他们的个人感情，而应仅仅服从他们的理性，否则，他们恐怕会辜负自己的责任。（孔多塞：《报告》，第27—28页）

69. 杜邦·德·纳穆尔给出了一个这种类型的图表，标题是"政治经济学原理纲要"（Abrégé des principes de l'économie politique）（Les Physiocrates, Daire Collection, pp. 367–385）。有关能从孔多塞如此天真地赞美的程序中学到什么，这个例子并没有给我们一个非常高远的看法。

70. 孔多塞:《人类精神进步史表纲要》,第十个时代。

71. 丹纳:《旧制度》,第 258—259 页。

72. 同上书,第 261 页。

73. 要恰当地评判狄德罗,就不应将他与孟德斯鸠、布封或卢梭相比,而应与炮制现代文章的大家相比。布吕纳介说:"他以相同的自信不加区别地什么都写,没有指导原则,或者说没有选择,没有安排,没有标准,而且写得飞快。"(《法国文学史中体裁的发展》,第 153 页)

74. 我们在 1910 年 3 月 22 日的《小巴黎人》(*Petit Parisien*)中读到:"从这些事态推断我们正在接近某些重要的发现,这并不荒唐。"

75. 这里很值得回想加布里埃尔·德维尔(Gabriel Deville)1896 年对这位"大人物"所作的精当评论:"他讲述未来用的全是学究气的术语以及令人生畏的词句,这些术语和词句,一个人在十年中通常顶多只能碰到一次。他几次介绍了美国,每次总是带着新的、自吹自擂的满意,而且他是用不寻常的拉丁语娓娓道来。其结果是拼凑出了一个对共济会成员与唯灵论者最好不过的社会主义。"〔《社会主义原理》,*Principes socialistes* xxv〕

76. 勒南:《马可·奥勒留》(Mare – Auréle),第 641 页。

77. 有教养的天主教徒只知道他们可在 17 世纪文学作品中发现的那种神学,在他们眼中,这种哲学完全配得上现代的人。

第二章 获胜的资产阶级

Ⅰ 王室官僚政治的产生。官僚阶层的成长。良好行政的重要性。对稳定的需要。高等法院的财政控制。

Ⅱ 官僚阶层意识形态的性质。理论家享有的高度自由。由三个主要方面进入实践领域。

Ⅲ 契约理论。卢梭著作的模糊性。一个抽象学说胜利的缘由。契约思想的起源与洛克的体系。成员之间的共识。公意。对社会契约相互矛盾的解释。

Ⅳ 重农主义者。行政的思想。他们关于财产和基金的理论。他们在革命之后的司法体系的胜利。

Ⅴ 文人。他们由贵族给予他们的位置而来的影响。他们在贵族统治的国家中的真实角色。批判态度的匮乏。

一

为了充分理解18世纪的观念,我们必须从如下事实出发,即法国逐渐被资产阶级小集团所接管,君主国家曾为自己的目的而创造了这一集团,但它却要将君主国家引向毁灭。

库尔诺,这位很多时候非常敏锐的历史哲学家,曾经描述波旁家族愚蠢到除掉了一切限制他们绝对权力的东西!

一旦君主国家的威信被毁掉,所有其他真正的政府建制也就遭到致命打击,只留下一个可以被任何政府所用的行政机器。在企图使君主国家神圣化或者使它仿照更为亚洲而不是欧洲范本的过程中,(路易十四)使得它成为一个自从不再是受真正崇敬的对象那一刻起就遭到人们轻蔑的符号。[1]他在法国可能为所有世代缔造了一个行政性的君主国家,不过他原本只是想把它作为自己意愿的工具;他丧失了这一君主国家,虽然他的目的是要强化它。从这种意义上说,路易十四的统治埋下法国革命的种子。[2]

我们的民主分子则与库尔诺的想法完全不同,他们仰慕他所悲叹的东西;他们在法国历史中看到的唯一东西就是对他们这一阶级上台统治的长期准备。他们看到他们不乐于付诸今日的机构维系过长时间就很恼怒;他们从资产阶级政体辩护者的立场判定过去。因此,他们对以前政治家或誉或毁的标准是后者曾经有利于还是不利于资产阶级的未来利益;一个君主或大臣越是惑于眼前利益而损害君主国家的未来,他在资产阶级的眼中就越是伟大。

于是黎塞留①就继续得到我们当代作家的热情颂扬。"他废除了因其危险的无效性而妨碍了国王与人民关系的各种中间权力,不愧是民主的伟大测量员和先驱者。"有位名叫汉诺陶克斯(Gabriel Hanotaux)的人——我们时代最有名的迂夫子之一——用这样的话总结他的作为。[3]

行政性君主国的缔造者根本不知道他们如此突兀地强加给封建法国的制度会引出什么后果。勒南在别的地方还从未说过如此切题的话:"我们从来不知道我们开启了什么。"[4] "想将他们的权力绝对化的那些早期国王以为他们只需效仿教会的建制;他们盯着某一受到经验支持的专制主义。这些国君努力敬重才能而不是地位或血统;他们改善教育;他们将所有才智之士邀请到他们的宫廷,并不论其社会出身如何。他们恢复了正义和法庭的声誉;他们将直到此前还留给贵族的最高位置给了律师和预备修士。这套把戏玩得最油的是英国的亨利七世、法国的路易十一和西班牙的费迪南。在这'东方三博士'(培根对他们的称呼)中,费迪南最聪明。按照马基雅维利的看法,他是这些'新派国君'

---

① 黎塞留(1585—1642),法王路易十三的国务秘书兼御前会议主席(1624—1642)、枢机主教,擅长巩固专制统治,剥夺胡格诺派政治特权,镇压贵族叛乱和农民起义,对外参加三十年战争(1635),扩张法国势力。

中活的典型，马基雅维利敏锐地认识到这活的典型是对那一时期的必要补救。"⁵①

王室政策并不是在各处都产生了同一种后果；法国的结果尤其非同寻常，因为这里的权力更为体系化，而且首先是因为有足够数量的公务员来形成行政阶层的核心。

教会从低等阶层中挑选它的显贵人物丝毫没有改变天主教国家的社会结构，就像东方君主把他们的奴仆转变为大权在握的维齐尔②却并未摧毁奴隶制度一般。这样，少数个人受惠于幸运的环境而获得了一定的重要地位，但这些只不过是例外，阶级结构根本没有改变。

我们切莫忘记自从教皇格列高利七世③以来，教会多少自觉并总在追求的伟大目标，是将某些禁欲精神灌输给在俗教士。在俗教士通过在伴生的社会群体（这些群体一有需要就征服与利用它）当中放荡不羁而获得力量，教会就以此来限制它。我们可以说法国王室政策具有某种相反倾向；甚至当公职并未演变为像祖传财产一样可传递的特权时，这些公职也大体限定于某一阶层——该阶层的人在养育他们的孩子时就眼盯着政府部门的职位，这些人还在现任官员中寻求他们的保护人。换句话说，皇家官僚政治滋生公务员世家和家族。它们的数量增长得越多，它们的群体就越团结。这种现象至今还存在于铁路公司，这类公司从其雇员家庭中招收员工。⁶

当王室的权威完全确立、官僚的存在由此更加稳定之时，这套组织就趋于牢固，就像宪法为若干家庭划定了权力通道一样。这些为国家供给公务人员的家庭拥有某种"工作的权利"；它们自视对国家很是关键，并获得了与它们的角色紧密相关的思维模式。这一制度的缔造者原本认为他们创造的不过是一级能干的公务人员，这些人员独立于封建传

---

① 亨利七世（1457—1509），都铎王朝第一代英格兰国王（1485—1509），在博斯沃斯战役中击毙查理三世（1485），结束玫瑰战争，同年即王位，为都铎王朝的繁荣昌盛奠定基础。

路易十一（1423—1483），法国国王（1461—1483），奖励工商，加强王权，为统一法国依靠资产阶级与勃艮第等大贵族进行长期斗争。

东方三博士，原指《圣经》中由东方来朝觐初生耶稣的三贤人。

② 维齐尔，伊斯兰国家尤指奥斯曼帝国的高官或大臣。

③ 格列高利七世（1020—1085），意大利籍教皇（1073—1085），扩大教皇权势，与神圣罗马帝国皇帝亨利四世因神职人员任免问题发生冲突，处亨利以绝罚，并将其废黜，亨利攻陷罗马后出逃。

统，当然服从并完全献身于将他们从默默无闻中拯救出来的国王。国王们希望轻松地摆脱贵族及特权城市一方对他们专制的妨碍。然而，一种新势力渐渐发展起来，比旧势力更加妨碍了他们；以一种几乎是自动的方式，王室的公务人员开始获得某一主宰阶层应有的财富、荣誉和权力。王室权力不时因为那些宫廷坚持将其当做不过是奴仆，而他们所处的位置却使他们能将自己的意志强加于主人头上的人的抵制而受到阻碍。虽然路易十五的宣言至少与其先辈的宣言一样飞扬跋扈，但他实际上很少决心使他的行为与他傲慢的声明保持一致。譬如，在1766年敕令中，这位国王对高等法院的成员们说："法官是朕的代理人，负有代朕对朕的臣民行使正义的实际职责，这一功能使他们与朕本人结为一体，并总要将他们置于朕的眼前。最高权力——其独具的特征是劝诫、正义和理性的精神，只在朕本人身上；法庭的存在与权威来自于朕一人；只在朕的名义下行使的这整个权威总是体现在朕本人身上。立法权力只属于朕一人，独立而不容分割……朕的人与朕实为一体，民族的权利与利益——有人竟敢称其为独立于王朝的实体——当然与朕连在一起并唯独掌握在朕的手中。"独裁权力的完整理论莫过于此。为了使得这一声明更加庄重，政府将该圣谕发至所有高等法院。[7]但第二年一切都被遗忘了，而且高等法院在布列塔尼事件中的胜利，开了所有此类骚动的先河。

要理解这些法院——资产阶级寡头集团的核心——何以取得巨大而反常的力量并不是一件特别困难的事情。

1. 人人感觉得到，旧制度行政管理的基础所在，是要使司法程序渗透国家活动的各个领域。为了反对大地主的变化无常以及动辄辩论的神职人员的专制，一种权力崛起了，它担负的使命是矫正弊端，并在旧的权威若有冒犯有教养者良心的过分举动时对之加以干涉。王室公务人员的声誉特别依赖于如下事实，即他们代表了一种有关公益的相对开明与公正的正义制度。然而，仔细讲来，这种情形招致大量抱怨；行政和司法权力仍旧混在一起——这种制度的根本要素之一，使得我们现代人颇为吃惊。今天的公务员不再拥有他们的先辈从其法官身份引申而来的权威。

在一个没有政治法律的国家，一切都取决于行政部门的状况；只有公务人员的独立自主是公民拥有的唯一保证。虽然今天这种独立自主已经大为消减，而我们从中"受益"的是某种议会政体，但公务部门的相对独立仍然是我们民族生活的一个非常重要的方面。这样，我们就能理解政府采取措施反对行政机关的首要人物、反对巴黎高等法院的成员为什么会带来极大的混乱。要吓唬路易十五很容易，但当他被告知这类措施激起的不满干扰了法国的稳定时，他并没有受到误导。

在我看来，这方面一个非同寻常的事实似乎常常没有受到充分考虑，即直到旧制度的最后时日，某些在我们看来非常荒唐的传统仍然被奉行不渝。[8]譬如，舒瓦瑟尔因为放弃了黎塞留和路易十四的原则，因为试图和好法国与奥地利而招致了许多敌人；安托奈特成为由于法庭的反奥偏见而产生的憎恨的针对对象。类似地，为了维护17世纪的原则，即使国务秘书们不再是信教者，迫害新教徒和詹森派教徒也被认为是必要的。又如托克维尔看到，就在大革命的前夜，王室仍然一想到贵族会再来一次投石党的麻烦①就发抖。这样，人人都从陈旧过时的社会环境出发来思考问题。[9]由此就不难理解王室为何会害怕如下念头，即对曾为它多有效劳而且仍然可能帮助它克服特权的那一行政结构实施干扰。

2. 18世纪的人们喜欢稳定胜过喜欢别的一切，对此路易十五也不例外。今天，我们同样看到上层阶级为了他们的稳定不惜牺牲一切。他们唯一关心的是确保自己能有几天安宁的日子。路易十五只在莫普之时有足够的力量面对风暴；两年激烈的对抗之后，兴趣消退了，而废止了旧司法系统的1771年政变也被遗忘了；人们发现这些争执不值得它们给本该快乐的生活带来的麻烦；[10]首先过早地疲倦了的是国王。

1753年，大议院遭到驱逐，一个新的议院要取而代之，但法官拒绝服从国王或执行他的命令；"王室被这种从所有方面抵制它的惯性力量所挫败，于是必然要同高等法院打交道"[11]。国王某个孙子的出生被用做召回法官的借口，抛弃宫廷此前一直支持的主教的剧烈行动被采纳了；因为，的确是宗教事务招来了冲突。1756年，国王回归他以前的政策，于是就有新的障碍和高等法院成员的辞职。接着，次年发生达米安谋刺事件，于是争吵暂时被忘记了。然而，1759年争吵又重新开始，斗争的艰难使得政府谨慎行事，耶稣会教士成了和解的牺牲品（1761、1762年法令，1764年敕令）。我曾说过，1766年的高等法院会议并没

---

① 投石党运动，1648—1653年法国反对封建专制的政治运动。

有产生持久的结果。

在所有这些冲突中，统治人物越傲慢，就越丧失掉他们的声誉。在高等法院会议期间举行的国王登基仪式，要求这些威严的法官毕恭毕敬，这深深羞辱了他们。国王对待他们简直就像先生在斥责孩童；羞辱越大，公众就越欢迎常常伴随这些仪式而来的激烈抗议。托克维尔伯爵说："一个虚弱的政府要炫耀它所不能支撑的力量是危险的。"[12] 而试图羞辱那些全民尊敬的人物、那些由于他们付诸实施的审判而越发高大的人物可能更加危险。

人们可以说，当时，法国法律的基本条款是政府必须在资产阶级寡头集团招来的一点点抵制面前止步，因为这是惯例。

3. 为主要高等法院培养显要人物的家庭变得富裕起来，而它们在其傲慢遭到威胁之时能够承受非常重大的损失。被逐出高等法院是沉重而尴尬的，但为了荣誉却可以忍受；有好几次，法官集体威胁要辞职甚至真的这么做了。这是一些我们不再容易理解的行为。人们无疑可以指出这些掌管法律之人的许多弱点甚至某些懦弱行为——绝对的独立自主只能是例外——但意识形态通常正是出自非同寻常、引人瞩目的行为，而不是普通的行为。

在很多情况下，高等法院的抵制涉及财政措施。现代的作者经常询问这种抵制经由何种授权而是正当的，但是在我看来最有能力保护纳税者利益的莫过于第三等级最著名的人物。对此无须有明确的授权；经济资格充分说明由他们来抗议是正当的。

不过有时会发生法官的利益与国家整体利益相对抗的情况，这在路易十六统治时期尤为明显。当时杜尔哥试图采用重农学派的思想，为着生产的好处进行改革。这时表现出对司法体系疏于管理——司法体系代表的是城市寡头集团的利益，它不愿意看到自己的特权遭到削减。

杜尔哥建议路易十六不要恢复被路易十五废除了的高等法院，但在内阁中只有他和缪（Marshall de Muy）持有这种观点。他建议成立一个由选举产生的会议，由它来讨论对各省税收的分配，决定要进行的大规模公共工程，并对地方当局提供灾害补助，或者对它们的预算难以承担的公益项目提供财政援助。

杜尔哥想让选举产生的各级会议代表非常有限的资产阶级寡头集团；皇家会议由省会议的代表形成，省会议由地区会议的代表形成，地区会议的代表则由政务委员会来委任。市镇政务委员会仅由几个人组成：在乡下，是那些土地上的净收入有600镑的家庭的家长；在城市，则是拥有土地至少价值15000镑的人。[13]几张选票会给予拥有财富数倍于最低限额的公民，而那些财富较少者则合在一起按照他们群体权利的大小推举代表。一个非常类似于杜尔哥所设想的利益代表体系由1865年6月21日的法律确立起来，我们还联想它正在为改进农业而发挥作用。来自某个地方城市的代表在地区会议中将有一张对应于其社区重要性的选票。社会阶层之间的历史区分不再受到考虑；不过，贵族不参加有关税收分配的商议，他们不纳税。杜尔哥说："首要的原则是人们只参与与他有关的事务，只参与他的财产的管理。"[14]

这种治理机构显然模仿的是某种工业行会。它确实象征了开明政治家所能发展出的全部思想，这些政治家想使国家被从事生产的资产阶级征服。

二

18世纪的意识形态是那种最适合于某一皇家助理阶层生活境遇的意识形态。因此，我与丹纳的观点就迥然不同，他认为该意识形态的基础是因王室的强悍而无所事事的贵族阶级的生活，"这些出身高贵、教养良好的人，脱离行动，只尚清谈，他们把闲暇时间用于品味各种严肃而精致的思维乐趣"[15]。丹纳拿英国贵族与法国贵族进行对比：英国贵族深深卷入了重要事务的管理，并不使自己受理论家的愚弄；法国贵族则因为脱离现实，"轻松而鲁莽地追随着哲学家的步伐"[16]。如下事实给丹纳留下深刻印象，即18世纪最大胆的学说是从英国引进的，这些学说并没有在本土扎下根来，反而流行于法国这一语言漂亮的国家。[17]

"办事员阶层"不能仿照"主人阶层"的模式来构造它的意识形态，前者不能像照料别人的事务那样多地照料自己的事务。它的意识形态倾向于采取法学家、历史学家或科学家就他们面对的问题所提出的观点的形式。为了促进这一运作就有必要使一切听任学者去分析，使一切观点依赖于抽象观念、一般理论与哲学学说的习惯就这样在法国发展起来。这类推理方法不大适于如下之人：他们亲自料理自己的事务，因而习惯于使他们的行为方式服从于他们通过个人经验而觉察到的特殊状况。

一个给萨姆纳·梅因留下如下印象的事实似乎与上述现象有关：日常语言进入英国的立法远远多过进入所有别的国家的立法。[18]既然法国的议会会议不怎么借助专业法学家的帮助来自己撰写法律，所以其措辞就更加白话；于是，议会与并不说同一种语言的众法庭之间就有了无数的误会。[19]

如果我们考虑法国文学长期面临的特殊状况，孟德斯鸠在《论法的精神》中采取的那种表达方式就很容易理解。丹纳说："他就像神谕在宣讲，神秘莫测，充满箴言；每当他触及法国或他自己时代的问题时，他就像挨着火炭一样蹦了开去。"[20]原因不是孟德斯鸠如果太大胆的话就会遭遇危险，而是这种抽象风格在他看来更配得上他的本性和他的公众。他的风格受到贡斯当①和托克维尔这样一些作家的模仿，这些作家在19世纪并没有什么可怕的，他们想的是应该远离婆婆妈妈。[21]

公务人员总怕触怒他们的上级；因此，他们趋向于远离现实的问题，由此显得不侵犯保留给他们上级的领地。我们知道教会对学术、修辞和诗学论题一般表现得宽宏大量，这些论题的基础看来与涉及教会的问题并没有什么直接关系。布瓦西曾经告诉我们，6世纪的教授给他们的学生以十足异教徒的作文题目，仿佛不知道基督教成为国教已经200年了。[22]当代的天主教徒常常对圣塞为什么保护文艺复兴时期的人文主义者茫然不解，[23]因为这些罗马宫廷的亲信常常明显是无宗教信仰的人，但是现代派作家在16世纪的人们只是看到文学的地方常常看到高深的哲学学说。

王室多少遵循着教会的道路；它的官僚构造关于自然法的理论，热情颂扬共和政体的优点，或者向同时代人倡议舍弃一切传统制度而奔向某个乌托邦，看到这些它并不惊慌。我们视做大胆的社会主义宣言的书籍，在他日越是远离现实就越是于人无害。批评滥用盐税可能是危险的，赞颂共产主义却毫无危险。

人们常常指出《社会契约论》中的抽象理论丝毫没有激起高等法院的严厉举措，虽然后者由于《爱弥儿》据说实际上干涉了宗教事务而

---

① 贡斯当（1767—1830），法国小说家、政治家，曾当选议员（1819），七月王朝建立后任立法委员会主席（1830），其长篇小说《阿道尔夫》开现代心理分析小说之先河。

对之加以谴责。日内瓦的寡头组织把《社会契约论》看做试图挑拨选民大众抗议管理委员会的煽动性讽刺;[24]这就是这本书同《爱弥儿》一样遭到日内瓦地方官员焚烧的原因。

18世纪的主教不断谴责革新者的胆大妄为,但压制总是相当软弱并常常徒有其表。[25]当权者会禁止某一本书,但他们仍然允许它出售。《百科全书》就是依法被禁之后在巴黎印刷的:行政机关只是要求1765年出现的十卷的发行不要过于声张。所有那些对社会大加针砭的人都在负有监视他们之责的地方行政官中找到保护人。从1750年到1763年,马尔泽尔布总在忙于照管"革命先驱者"的命运,一方面要防止他们做出轻率之举,一方面要缓和针对他们的举措。[26]

雷隆这位哲学家的敌人比起哲学家来很少受到善待,现代的历史学家曾经对此感到惊讶。马尔泽尔布指定百科全书派的朋友来审查他的著作。1754年,马尔泽尔布查禁了他的报纸,原因是该报批评达兰贝尔①在法兰西学院的入院演说;他允许对弗雷隆进行辱骂却禁止他对他的对手还以谩骂。[27]当你从马尔泽尔布必定持有的观点来观察他的行为,他的行为就不难解释,他的观点是把18世纪的哲学视做不过是用来娱乐上流人士的修辞练习。

这种非同寻常的写作方式一直持续到大革命前夕。1780年《二重哲学史》(*Histoire Philosophiquedes deux Indes*)第二版的面世,给雷纳尔带来了迫害,但我们必须加上一句,这发生在内克②垮台之后。雷纳尔被怀疑与这位失势的大臣就后者论述外省会议的论文进行过合作。[28]雷纳尔在大革命期间表现出如此的非革命情绪,以至于他似乎不可能认真对待狄德罗加在这一版中的激昂言辞。比如,在以国王违宪而判处其死刑的锡兰法律(Ceylonese law)问题上,我们看到这个不识时务的评论:"这项法律不过是一把剃刀,它不加区别地剃掉所有的脑袋,铲除冒出它的运动平面的一切东西。"

在大革命期间,这种文学改变了它的意义。于是,简单的学童式悖

---

① 达朗贝尔(1717?—1783),法国数学家、启蒙思想家、哲学家,提出力学中的达朗贝尔原理,对微积分方程作出贡献,主要著作有《哲学原理》、《力学原理》等。
② 内克(1732—1804),法国路易十六时期的财政总监(1777—1781,1788—1789,1789—1790)和银行家,生于瑞士,曾试图进行社会改革和行政改革,1790年辞职后隐居瑞士,著有《论法国财政》等。

论被予以认真对待,传奇故事呈现出某种现实意义,[29]旧的社会在理论与实践之间所作的区分被彻底废除。文学从一个阶级转移到另一阶级——从某一寡头集团下至大众。一般而言,普通民众对文学伎俩一无所知:当他们受指示"用神职人员的内脏为末代国王做条绳子",他们真的以为狄德罗想使受到启蒙的人们确信为保证人类的幸福有必要将神父开膛破肚,将统治者绞死。

由于我们生活在一个由议会制度支配的国家,提案的做出并非意在成为党纲——因而也无法实现,这在我们看来就颇为出奇。我们常常得拓展我们的想象以理解我们的先辈如此钟爱的抽象文学的意义。然而,这决不表示他们的这种实践已经完全消失,因为如果饶勒斯①的革命演说曾受到那些寻求模仿旧式贵族浅薄之举的富裕资产阶级圈子的认真对待,议会社会主义就不会在富裕阶层中招募到如此多的拥护者。

抽象言论的这种大量迸发介于两个时期之间,前一时期是对信条大肆争吵,后一时期则是对实际解决之道全神贯注。实证主义者在此中不会错过对他们著名的三阶段法则的运用。[30]在他们看来,最高的学科是社会学,且在大革命之前,法国人完全是在这一基础上进行推理的;那么便可以说,一个实证的时代已在神学时代和形而上学时代之后来临了。这种演变无须深思即可加以解释。当王朝的腐朽允许第三等级鼓起勇气并把改革视为可能之时,第三等级就不再把自己完全局限于学术论文的范围。

巴绍蒙的后继者说:百科全书派完善了形而上学,驱散了神学从中得以发展的含混模糊,摧毁了狂热和迷信;经济学家们当时为使人们过得幸福而忙于伦理学和实际政治学;"一次次的灾难和压迫孕育了'爱国者',他们借助法律和政体资源,勾画出臣民与统治者之间的互惠性义务,确立起行政的伟大原则"[31]。莫普的改革引起了最后这个转变;于是,政府名声扫地,人们相信政治动乱近在眼前。几年之后,当更大的希望在杜尔哥当政时期成为可能时,出现了这样一种文学,它注定要使大众以当日的哲学塑造社会科学的那种方式来理解社会科学。1775年,《公民入门教本》(*Catéchisme du Citoyen*)普及了孟德斯鸠和卢梭的

---

① 饶勒斯(1859—1914),法国社会主义者,左派议员,《人道报》创办人之一,被暗杀。

学说，根据这位编年史家的看法，这些学说"已被湮没于复杂的形而上学中"[32]，由此可以看出意识形态的发展如何就是法国王朝历史的结果。

现在我们就来仔细审视我们所关注的那个阶级的意识形态；我们将挑出这一意识形态的几个来源。

第一个来源取决于整个第三等级的存在，它是智囊寡头组织的后备人才库，这些智囊寡头组织辅佐王室并注定要篡夺它。第三等级与在一个商人和工厂主的社会中生产富豪的那种经济紧密相连。由于这类观念，敌视行会、敌视封建统治和敌视独断专行的理论就表现出某种首要性。这时，从英国引进的许多思想非常成功，因为它们与这些商业生产的思想相适配；它们十分有助于自由原理的引入。

第三等级意识形态的第二个来源与委托给资产阶级寡头集团的行政和司法职能相关联。我们在这里看不到多少自由倾向；我们看到的是国家权力的强化、调整和扩展，而自从贵族的声望开始下降，该寡头集团已经越来越把国家的权力视为自己的财产。这种权力越大，国家公务人员就越是显要。

第三个来源是由资产阶级模仿贵族的心理需要引起的；第三等级并不满足于财富和权力，它还要求地位。丹纳对这种现象的重要性印象如此深刻，以至于认为18世纪的全部意识形态都源自贵族的习俗。他没有看到必须考虑的不是贵族想的是什么，而是资产阶级——他们向往贵族的优雅——想的是什么。这些问题之间明显不仅仅是细微的差别。

如果丹纳更为仔细地研究了18世纪思想的形成条件，他本不会看到他在这里描述得如此矛盾的局面："深受人道和激进准则影响的贵族，敌视宫廷的弄臣，帮着削弱特权的特权者。我们在当时的证据中看到了这种奇怪的景象。……不论是在高层还是在低层，不论是在会议上还是在公共场所，我们碰到的特权者都是不满现状者和改革者。"[33]这一时期的贵族阶层确实不再拥有自己的意识形态；它从第三等级那里借来话题，它用社会改革计划娱乐自己，将其等同于奶蜜之乡的奇遇记。

两个新词给丹纳留下了深刻印象，而且本该使他解决上述矛盾。"活力（energy）"一词，"以前是可笑的，现在却变得时髦起来，到处都是"。该词源自平民的语言，这一点是肯定的。"公民"，这个由卢梭引进的令人生畏的词进入了日常用语，而且，最后妇女们就像抓住了最新时髦一样抓住了它。[34]在给他的著作署上"日内瓦公民"之名的时候，卢梭很可能想向他的法国读者指出他属于日内瓦人中的上等阶层，因而有资格占据高位，[35]他在他的国家相当于贵族。然而，像大多数日内瓦公民一样，他是一名工匠，而且他满怀热忱地赞扬工匠的崇高。因而，我认为"公民"一词应被译作"一个由于他在生产性工作中的劳动而使得他的国家受益，因而有权受到人人尊敬的人"。

与此相关，我们可以参照杜尔哥论述自治城市的论文。作者称"一个完整的公民"是"一个自由的佃农，一个可以得到或者说应该得到城市的最高自由的人；一个拥有不动产、其收入足以养活一家的人，因为他已是一家之长，或者他在想做家长时就能做家长；他正是罗马人所称的家长（pater familias）。他拥有一个固定且温馨的家庭生活，并留守在固定的土地上，以此作为养家糊口的根本"。稍后，作者讲到了土地所有者的"公民家庭"。[36]于是，"公民"一词就有了对应于第三等级生活状况的经济意义。

在这些意识形态的首要一类中，我们发现了将社会建立在社会契约之上的理论，这些理论在过往的时代有着极其重大的影响，今天却似乎很难理解。我们在这里必须停顿较久，以深入钻研那些似乎仍很模糊的问题。

三

对于我们的古人来说似乎极简单的问题为什么对于我们却如此费解，这有许多相当明显的原因。今天已有许多关于原始社会的研究，但人们并没有发现任何东西允许人们假设这类社会是由社会契约开始的。[37]相反，我们发现巫术处处发挥着巨大的作用，而且不能将受巫术摆布与自由约定的精神过多区分。关于中世纪的研究已经表明，我们的观念、习俗以及制度都极大依赖于古老的教会政府；社会契约的想法没有考虑这种传统。最后，我们今天意识到经济以一种狭隘的方式将我们捆到我们因偶然降生其中而成为其成员的民族之上；于是重农主义者的思想——当某人获得了一块土地时，他就"自由而自愿地与统治者形成了一个社会"[38]——在我们看来就很荒唐。

然而，即使参照18世纪的思想历程，我们也难以理解孟德斯鸠的同时代人竟会让自己受到误导，而将社会简化为类似卢梭设想的那种简单的东西。你可以为他们的态度辩解说我们或许没有充分理解《论法的精神》,[39]说我们是用当时尚未出现的历史主义学派的态度来阅读它的。[40]但是这里有更重要的事情。18世纪的人们亲眼见到普鲁士王国,他们把腓特烈二世①视为理想型的哲人王。他们对西西里岛征服者的钦佩为他们理解实际政治事务的状况做了准备。我们偶尔会想契约理论的赞赏者是否正像傅立叶后来所说:循着完全超脱的方式前进,对可以推出连续改革的各种假设抱有期待。但是这种心态形成得相当晚,而且丹纳看到卢梭并不拒斥所有历史的考虑。[41]

为了理解这种矛盾,我们须切记社会契约学说是在洛克大名的赞助下现成地引进法国的。一种输入的意识形态可以做到与如下事实和平共处——这些事实原本会阻止该意识形态自发崛起于接纳它的国家。卢梭通过将这一意识形态浓缩进一本极其晦涩的文学性阐述的杰作之中而给它赋予了明确形态。[42]马克思主义的价值理论向我们表明晦涩在给一种学说赋予力量时的重要性:文明人不敢坦率承认他们不懂得由一位著名作家用富于文采的语言表达的推理。

《社会契约论》如此晦涩,以致卢梭必定未曾看到他后来因之受到指责的矛盾。有一个非常重要的矛盾似乎没被怎么注意过。《社会契约论》的基本原理是"每个成员连同他的所有权利向共同体的完全让渡"。这种观念令人想起封建村社体制;这种让渡是向城市"集体领域"[43]的归顺。社会得到其成员的一切资产;后者实际上并未遭到剥夺;面临无数危险的不动产终身保有者被转为一个强大领地的臣属。"主权同时成为真实的和个人的。它将它的拥有者们置于一个依赖性更强的位置,并将他们的权力作为他们忠诚的保证。这种优点似乎未被古代君主充分领会——这些古代君主,仅仅自称为波斯人、锡西厄人、马其顿人的王,似乎把自己当作人民的领袖而不是国家的主人。当今更机敏的统治者就自称为法国、西班牙、英国的王。在以这种方式掌握土地之时,他们就非常确信掌握了居民。"[44]当重农主义者竭尽全力将封建政体削减为某种财政结构时,[45]卢梭却在强化它,并由于其表述的极端晦涩而可以使他的观点被人接受。雅各宾主义将从《社会契约论》中引出让卢

---

① 腓特烈二世(1712—1786),即腓特烈大帝,普鲁士国王(1740—1786),腓特烈·威廉一世之子,维护奴隶制,扩大军队,发展经济,为争夺西里西亚对奥地利长期用兵。

梭也会恐惧的可怕结论。

我们的先辈对《社会契约论》的体系几乎无关现实这一点毫不在意，因为他们习惯于某种对经验的理解颇为自由的物理科学。他们近乎承认，为了推断真实的自然原理，人一定不能过分纠缠由观察得来的数据；发现超乎经验的真理才是理智的目的。这就是为什么当卢梭受哲学家们令人难忘的例子启发在他的《论人类不平等的起源》中写出如下语句时一点也没使同时代人吃惊的原因。他写道："所以我们首先要把一切事实撇开，因为它们无关于自然法则的问题。不应当把我们在这个主题上所能着手进行的研究看作是历史真相，而只应看作是一些假定的和有条件的推理。这些推理与其说适于说明事物的真实来源，不如说适于阐明事物的性质，正像物理学家每天对宇宙的形成所作的那些研究一样。"

我们的先辈为了使得用来阐明原理的一些首要假设做到清晰，极易做出最大的牺牲。这是原子论成功的主要理由之一。与物理学一样，社会也能被简化，而且它也能具有某种原子论式的清晰，条件是民族传统、法律起源和生产组织统统被忽略，以便仅仅考虑来到市场交换他们的产品、而在这些偶然相聚之外保持着他们行动的绝对自由的人。通过将商法如此理想化，确实就得到了社会原子。18世纪的人们对商业如此高看，以致他们非常倾向于认为通过对商法的某种抽象获致的自然法必定胜过现行法律，因为后者充满历史影响的痕迹。

现在我们就来讨论社会契约这一意识形态的起源。

工业城市的工人和小资产阶级自然倾向于按照他们为了自己的快乐、安全或职业目的而在他们之间形成的团体的模式来设想一切市民群体。这些相当流动的协会很大程度上依赖于历史状况：以往的工匠具有颇为流浪式的习性。卢梭指出了这一点，但在阐述《社会契约论》时并没有充分考虑该事实。"在所有的人类境况中，最独立于机遇以及他人的是工匠的境况。工匠靠的只是他的工作；他是自由的，正像务农者是奴隶一般：因为后者靠的是他的田地，他的收获取决于别人。敌人、国君、某个强有力的邻居或者法律行为都可以从他那里拿走这块田地。经由他的田地，他会遭受各种各样的折磨。而一旦有人试图折磨一位工匠，他会立即打起行李，收起工具拔腿就走。"[46]这样一个人并不怎么有别于社会原子或者作为许多理论之主题的抽象公民。

未被确立为国教的新教教派[47]的理论提供了由暂时的众意一致形成的又一种类型的社会理论。这些教派与其说类似教堂，不如说更类似隐修会，而且就像隐修那样，它们寻求建立国中之国。第一批美国的殖民地是通过协定建立起来的。1620 年 11 月 11 日，乘五月花号前来的 41 位家长把自己交付给多数人的意志，交付给他们将选出的治安官。这些殖民地如此像修道院，以至于很长一段时间他们排斥不属他们信仰的人。来自英国的清教徒已想到在契约基础上建立属于他们的国家的政府：1647 年，平等派成员①向军委会提交了一份提议性宣言，并希望每个公民签名。[48]

发行股票的商业公司提供了第三种类型的群体，它与上述两种类型共同完成了契约学说的基础：我们在这里又一次碰到暂时的众意一致，因为任何成员如果想撤出的话都能撤出，方法是把他的份额按股票兑换价格卖掉。马萨诸塞殖民地就是按 1629 年 3 月 4 日的一份合约组织起来的，合约采取的形式是商业公司的形式。当行政中心在若干年后移交美国时，这份合约就成了该殖民地的法律。于是一份私人契约成为一个州的基础。

这些实践足以说明洛克在他的《政府论》下篇七、八两章提出的理论。生来自由、平等、独立的人们为了确保他们的个人安全并首先是他们的财产而组成社会。由此获得的好处很大，因为此后就有了实在法、法官以及能够维持秩序的公共武装。达成契约的各方放弃了他们在保护自己的利益时可以随意行动的权利，尤其是惩罚的权利。肩负起安全责任的社会一定不能越过为矫正自然状态下出现的弊端而必须采取的行动的界线。于是政府拥有的将只是确保和平、安全以及明显的公益的职能。社会体制不会侵害那些不接受它，而愿意留在自然状态中的人。

洛克的学说几乎全盘进入了重农主义者的教导，后者可能更加强调政治社会是土地所有者的私人联合组织、而政府是一种"监护权威，人人埋头自己的事务，它则照管一切"[49]。相反，孟德斯鸠的《论法的精神》则不允许将此作为历史分析的一个结论，但这却是第三等级的著名人物希望作为未来所有立法的原理的东西。[50]

今天我们极易因为孟德斯鸠未曾思考社会的起源而对他大加赞扬，[51]

---

① 平等派，17 世纪英国资产阶级革命时期一个主张社会改良及建立共和国的政治派别。

但他的同时代人却需要这种思考来证明对即将进行的改革的看法是正确的。资产阶级并不认为它的财产权利是由以前的最高统治者或者是由封建残留让与的特权而获得的，它把这种特权视为不合民法。正是在这种契约心态中他们于若干年后清算了旧制度，而且这种清算已经准备很久了。

由于他对自己作为四处流浪的工匠的回忆，卢梭是以一种比重农主义者远为抽象的方式看待社会的；不像重农主义者，他没有专注于生产性力量。他是按照未被经济需求支配的人的角度来思考的；因而，他认为社会理所当然会放逐那些拒绝信仰市民宗教的人。这种放逐对流浪的工匠来说几乎不是一种严厉措施，而且为了促成公民间的协议，在他看来放逐似乎还是必需的。[52]

协议问题对所有社会契约理论来说都是巨大的绊脚石。[53]卢梭似乎并不十分担心这种困难，因为他是瑞士古老习俗的热烈仰慕者。他在他的国家经常能找到实例说明邻人之间达成协议或者具有公益观念的行业内部达成协议如何容易。要理解卢梭的思考方式，最好去参考保罗·比罗论挪威的书；在这位法国学者的笔下，这一峡湾之地仍然非常落后，而且相当类似卢梭非常喜爱的古瑞士地区。

在挪威，群体的形成并不费劲，纪律如果看似有理就很容易被接受："每当几个人聚在一条船上或者投入某种劳作或娱乐之事，他们就选出一个领袖并制定规则。但是他们必须要自己制定这种统治或法律，否则他们就不会接受它。"[54]"尽管对从外界强加的一切纪律非常蔑视，挪威青年也会在他完全明白了他受命做的事情的道理与意义并能够对自己重复一个相似的指令时遵守它。"[55]

另外，卢梭认为进入市民社会会彻底改变一个人。"唯有当义务的呼声代替了生理的冲动、权利代替了嗜欲的时候，此前只知道关怀一己的人才发现自己不得不……在听从自己的欲望之前，先要请教自己的理性。"[56]正如经常发生于政治理论家那里的，卢梭对事物的表述完全与它们在现实中的样子相反：人类的本性不会被社会契约的庄严所改变，但契约理论认定个人全然受制于私心的盘算。这是完全符合逻辑性的，因为它假设公民在他们生活的主要行动中类似于精明的商人。

在卢梭学说中看起来尤其悖谬的东西是公意绝对可靠的假设。丹纳指出这很容易引向暴政，[57]梅因认为卢梭的城邦以一种民主形式复制了旧制度下的某些理论家为法国国王造就的专制政体；于是卢梭给现代留下的主要遗产就在于一个全能的民主国家的观念。[58]

这里，《社会契约论》的模糊性再次成为一代代人轻易地接受将会产生如此可怕后果的一种公共法律概念的重大因素。

这一学说的来源可用以下方式寻找：很长一段时期，清教徒群体认为他们受到圣灵的启示，因而他们的决定不容任何怀疑。自从文艺复兴以来，人们开始过分仰慕遥远的古典时代的民族和法律。这样就容易接受：古代共和国于它们的辉煌时期在它们的大众会议中上演着理性行为。[59]

最后，18世纪没有人会认真怀疑普遍同意是对人类已接受的论题的一个不可反驳的证明。人人知道为了得到确定某一气象现象一般状态的中值，观察经常只需在一段非常有限的时间进行。要知道人类对某一问题的观点绝不需对所有人进行询问；[60]唯一需要警惕的是切忌受询问者重复由派系传给他们的党派界限。这就是卢梭为什么信服如下观点的原因——"如果当充分了解情况的人们进行争论时公民彼此之间没有任何勾结，那么从大量的小分歧中总可以产生公意，而且讨论的结果总会是好的"[61]。

当《社会契约论》面世时，没有人十分担心应用它的困难。可是今天看来这些困难如此之多，以至于这本书不再被认为具有任何学术价值。1762年读者首先想要得到证明的是现存政体应该毁灭；在20年间，法国社会非常动荡，有好几次人们相信革命近在眼前。但动荡总是局限在一小帮理论家中间。很可能后者从《论法的精神》中保留的仅是有必要对法律程序更为尊敬，[62]但甚至这点在一个一切都如此随心所欲的时代也是一严重的抗议。《社会契约论》的流行是因为它把理性的角色抬高到等同于公意；每个沙龙都相信它拥有这种公意的秘密。[63]

随着卢梭读者圈子的壮大，他的学说的意义也改变了；这些学说建立在由自治工匠组成的社会的假设基础之上，当人们受召唤在舆论形成中发挥重要作用时，这些学说就被人们从字面上加以对待。在对18世纪历史的讨论中，人们并不总能充分注意到同一个论题会因持有者地位的不同而可能有三种截然不同的含义。

与第三等级重大利益相一致的契约学说，被上层资产阶级当做一种适于将立法引向经济目的——这种目的与地产的愿望相符——的学术方法。通过将它归于卢梭创作的优秀文学，契约学说就成了一项卓越的根本革新，机智、风趣而大胆的健谈者会在轻薄贵族的沙龙中以之来谴责皇家政府的蠢行。但是当卢梭的书落到大众的手中，它会被曲解为一种即刻行动的方案。

从《社会契约论》中可以引出彼此非常矛盾的结论。西哀士[①]在为第三等级要求更大的角色时模仿它；[64]制宪会议拥抱它的原则。"夏多布里昂认为卢梭比其他任何人更加谴责恐怖主义者；拉利说卢梭在革命之后的第二月就会忧伤而死；比佐说他愿意分享吉伦特派的命运……迪亚说他会是一个贵族而且会被断头处决。"但是，另一方面，雅各宾派在《社会契约论》中发现了对他们所有动乱之正当性的说明，因为他们拥有公意。他们随同让·雅克说："政府是人民的工作成果和财产；代表们不过是人民的仆人。但是他们所说的人民指的是那个俱乐部……以卢梭学说的名义，雅各宾派指控制宪会议篡权夺位。后者对他们无礼，后者嘲笑民族的尊严。"[65]雅各宾俱乐部就以这种方式推理，就像《社会契约论》曾在其中如此风靡的沙龙推理一样；每个俱乐部，就像以前的每个沙龙一样，声称表达的是真正的、永远可靠的"公意"。

对政治原理的每一种学术阐述都会有相同的命运；在娱乐过文人之后，它会以为作者甚至未曾察觉其存在的群体提供合法化证明而告终。

四

18世纪中期，出现了丹纳错误地混同于政治文学的经济作品；重农主义者远远没有思想家们著名——部分原因可能在于他们关心的是更为实际的问题。他们未见得有多少影响，但他们确实代表了我上文讲到的第二种类型的群体：从他们那里我们可以看到深深卷入国家事务的这部分资产阶级是如何解释治理权的。在1815年写给瑟的一封信中，杜邦·德·纳穆尔说大革命时期，只有他和阿贝耶、莫尔莱三人力主保留

[①] 西哀士（1748—1836），法国大革命时代的活动家，天主教教士，当选为三级会议（1789）的第三等级代表，参加起草《人权宣言》，雾月十八日政变（1799）后为临时执政官之一，波旁王朝复辟时流亡比利时（1816—1830）。

魁奈①的传统，制宪会议抓住一切机会嘲笑该学派的理论，但是不管怎样，制宪会议最后却常常按照这些理论作出决定的。[66]这一观察对我们非常重要，因为它有助于我们理解这些作家的角色。他们如此透彻地表达了管理阶级广泛持有并考虑最多的观点，以至于他们必定常常相信由大革命实现的变革源自他们推理出的证据。事实上这些变革是一场伟大运动的高潮，重农主义理论对之不过是一个简单的意识形态配件。

按照孔多塞的观点，只有少之又少的人"信奉他们的全部学说。人们被他们原理的笼统和原则的僵硬吓着了。由于装腔作势地使用深奥而教条的语言，由于似乎忘记了政治自由对商业自由的好处，由于把他们体系的某些尚未充分打造的部分用一种过于绝对和傲慢的方式表达出来，他们自己损害了自己的事业"。他们原理的成功据说认为要归于他们对财政管理和关税的谴责。[67]

以上是一个敌对者的观点，但它大体上是对的。百科全书派憎恶重农主义者。格林指控他们"偏爱宗教、思想陈腐，与哲学精神大相背离"[68]。米拉波著作的巨大成功使得那些时髦的慷慨陈词者一度担心读者大众在躲避他们。因而，他们热烈欢呼加利亚尼关于谷物贸易的谈话，以此来对支持自由贸易的重农派玩个卑鄙的花招。当莫尔莱用严肃的论辩写下对那不勒斯小丑的答复时，狄德罗百般阻挠该答复的发表。他要求莫尔莱像审查官那样阅读这本书。布吕纳介说："如果说修道院院长莫尔莱的辩驳终究被印了出来，那么一位治安中尉为了拖延印行所能找到的一切借口可能都被用尽了吧。"[69]

内克尔，这位一心想通过谄媚思想家来沽名钓誉的人，[70]并没忘了宣称他是重农主义者的敌人，有人还指控他为杜尔哥的敌人出谋划策。杜尔哥论述谷物法的著作受到赞赏，就像加利亚尼的著作受到赞赏一样。杜尔哥虽在早期一段时间经常出入若弗兰夫人的沙龙，但却从未接受思想家们的观念。[71]

如果，尽管有沙龙和百科全书派——这些人通晓如何制造和破坏声誉——的阴谋诡计，重农主义者毕竟还是有其地位的，那显然是因为他们的观念大致呼应于一种非常强烈的舆论潮流。

孔多塞指责他们对政治自由缺乏关怀，这一点确实很有道理；但是

---

① 魁奈（1694—1774），法国政治经济学家，重农学派的创始人和领袖，提出"纯产品"学说，认为只有农业能增加物质财富，主要著作有《租地农场主》、《经济表》等。

既然我们认为他们把自己的学说建立在法兰西王国的基础之上，我们就不应对此感到奇怪。按照这样的视角，他们对权力的分立与制衡只会嗤之以鼻。[72]特罗斯尼由此断定法国要优于英国，因为这里的改革不会遭遇为各政治派别所阻挠的风险。[73]

重农主义者频频运用的似乎是某种那不勒斯语言：他们笔下的国家是一种非个人的权力，它在法律上服从于公民，实际上却是他们的主人；它"是全体的产物和代表，并一定要使每个人的权利屈服于全体的意志"。正如托克维尔所看到的，他们梦想有一个"民主的专制"：被选出的统治者做任何事情都不需遵循政治会议的奇思异想，他们只受到某种无法表达自身的公共理性的控制。[74]

杜尔哥向路易十六建议设立出自选举的机构，但他又认为可以将这些机构局限于纯粹行政的职能。托克维尔指出对上述举措的重大性或当时时代精神的误解莫过于此。但是他补充说这种制度在大革命之后实现了，当时国人对政治相当厌倦。[75]在这里，重农主义者又一次成了帝国的先驱，但是他们的错误在于没有看到在旧制度终结之时，国人对自由充满渴望。[76]

他们对某种开明权力抱有绝对的信心——这种权力将确立司法平等，扩展教育，按照统一的原则进行治理。按照魁奈的说法，"如果国民有教养，专制制度就不可能存在"。他这一派只看到一种反对专制主义的有效办法："对大众不断进行有关自然正义和自然秩序的教育。"[77]这是一种幻想，它非常类似于那些希望引导资产阶级实践社会主义的乌托邦主义者的幻想。一个受过教育、消息灵通的行政体系被当做纳税人的保障，恰如一个人道的资产阶级在现代乌托邦中被当做无产阶级的保障。"他们想借助这些文学性的胡言乱语来拿走一切政治保障。"[78]我们也可问问我们的官方社会主义者，他们是否真的相信他们的胡话能够产生严肃的劳动组织。

不像卢梭，重农主义者并未去请教工匠的共和国那里寻找他们的范本。要理解他们的学说和他们表述的大量观点，最有启发作用的莫过于托克维尔这一段经常被引用的文字："他们在四周找不到与这种理想相符的东西，便到亚洲的深处去寻找。我毫不夸张地说，没有一个人不在他们著作的某一部分对中国倍加赞扬。只要读他们的书，就一定会看到对中国的赞美；由于对中国很不了解，他们对我们讲的尽是些无稽之谈。……那个虚弱野蛮的政府，在他们看来是可供世界各国仿效的最完美的典范……在中国，专制但不持偏见的君主一年一度举行亲耕礼，以奖掖有用之术；一切职位均经科举取得；只把哲学作为宗教，只把文人奉为贵族。看到这样的国家，他们叹为观止，心驰神往。"[79]

在我们的制度史中，重农主义者的司法观念具有一种基本的重要性。在18世纪，法国的每一个人，不管他属于哪个学派，都一致接受财产是一种社会产物的观点，在这一原则上，孟德斯鸠、米拉波、特蔡特、内克尔、潘与罗伯斯庇尔或卢梭没有区别。[80]

重农主义者介绍了洛克的学说，按照这一学说，财产是所有法律的根源。杜尔哥在他一篇论述基金会的文章中写道："公民拥有权利，拥有对社会来说无比神圣的权利。公民独立于社会而存在，同时也是社会的必然要素。他们进入社会的唯一目的是要把他们连同他们的权利一起置于法律的保护之下，这些法律确保他们的财产和他们的自由。"[81]

与许多现代法学家的观点相反，他们认为道德实体不能被视为真正的所有者。在今天只能看到一个司法范畴的地方，他们会看到两个经济范畴，而且，照他们的观点，法律必须遵循经济学。托克维尔认为他可以从他们对于捐赠的观点总结出他们对于一切民事的观点，这显然是搞错了。他说："他们不大尊重契约；毫不尊重私人权利。或者，准确地说，在他们眼中，私人权利根本不存在，只存在公益。"他惊讶于这样一个革命性的观念会如此轻易地被"德行温厚、和平善良的人，正直的法官和练达的行政官"所接受[82]。就他们作为正直的法官而言，魁奈的门徒们坚持私法神圣不可侵犯，并随时准备保护它不受专断统治的侵害，但他们把捐赠看作属于行政法的领域。负责管理捐赠的人所犯的过错给他们的印象太深了。就他们作为练达的行政官而言，他们想要所有指定公用的资源得到有效利用。因此，对于一般开支经常过度，并且受到乐于维持行政积弊的人保护的捐赠，他们认为不值得尊重。[83]

杜尔哥认为政府拥有无可争辩的权利"处理旧的捐赠，将其资金导向他途，或者最好将其全部废止。公益是至高无上的法律，它不应被迷信地尊敬所谓最初捐赠者的意图——好像无知而数目有限的一些个人有权驱使一代代人服从他们变化无常的意志——所支配，它也不应被恐怕冒犯某些群体所谓的特权——好像特殊群体在国家之下真有特权——所支配……特殊群体的存在既不是自足的，也不是自为的；它们是为社会而形成的，而一旦它们不再有用，它们就不应继续存在下去"[84]。在这里，行政官的语言相当契合经济学家的思考，在这些经济学家看来，土地应该按照活人而不是死人的观念来管理。如果像杜尔哥所认为的，预算资源能比捐赠资金更好地满足公共需求，那么捐赠资金就只不过是累赘。

旧制度的行政程序常常相当傲慢；因此，与行政体系有所瓜葛的人几乎都不对复辟时期法国出现的传统抱有尊敬，我们对此不应感到奇怪。托克维尔说："经济学派对往事抱着极大蔑视……任何制度，不管它在法国历史上如何古老而根深蒂固，只要稍微妨碍了他们，或者不利于他们计划的匀称，他们便要求一律废除。"[85]

大革命不久就开始清算旧制度，而清算的方式常常是模仿旧制度本身的实践。但这种模仿充满恐怖，以致当时的当权者一般而言都不打算彻底完成政府规定的那些可怕任务。旧制度最为危险的习惯做法被推向极致。有必要对饥饿发起一场战斗：各种商品的价格被固定下来，养活大城市的征用从未停止，被常常疯狂的舆论谴责为黑商的人遭到百般威逼迫害。为了维持军队，国家被当成一个遭到围困的城堡，其全部资源都听任司令官调配。当内战加剧了国家的困难时，叛乱者的财产被没收了。环境如此就使得司法观念几乎荡然无存，行政管理堕落为警察行为——当那些并不因法律主张的驱使而缓和握有的专断权力的人被赋予管理之责时，这是常常发生的事情。[86]财政法律不止一次受制于对治安策略的考虑：富人被强烈怀疑滥用他们的财富以破坏共和国，因此他们被视为敌人。[87]

当开始恢复平静时，人人感到需要获得防止这类专断措施再次出现的保障。在这一时期取得国家财富的那些人，甚至比别的一切所有者都更加渴望能宣布财产不容侵犯。人人知道他们的利益在法国历史进程中何等重要。只要革命拍卖的有效性并不确定，波旁王朝的复辟就不可能。[88]这样我们就能理解经历了恐怖时期之后，重农主义者的学说如何获得了一种它此前从未有过的权威。共和三年（1795年——中译注）宪法看来受到这些观念的启发，不仅体现在权利宣言第5条——它界定了财产权，尤其体现在义务宣言中。条款8确定一切工作和一切社会秩序有赖于财产权的维持；条款9认为每位公民都负有保卫祖国、自由、平等和财产的义务。

这确实是重农主义者的胜利,这一胜利来之不易,并要归于重农主义者自己并不能预见将来是否会有的历史环境。

五

历史学家对于18世纪文人扮演的非常矛盾的角色并未给出具有说服力的解释。这是因为他们把社会视为一体,而未曾审查文人与各个阶级的关系。我们的任务是要去确定第三等级为什么将文人的话视同神谕,虽然他们的知识一般来说并不足以使他们为资产阶级出谋划策。让我们在这里引向我所称的18世纪第三种意识形态潮流,这一潮流依靠的是模仿贵族的生活方式。新的统治阶级的成员对那些他们认为受到高等贵族和王室溺爱的人抱有绝对信心。他们从不质询这种使他们惊奇、迷恋并受到误导的优待的原因。

外国人的意见对法国那一时期的历史起到重大作用。当伏尔泰动身去柏林时,他还没有孟德斯鸠和丰特内勒有名。格林1749年刚到巴黎,他就惊奇地发现伏尔泰在法国远没有在德国声名远扬。[89]伏尔泰去"波茨坦寻求他在本国没有得到的荣耀和名气"[90]。虽然有在普鲁士法庭的不幸遭遇,但他的策略非常成功,因为当他返回时他已经声名鹊起。

我们在狄德罗寄给斯巴顿——此人征询他对帕雷索特一部戏剧的意见——的一篇独特的论文中找到关于外国人所起作用的一个好例子。狄德罗写道:"对于在欧洲各处广受尊敬、旅游者认为必须拜访、以结识为荣幸的那些同胞,如果你可以做到不使人们说公众是在你的允许下对他们再次攻击,我相信你就做得很明智。"[91]法国上流社会对外国人对其大人物的评判非常敏感,资产阶级对这些评判有一种近乎迷信的尊重。如下局面似乎并不会很快消失:民主政体继承了第三等级的传统,而且文人每次想对它行使一种名副其实的独裁时,他们都仍能做得到。德雷福斯事件之后,我们看到芒索区一位文雅的闺房表演者被一些看客改头换面为社会主义神使;法郎士①起初显得对这种变形非常诧异,但他最

---

① 法郎士(1844—1924),法国小说家、文艺评论家,关心社会问题,后逐渐倾向社会主义,1921年加入法国共产党,同年获诺贝尔文学奖,主要作品有《希尔维特·波纳尔的罪行》、《现代史话》4卷。

后却在认真探究他给富有的绅士淑女讲述奇谈怪论时,是否有可能破解了社会问题之谜。如果数年来驱使大量知识工人奔向公共大学的那场运动获得了资产阶级期望的发展,社会主义就会掉入民主政体的窠臼。

民主政体将阶级感的消失以及所有公民融入一个蕴涵如下能力的社会——将每个有才智的个人从其出身的那个等级提升到一个更高的社会等级——作为它的目标。如果最活跃的那些工人致力于效仿中产阶级,乐于接受它的建议,并从受尊敬的人那里寻求思想,那么民主政体就会达致它的目标。此后,一个民主结构就没有理由不稳定。于是它只会被由少数一些人的野心带来的麻烦所动摇;它在原则上不会受到今天这种社会主义的威胁。因此有知识的民主分子竭力保护文人的威望就很有道理。他们寻求操纵大众教育以鼓励这种威望的维持;为此目的,他们不给工人传授作为工人的生活需要知道的东西,却努力培养工人对于只能在为娱乐资产阶级而写的书中找到的东西的强烈好奇。

这种教育的成功取决于工人对他们的现状感到自卑,并以类似外省平民对往昔王宫的向往之情来看待文人的处境。芸芸向往者与那些名望的制造者之间一定存在巨大的地位差距。这样,当法国的许多最优雅最贵族化的作家热烈地颂扬大众教育的好处时,我们应该钦佩的不是他们"对平民百姓的热爱",而是他们懂得如何造就大批支持者的锐利眼光。在几年中,公共大学成为阅读德雷福斯支持者们著作的巨大广告,而且这种广告若不是做得如此令人反感,其效果本来会更加长久。

在给孟德斯鸠所写的悼词中,达朗贝尔说,"讲的那部分公众给听的那部分公众规定必须怎样思考和谈论"《论法的精神》。拉布莱认为达朗贝尔是在用过于自豪的口吻谈论他的那些思想家朋友,他认为,18世纪识字的法国人无须求助那些思想家就能很好地阅读孟德斯鸠。[92]在我们的民主政体中,对教的议会(Ecclesia docens)与学的议会(Ecclesia dicens)的区分仍然根深蒂固:如果说他们一方面是要抑制阶级意识,那么他们的确还想维持并在需要时完善"文化等级"。

现在让我们来看文人相对于18世纪的贵族位置怎样。这是一个非常重要的有待解决的问题,因为对18世纪文学的理解有赖于它的解答。

王宫需要技巧高明的演说家,这是一个古老的传统。演说家用华丽的言谈取悦他人,给赞助他们的国君增光添彩。这些演说家也构成豪门贵族必须要有的财富装饰的一部分。这一传统在18世纪并未消失，而且每个巨家大室都有一个受其异常人物不断供应的小宫廷。

"他们每晚都去社交界赴宴，是他们赶去聊天的沙龙的装饰和娱乐。宴请上流人物的那些家庭，家家都有家庭哲学家并在随后不久就有它的经济学家或科学家……他们奔走于沙龙与沙龙之间，别墅与别墅之间……"[93]丹纳认为那时的哲学是"一类优秀的歌剧，其中能使思考者发生兴趣的所有伟大观念时而着严肃的戏装，时而以喜剧的打扮，列队前进并彼此碰撞……"[94]"最有教养而杰出的外国人一个接一个来到霍尔巴赫的家里……（莫尔莱告诉我们）人们在那里听到前所未有的最自由、最热烈、最增长见识的谈论……政治和宗教领域中每个可能的大胆观念都被拿来加以讨论，或赞成或反对……经常会有某一个人侃侃提出他的理论，别人不去打断他。另外一些时候则会发生激烈的争论，未参与争论的人在一旁静听。[95]你怎么可能阻止将一生用于谈话的贵族去寻找如此健谈的人？这就像要阻止他们的妻子——她们天天晚上去剧院或在家里表演——将演员和歌唱家引诱到家里一样。"[96]

还有一条理由可以说明贵族与知名文人维持友善关系的重要性。自从印刷术发明之后，人们就一直很怕讽刺作品的作者。我们知道阿雷顿曾经如何放肆地利用他所引起的恐怖。在一封信中，他自诩只需一支羽毛笔和几页白纸就能嘲笑整个世界；另外，他还说他是借书桌上的汗水发家致富的。

18世纪的思想家是往昔精通诽谤的大师。当他们一有机会对某人施展他们的讽刺性想象，他们的作品就总是胜过他们那些严肃的作品。这在譬如伏尔泰那里就很明显。这些作家无所顾忌，那些最沉着的人甚至也怕他们：马尔泽尔布曾问铭文学院某成员对狄德罗的《一家之主》(Père de famille) 有何看法，该人却要马尔泽尔布言语谨慎，因为他不"希望与那些自以为只有他们拥有一切人类理性、那些他就像害怕神学家一样害怕的人有发生误解的缘由"[97]。

支持或讨好某位哲学家的外国统治者，并不单纯是出于对他才智的钦佩而支持或讨好他的。[98]腓特烈把伏尔泰看做一个需要严加控制的极危险的人物，但当时控制舆论的首要人物却是叶卡捷琳娜女皇。她在丈夫被刺杀后问法国大使是否认识伏尔泰，以及他能否向伏尔泰解释该事件。[99]伏尔泰似乎抵制了一会儿，但他很快就跻身"北方的塞米勒米斯①"的颂扬者之列，并以至于要诽谤舒瓦瑟尔夫人和德芳夫人。沃尔浦尔给后者写信说："一个人如何来弥补一桩谋杀？是拦住雇用的诗人不让走，是付钱给贪财的历史学家，还是贿赂千里之外的荒谬的哲学家？正是像这样的卑鄙灵魂在为凯撒大唱赞歌并对他的镇压行为保持沉默。"[100]

但是，如果局限于以上的思考，我们对18世纪文学的观念就会非常不完整。我们还必须联想中世纪宫廷弄臣的角色。18世纪的沙龙中有名副其实的小丑，例如"加利亚尼，此人是个聪明的矮子——是外加丑角的热情和矫揉造作的柏拉图和马基雅维利一类人。他有无穷无尽的故事，是一个受人喜爱的小丑，一个绝对的怀疑论者，不相信一切，对什么都没有信仰。他手拿假发套，两腿交叉放在沙发上，用滑稽的论辩向（哲学家们）证明他们的推理听上去如果不像是傻瓜，至少也像是笨蛋——而不管怎样，几乎都与神学家一样糟。一个目击者称其为世界上最令人振奋的事情；不亚于最美的景观"[101]。

地位突出的人物并不总能意识到他们在上流社会所扮演的滑稽角色。腓特烈大帝与伏尔泰关系的故事对我们来说已经不可理解，因为我们的习俗与18世纪的习俗相差太远了。腓特烈大帝在这位伟大作家与莫普修斯争吵期间送去一份保证书让他签字，这在今天看来是难以置信的专横；显然，在腓特烈看来，一个著名文人与一个仆人没有太大差别。[102]

过了很久，在他们和解之后，这位不信教的最高统治者用如此口吻写下由处死巴雷骑士所引起的轰动的一句话就很耐人寻味，他写道："哲学切忌鼓励这样的行为，切忌无礼地抨击那些除了他们作出的判决外别无选择的法官。"当伏尔泰建议集会讨论那些他相信受到某种复苏的宗教狂热威胁的克勒弗作家们的问题时，这位国王挖苦地答道："假如他们温顺和平，他们都会受到款待。"[103]

人们可以反对说，伏尔泰属于相当老派的一代人，对伟人的崇敬观念抬升了他。这能够解释他做出的同时代人有时也会感到羞耻的某些懦弱行为。但是想想狄德罗！他是新派文人的典型，以致我们今天的资产

---

① 塞米勒米斯，古代传说中的亚述女王，以美丽、聪明、淫荡著称，相传为巴比伦的创立者。

阶级要把他放进民主的先贤祠中。约瑟夫·雷纳克谈到他时满怀崇敬。狄德罗并不怀疑叶卡捷琳娜女皇之所以一度与他颇为热络，那是因为传统允许小丑亲近大人物以使他们头脑敏锐。

丹纳接近于认识到狄德罗在沙龙中的真实位置，但是他也受制于对这位当代资产阶级模范先驱的仰慕。[104]他对狄德罗的描写很有偏爱之心，他以如下方式为狄德罗辩解："他是一个初来者，一个上流社会的新贵。在他身上你可以看到一个平民、一个有力的思想者、一个不倦的工人以及一个伟大的艺术家，[105]当时的环境把这个人引进时髦宴会的世界。在那里他支配着谈话，领导着狂欢，而且，通过感染或打赌，他一人所说的惊人之语比所有其他客人的加在一起还多。"[106]丹纳如果不是受制于他宣称的对18世纪作家的尊敬，他本会说狄德罗就像个文学小丑一样受到上流社会的优待。

这样一个时期不再能够欣赏感觉的优雅、语言的平和以及实际的智慧这些布瓦洛早先确立的原则。狄德罗又一次得作为典型——丹纳说："他不仅以比霍尔巴赫更莽撞的严厉逻辑、更喧闹的悖论沦落到反社会、反宗教学说的深渊，更有甚者，他掉进那个世纪的污秽之中并饱啜了这种污秽，这就是夸夸其谈。在他的代表性小说中，他对双关语（double entendre）和猥亵场面大加描写。在他的著作中，粗鲁盖过机敏和优雅。这种粗鲁既不微妙也不辛辣。他不知道如何去描写吸引人的捣蛋鬼——就像小克雷比雍做的那样。"[107]

雷纳克对他的崇拜对象的道德法则颇为尴尬，这种道德法则"导致了向自然状态最放纵的回归"，它"常常纵身投入原始兽行的泥沼"，在其中他非常遗憾地发现"对乱伦、卖淫和杂交的颂扬"。这位百科全书派的仰慕者悲哀地说，狄德罗在将一切事物排除于自然法则时，他在自然法则中只看到两个目的，"个体的保存和种的繁殖"[108]。这样我们就能将狄德罗与那些热烈拥抱达尔文主义的资产阶级自由思想家——因为他们认为他们找到了一种方式来说明他们对于类人猿起源假设的可鄙趣味的正当性——加以比较。

这样我们就触及18世纪人的心理本质：[109]这种对淫荡的自诩不但涉及某种道德法则，而且涉及知识产品。事实证明，思考对他们想象的控制非常微弱。这样历史学家试图探究18世纪思想家的思考就当然是徒劳的；后者只不过是闲谈者，讽刺或阿谀的贩子，并且首先是堕落贵族的小丑。布吕纳介针对狄德罗所说的话几乎适用于他们所有人,[110]他说:"要知道他们想的是什么很困难,其理由在我说出下面一句话后你就会明白,即我相信他们从来就不知道自己想的是什么。"[111]

中产阶级是以与贵族不同的态度阅读思想家们的著作的;它严肃对待由有着令人印象如此深刻的社会交往的人写出的东西。一种观点越是不落俗套,中产阶级对如此大胆而深刻的思想家将他们从传统的枷锁中解放出来的天才就越是钦佩;它对它可以经由这种读物获得的启蒙就越有信心;而且它就越加敢于进行类似的尝试。福楼拜①的资产阶级典型奥默先生的愚蠢透顶是文人对法国资产阶级上述影响的逻辑结果。在几乎长达一个世纪的时间中,有教养的人一直在胡言乱语,原因在于他们理解不了来自一个非常贵族化的环境的书籍的意义,这些书对他们犹如天书。

我们的先辈完全缺乏批判能力不应使我们感到惊奇。在我们刚才审视过其用心所在的文人那里找不到这种批判能力。我们也不指望在忙于嘲笑、诽谤令他们不悦的人,或者给其设置陷阱的贵族那里寻找它。经验告诉我们,那些在他们的思想中对其自身的生活状况不予考虑的社会阶层总是缺乏批判能力。因此资产阶级同样缺乏它。古代和中世纪作家的历史突出地验证了这种说法,19 世纪的经验对之提供了又一证明。

正如勒南在引申奥古斯丁·梯也里的著作时精辟地看到的,自从以往受到人们——意欲找到启发性的例子来理解本阶级投入的斗争的人们——审视的那天起,历史就呈现出迥然不同的面貌:"人类事务的最终意义只能通过理解现在的能力加以把握,而现在也只会对应于人们对它的投注而吐露出它的秘密……(为了理解中世纪历史的文本)必须要有某种世俗生活的经验——而无论是僧侣生活还是古文字学家的顺利研究都不能给出这种经验。一个投身于热烈的外界环境,并具有由于熟稔政治学而来的敏锐眼光的 20 岁的年轻人,在初试锋芒时就可以提请人们注意这些大师们(本笃会修士)著作中的大量纰漏和错误看法。"[112]

这就是我和我的朋友们从未停止呼吁工人阶级不要让自己被推进资产阶级科学或哲学老套的原因。在无产阶级获得了它能按自己的生活状

---

① 福楼拜(1821—1880),法国作家,认为艺术应该反映现实生活并揭露社会的丑恶现象,重视对生活的观察,强调形式美,代表作为长篇小说《包法利夫人》。

况思考的感觉——就像资产阶级在大革命之后所做的那样——之后,世界就要发生巨变。议会政体为现代资产阶级的伟大历史学家揭示出他们的志业:"复辟时期被贴上自由主义标签的那套观念是(奥古斯丁·梯也里的)历史的灵魂。"[113]这就解释了如下论断,即"革命的激动之后接踵而来的是严肃研究的黄金时代"[114]。这不仅要归于这样一个事实——拿破仑战争的终结就像勒南说的包含了许多未曾预料到的教训,[115]而且要归于这样一个事实——在1820年前后,资产阶级认为它已经能够独立思考。

正像我们多次说过的,无产阶级拥有自己的一套制度,就像议会政体属于资产阶级那样,它属于无产阶级。工联主义运动恰恰可以达到解放理智的目的,它能使工人阶级摆脱对资产阶级废话的一切尊敬。

注　释

1. 我相信库尔诺写出这句话的时候,心里想到过托克维尔对法国人民服从国王的特殊性质所作的有趣思考;他们的服从是出于爱而不是出于强迫。(*L'Ancien Régime et la Révolution*, p. 176. 所有引文都出自这一版本,以下简称《旧制度》,后面的页码采自英译本 The Old Regime and the French Revolution, New York: Anchor Books, 1955)

2. 库尔诺:《对观念与事件在现代之推进的思考》(*Considérations sur la marche des idées et des événements dans Les temps modernes*) Ⅰ,第414页。

3. 汉诺陶瓦:《黎塞留主教史》(*Histoire du cardinal Richelieu*),Ⅱ,483。作者强烈反对新教徒,一定要用他们来献祭民主运动伟大先驱的光荣。布吕纳介解释说孟德斯鸠对黎塞留和卢佛斯(Louvois)的批评缘于孟德斯鸠的贵族偏见。(《法国文学史手册》,第四辑,第246页)马布利难道也可以说是受到贵族观念的影响吗?但是马布利也写道:"黎塞留毫无那些掌管伟大王朝事务的人身上可取的美德甚至智力。"[《对法国历史的观察》(*Observations sur l'histoire de France*) Ⅷ,第六章]

4. 勒南:《犹太民族史》(*Histoire du peuple d'Israël*),Ⅳ,147。

5. 杰维纳斯:《19世纪历史引论》(*Introduction à l'histoire du XIXe Siecle*). 第26—27页。

6. P. Leroy-Beaulieu 在1905年11月28日的《论辩》(*Débats*)中所说。

7. 洛克奎因:《大革命前的革命思潮》(*L'Esprit révolutionnaire avant la Révolution*),第257页。在1759年已有一个非常类似的对王朝专制权力的肯定(第217页)。托克维尔伯爵(《美国的民主》作者的父亲)断言"高等法院从未见识过从国王口中吐出像1766年那样强烈的言辞":"如果王室在强化过程中保存下来的话，法院的可怕反抗，这未来革命的种子，本来会被专制权力所粉碎。"[《路易十五统治时期的哲学史》(*Histoire philosophique du règne de Louisxv*)，Ⅱ，第 445 – 446 页。后注简称《哲学史》] 托克维尔伯爵在复辟时期是位省长，并是法国一位有爵位的贵族。当时，地方行政长官的职位并未托付给如今占据它们的这类人！我个人认为伯爵的观点相当重要。

8. 杜尔哥印象很深的是，某种惯性使得政府和人民远远超出与他们真正利益相应的目标。比如，他认为欧洲对路易十四的憎恨对法国的敌人本身来说几乎是致命的，他还认为，安妮王后在缔造和平的过程中拯救了法国，更拯救了欧洲的其余部分；然而，"她的人民却指控她软弱、叛国"。(杜尔哥：《全集》，第 2 卷，第 673 页)

9. 托克维尔：《旧制度》(美国 Anchor Books 1955 年版，第 143 页)。

10. 洛克奎因：《大革命的精神》(*L'Esprit Révolutionnaire*)，第 309 页。卢梭称，1753 年，由引进意大利歌剧所激起的争论转移了人们对当时高等法院和神职人员之间冲突的关注。他的《法国音乐信札》(*Lettre sur la musique francaise*) 的发表据认为是一大政治事件。"听说这篇文章可能阻止了一场革命，这几乎令人难以置信。"(《忏悔录》，Ⅷ) 与卢梭的惯常夸张不同，我们这里看到的是对当时风气的一则准确观察。

11. 同上书，Ⅱ，第 121 – 123 页。

12. 同上书，Ⅱ，第 446 页。

13. 这种差别是以经济学为基础的；房屋不属生产力。其主人是"市民"而不是像农村业主那样的真正"公民"；一个城市家庭在社会中并无股本。杜尔哥估计整个巴黎拥有他规定的最低数目财产的人不超过一百。(杜尔哥：《全集》，第 2 卷，第 528—530 页) 我们将在第二章的结尾看到"公民"一词对杜尔哥而言到底指的是什么。

14. 杜尔哥：《全集》，第 2 卷，第 527 页。

15. 丹纳：《旧制度》，第 241 页。

16. 同上书，第 363—365 页。

17. 同上书，第 330—331 页。

18. 梅因：《法律史研究》(*Etudes sur l'histoire du drait*)，第 386 页。其结果是英国法律相当啰唆，英国哲学语言也缺乏类似大陆哲学语言的那种精确性。

19. 议会语言是一般语词与被误用的司法术语的大杂烩。

20. 丹纳：《旧制度》，第 278 页。

21. 拉布莱在他编辑的孟德斯鸠著作集 (Ⅲ，xix – xx) 中注意到了这一点。如果它不是一个文学准则的问题，那么就很难理解卷 XIX 第 27 章论述英国习俗时为什么没有点名提到英格兰，这使拉布莱感到奇怪。

22. 布瓦西:《异教徒信仰的终结》(Le Fin du Paganisme) I, 216。

23. 博德里亚:《天主教会、文艺复兴和新教》(L' EgLisecathotique, la Renaissance, le protestantisme),第67—102页。

24.《孔多塞与杜尔哥未发表的通信》(Correspondance inédite de Condorcet et de Turgot) Ch. Henry 编,第146页。

25. 当有影响的人物认为他们有个人原因控告作家时,压制常常会变得严厉起来。

26. 见布吕纳介《法国文学史手册》第二辑中论述马尔泽尔布治下的印刷工业那一章全文。

27. 弗雷隆不被见容是因为他不属上流社会。他被关到万森(Vincennes)是因为"他说出某位画家的风景画就像是用熬焦了的糖画的这种话"。格林衷心赞成这种官方的严厉。(布吕纳介:《法国文学史手册》,第二辑,第304页)

28. 洛克奎因:《大革命的精神》(L' Esprit Révolutionnaire),第389页。

29. 参见利希滕贝格《社会主义与法国大革命》(Le Socialisme et la Révolution francaise),第221页。

30. 英译者注:孔德的这一"法则"把人类描述为经历了历史发展的三个阶段:(1)以主观主义、盲目崇拜为特征的原始阶段;(2)抽象的、批判的和形而上学的阶段;(3)实证主义和科学的有机阶段。见 Roger Solteau,《19世纪法国政治思想》(French Potitical Thought in the Nineteenth Century, New York: Nelson, 1959),第211页。又见 Frank E. Manuel,《巴黎的先知》(The Prophets of Paris, New York: Harper Books, 1965),第277—278页。

31. 洛克奎因:《大革命的精神》,第298页。对18世纪的描述需要修正。这是我大量借用洛克奎因的原因,他已经相当富于技巧地做了这项工作。我发现这种方法比直接诉诸回忆录要更准确。我想我的读者对研究所一位成员所编的集子会比对我本人的著作更多一些信任。

32. 同上书,第332页。

33. 丹纳:《旧制度》,第388—389页。

34. 丹纳:《旧制度》,第386页。"活力"一词见于1779年的一封信,"公民"一词见于1762年的一封信。

35. 日内瓦有五个阶层:有资格选举的"公民";没资格选举的资产阶级,但他们的孩子生于日内瓦并成为日内瓦公民;"定居者";"本地人";"臣服者"。按照《来自山中的第七封信》的说法,在20000名总人口中,组成大会的公民与资产阶级从不超过1500人。有人已指出卢梭在不要求所有日内瓦人权利一律平等时,表现出相当的贵族情趣。[沃依(J. Vuy):《卢梭政治思想的起源》(Orig - ine des idées politiques de Rousseau),第145—146页]

36. 杜尔哥：《全集》，第 2 卷，第 513，528 页。

37. 萨姆纳·梅因：《大众政府论文选》（Essais sur le gouvernement populaire），第 225—226 页。

38. 里维埃拉："政治社会的自然秩序"（"Ordre naturel dessociétés politiques"），载 Les Physiocrates（Daire Collection），第 453 页。

39. 布吕纳介说他越读《论法的精神》就越不能看清它的真实目的（《法国文学史手册》，第四辑，第 254 页）。

40. 人们主要想知道孟德斯鸠是否果真创立了法律历史学及比较政府学，就像拉布莱认为的那样（Montesquieu, L' Esprit des lois, p. ix）。

41. 丹纳：《旧制度》，第 306 页。

42. 巴绍蒙写道，这本著作"包裹在一种科学的晦涩中，这使得它对普通读者来说难以理解"（洛克奎因，《大革命的精神》，第 235 页）

43. 关于旧式地方制度的封建特征，参考卢查瑞（Luchaire）：《法国村社》（Les Communes francaises），第 10 页。

44.《社会契约论》（Contrat social），第 1 卷，第 6，9 章。

45. 在他们眼中，国王不过是对一部分净收入有权支配的"监护力量"。

46. 卢梭：《爱弥儿》，第 3 卷。杜尔哥在他论述自治市的著作中强调了农村工人的流浪特征。他们"不属于任何地方"（杜尔哥：《全集》，第 2 卷，第 511 页）。

47. 这些教派的大量成员同时还属于工匠世界，关于工匠前面已经有过讨论。

48. 耶里尼克：《人权或公民权宣言》（La Déclaration des droits de l'homme et du citoyen），第 64—66 页。

49. Dupont de Nemours，"一门新科学的起源与进步"（"Origine et progrès d'une science nouvelle"），载 Les Physiocrates，第 347 页。

50. 丹纳说"孟德斯鸠是受人尊敬的，但却是孤立的，他的名声没什么影响"（《旧制度》，第 378 页）。孟德斯鸠的孤立似乎至今未得到较好的解释。

51. 布吕纳介：《法国文学史手册》，第四辑，第 263 页。

52. 楚克认为卢梭受到日内瓦教会法令的启发，这种法令以放逐来惩罚那些不敬神的人。（J. J. Rousseau）。请注意卢梭并不承认当局有权干涉是否敬神的问题。

53. 这是丹纳相当专注的东西（《旧制度》，第 306—318 页）。

54. 比罗：《挪威峡湾的农民》（L Paysan des fjords de Norvége），第 84 页。

55. 同上书，第 228—229 页。

56.《社会契约论》，第 1 卷，第 8 章。

57. 丹纳：《旧制度》，第 319—327 页。

58. 梅因：《大众政府论文选》，第 225—227 页。波舒哀在他的《根据圣经的政治学》（Politique tirée des propres paroles de l' Ecriture Sainte）中相当远离这些专制学说。

59. 我认为从维柯那里引用一段重要的文字是有用的："雅典公民由据认为对所有人有利的立法行为而团结起来的景观，帮助苏格拉底通过归纳法来形成理想类型或者抽象的普遍类型——归纳法是指将相同的特别事例集合起来，这些特别事例按其一致性来说能构成一个类型。尔后，柏拉图看到在这些会议中，激烈争夺各自利益的头脑，会因对共同功利的冷静考虑而重新团结起来……这为亚里士多德对法律的神圣界定——'意志独立于感情'——铺平了道路。"[米什莱编译：《维柯著作选》(Oeuvres choisies de Vico)，第 601—602 页]

60. 这种想法出现在《箴言录》(Commonitorium) 中，由于清教徒在与天主教徒的论战中经常援引这本书，所以卢梭当然知道它。文森特·莱伦斯 (Vincent de Lerins) 说要了解教会的一般观点 (quod ubique, quod semper, quod ob omnibus creditum est/真理是普遍永恒的，人人信奉)，只要仿照他们在以弗所会议所做的，并参考基督教世界不同部分十位神学家的观点就够了。

61.《社会契约论》，第 2 卷，第 3 章。

62. 洛克奎因：《大革命的精神》，第 124 页。

63. 梅因说《社会契约论》可以支持政府必须服从一个不断变化的意志这一主张。(Essays, p. 224)。

64. 梅因：《随笔》，第 228 页。

65. 楚克：《卢梭》(J. J. Rousseau)，第 148–151 页。

66. Les Physiocrates，第 104 页。托克维尔说大革命的实质就在这些原理中 (L' Ancien Regime, p. 158)。

67. 孔多塞：《人类精神进步史表纲要》，第九个时代。

68. 布吕纳介：《法国文学史手册》，第二辑，第 243 页。

69. 同上书，第 247—248 页。对狄德罗的这一报道很是虚假，而这在当时思想家的笔下屡见不鲜。

70. 洛克奎因：《大革命的精神》，第 358 页。

71. 杜尔哥：《全集》，I，xxxi，xcix–cxi。内克和宫廷的中介是派泽 (Marquis de Pezay)，这是一位军人兼诗人，是日内瓦一位金融家的儿子，还是莫尔巴 (Maurepas) 的一个伟大的朋友。

72. 托克维尔：《旧制度》，第 159 页。

73. 同上书，第 162 页。

74. 同上书，第 163—164 页。

75. 同上书，第 144—145 页。

76. 托克维尔认为自由观念抓住了每一个人，甚至包括重农主义者（同上书，第 167 页）。这是政府与高等法院之间斗争的结果。

77. 自然正义和自然秩序是重农主义者的基本宗旨。

78. 托克维尔：《旧制度》，第 160 页。

79. 同上书，第 163—164 页。

80. 利希滕贝格：《社会主义与法国大革命》（*Le Socialisme et la Révolution française*），第 182、185—188 页。卢梭在《爱弥儿》第 5 卷中给出了一种财产理论——拉萨尔的学说后来受到它的启发：统治者没有权力碰一个或若干个个人的财产，但他可以合法地夺取所有人的财产，就像莱克格斯时代的斯巴达发生的那样。另一方面，梭伦废除债务却属于非法行为。

81. 杜尔哥：《全集》，第 2 卷，第 308 页。

82. 托克维尔：《旧制度》，第 159 页。

83. 杜尔哥：《全集》，第 2 卷，第 304 页。

84. 同上书，第 308—309 页。杜尔哥认为，教会若对捐赠有兴趣，则国家必须与教会步调一致。

85. 托克维尔：《旧制度》，第 159 页。

86. 正是对专断权力的这种缓和产生了行政法——传统并不强大时的一个非常脆弱的创设物。

87. 利希滕贝格：《社会主义与大革命》，第 255、258—262 页。

88. 由于害怕这种拍卖有效性的削弱，法院赋予革命时期的财产拍卖一种近乎宗教的品质。

89. 布吕纳介：《法国文学史手册》，第二辑，第 176 页。

90. 《法国文学史手册》，第四辑，第 322 页。

91. 《法国文学史手册》，第二辑，第 164 页。

92. 孟德斯鸠：《论法的精神》（*L'Eseprit des lois*）（Laboulaye 版），Ⅲ，xxv。

93. 丹纳：《旧制度》，第 333 页。习俗仍然认可由马蒙泰尔（Marmontel）提供了一个如此可耻例子的寄生生活，但是二流作家却不得不以一种我们今天看来极无尊严的方式生活。布伦蒂埃就达朗贝尔写下一句可怕的话："当我说有个人，他住在一个名叫莱斯皮纳斯（Lespinasse）的人家里，迷恋他的居伯特（Guibert）或他的莫拉（Mora），而且最令人叫绝的是他半由普鲁士国王供养，半由若弗兰（Geoffrin）夫人供养，我说的正是达朗贝尔。"（同上书，第 217 页）关于马蒙泰尔——此人的好运主要归于他是"一个强壮的利穆赞人"，参考布吕纳介《法国文学史手册》，第六辑，第 254 页。

94. 丹纳：《旧制度》，第 333 页。

95. 同上书，第 367—368 页。

96. 同上书，第 369 页。为了清楚地理解 18 世纪的沙龙，我们应该记得半个世纪前有影响的期刊的作用；沙龙为其提供信息的那一部分公众类似于后来信任《通讯员》（*Correspondant*）和《两个世界的杂志》（*Revue des Deux Mondes*）的那些人。

97. 布吕纳介：《法国文学史手册》，第二辑，第 192 页。

98. 拉布莱说"腓特烈大帝通过与伏尔泰及其朋友们嬉戏来渔利"；他"在那些控制舆论之人的共谋下能作出最可耻的攻击"（孟德斯鸠：《论法的精神》，p. xliv）还有，"1767 年，在赢得公共舆论方面丝毫不逊于腓特烈的叶卡捷琳娜，想像自己成了文明和新思想在欧洲的使徒"（p. I）。

99. 德斯诺雷特斯：《伏尔泰与卢梭》（*Voltaire et Jean Jacques Rousseau*），第 371 页。

100. 德斯诺雷特斯：上引书，第 380 页。我们常常不禁要想，布吕纳介说卢梭是那一时期著名作者中尚有勇气的唯一一人是再正确不过的了。他还加上一句，"他们也正是出于这种勇气而犯下罪过"（同上书，第 222 页）。杜尔哥对爱尔维修如此颂扬叶卡捷琳娜和腓特烈极为愤慨。（《孔多塞与杜尔哥未发表的通信》，第 147 页）

101. 丹纳：《旧制度》，第 369 页。

102. "我向 V. M. 保证只要她惠准我寄居在庄园里，我就不会写东西反对任何人，不管是法国政府、大臣们、其他统治者，还是有名的文人，我都会给予他们应有的尊敬。我不会毁谤 V. M. 的书信，我的行为举止将像一个有幸作为 V. M. 的侍从，并生活于正直的人们中间的文人应当表现的那样。"应该通读德斯诺雷特斯（Desnoiresterres）论伏尔泰与腓特烈的那本著作，因为它描写了很多滑稽之事。

103. 德斯诺雷特斯：《伏尔泰与卢梭》，第 502—505 页。

104. 丹纳可能比其他任何人更代表了资产阶级的传统。这就是他的记述对我们特别有价值的原因。他怀着与百科全书派同样多的幼稚仰慕科学，他对"描写道德解放的小说家"抱有特别的感情，对斯丹达尔如同对狄德罗一样充满敬意。

105. 布吕纳介认为，在狄德罗的作品中，"混乱常常被当作深邃"，而且"在有时发展到冷嘲热讽的独立姿态后面"，他有着"资产阶级或庸人的一切偏见"（《法国文学史中体裁的发展》，第 153 页）。

106. 丹纳：《旧制度》，第 349 页。

107. 同上。这里人们不禁会想到左拉，他同样缺乏优雅和机敏。这位有名的垃圾贩子自诩"第一个在小说中还性本能以其真实位置。相信他，性将引起人们的巨大关注。"［古扬：《对艺术的一种社会学观察》（*L' Art du point de vue sociologique*），第 158 页］

108. 雷纳克：《狄德罗》，第 174—175 页。

109. 不久以前，我提请人们注意这种通过审视有关性关系的观念来探查人类灵魂秘密的方式。

110. 卢梭，不像所有别的 18 世纪思想家，是一个例外。

111. 布吕纳介：《法国文学史中体裁的发展》，第 154 页。

112. 勒南：《批判与道德随笔》(*Esaus de morale et de critique*)，第117—118页。
113. 同上书，第115—116页。
114. 同上书，第124页。
115. 同上书，第116页。

第三章　18 世纪的科学

Ⅰ　科学作为惊奇的对象。《百科全书》。执政者必备的一般知识。激发了巨大希望的发现。

Ⅱ　数学应用于社会问题。孔多塞的幻想。当时发生错误的原因。关于概率的虚假科学的持存。

一

进步学说当然出自一个征服性阶级的抱负，这个阶级对它的未来充满信心，相信自己已经为夺权做好了充分准备，而且头脑中有宏伟的改革计划。不过，如果我们不对这个阶级持有的科学观念作出确切说明，我们就不能完全理解它的想法。

当今，科学是一门严格的学科，每个从业者从中挑选一个狭窄的领域毕生加以刻苦钻研。某人要能真正擅长一门学科，只有通过长期训练，通过与最新发展保持同步，通过掌握具体研究方法才能做到。科学工作由各个独立的群体分担执行在我们看来如此自然而富有成果，以致我们从不会问这样一种科学结构是否曾经激起过反对。我们的先辈则认为这种专业化是一种只配得上农场工人的路径，是头脑的堕落，是对人的高贵命运的侮辱。"18 世纪的大部分文人以懂得几何学而自豪；在科学家一方，则以对文学有涉猎而自矜。"[1]

丰特内勒认为自己适合再次给出一个哲学方案：他颂扬科学间的协作应能产生的好结果。布吕纳介误以为丰特内勒得出了一个重大发现。[2]他本应把这种愚蠢留给那些实证主义者。所谓的科学协作绝不是现代科研的最高目标；它其实是法国社会旧有习俗的表达，而且它首先依赖的是沙龙的方式。18世纪的人一心关注的是能与在上流社会碰到的文明人维持交谈。如果说科学间的协作仍然强烈地吸引着主张民主的资产阶级，那是因为这一阶级自身没什么思想，而狂热地想借旧制度的源泉滋养自己。有若干理由可以解释我们的先辈对科学所持的看法，但是最主要的一个却总是对上流社会的过于好奇。

1. 17世纪末，世人开始对此前完全未知的一系列课题满怀激情。先前一代的诚实之人（17世纪的理想类型）视野相当有限；现在，人们渴望洞察一切。[3] 1675年莱默里的化学教程发表，再版过好多次，并被译为多种文字。女士们敬重凡尔内的解剖学课程；这位科学家在将洛内小姐推荐给梅因时写道，她是"法兰西最了解人体的一个女孩"[4]。那时，托马斯·迪弗洛斯可以邀请他的未婚妻参加一次解剖而不显得荒唐可笑。[5]

杜尔哥对进步的巨大推动力量非常好奇；[6] 这种看法与他同时代人的情趣相当呼应，这些人总在寻求新的知识，从不满足于把自己局限在一门科学专业的狭窄范围。"作为一个没有文学才能却想追求名声的俗人，布丰开始是想通过从事数学达到目标；接着他试过从事物理学，但从事物理学最好是个富人；最后，他在王室御花园主管任上找到了自己的合适位置，同时，他成了一个伟大的博物学家兼作家。在这种双重角色中，他既是最有效的普及者，也是最著名的普及者。"库尔诺指出18世纪追随布丰的榜样，首先是专注几何学，接着发现化学和物理学的证明更有趣，最后则安定于博物学。[7]

在与格林的通信中论及克莱罗时，狄德罗给出了有关1765年的种种好奇的这样一幅图画："形而上学家和诗人的风头过后，体系物理学家[8]取代了他们；体系物理学让位于实验物理学，后者又让位于几何学；[9]几何学让位于博物学，博物学又让位于化学。化学成为最新的时尚，它与国务、商业、政治，并且首先是农业狂热一同成为人们的关注焦点。农业由民族的轻浮助长成为下一个时髦科学是任何人也没料到的。"克莱罗没有追随这种潮流，因此他不再受人喜欢。从前，高雅的女士们"想让一个几何学家使她们做到谨慎"，如今，"几何学家难以找到书商接受他们的书，要不就是难以找到读者阅读这些书"[10]。

这确实是沙龙中造就的时尚问题；因此一门科学越趋专门就越少

趣味。在《对自然的解释的沉思》(*Pensées sur l'interprétation de la nature*, 1754)一书中，狄德罗告诉我们，在他看来，数学已经到了难以推进的地步："我几乎敢保证一百年过后欧洲也出不了三个伟大的几何学家。"[11]这一论断确实表明数学已经开始靠近业余爱好者，而狄德罗看不到在吸引业余爱好者的科学活动之外还有什么科学活动。[12]

化学的成绩则相当斐然，原因在于它仍然只是药剂师的技艺。如果我们不了解狄德罗对科学的粗糙概念，他在1770年对卢埃尔的热情之语会令我们大为吃惊。卢埃尔"想成为一位诗人、哲学家、神学家、政治家、音乐家"；他是"一位伟大的科学家，一位深刻的理论家"；但是"他相信炼金术"并且是一位"笨拙、漫不经心的操作者"[13]。

生理学强烈吸引着狄德罗，原因主要是该学科尚在初创时期；另外，狄德罗对元素的思想也很满意。他恳求叶卡捷琳娜女皇让人给贵族年轻女子讲解人体组织，尤其是生殖器官，目的是对她们进行说教。一周之内她们就会对"男人进攻的危险及结果"、对婚姻的责任及生儿育女有足够的了解；在上过三四次解剖学课程后，狄德罗的女儿就能阅读《老实人》(*Candide*) 而无须担心"这本邪恶的书中的任何东西会困扰她小脑袋"。看看教师用以说明课程内容的蜡制模型就足以平息她的想象，而且使她懂得礼仪规定遮盖身体某些部位的理由。[14]

而首先，事实证明狄德罗想去给他的同时代人讲述艺术和工艺之道时，他对他们好奇而幼稚的心态相当了解；他如此自信地夸耀他的货色，以至于许多人把他当做科学技术学的创立者。科学技术学其实源自一种更加谦逊而自然的方式，它是由法国的军队工程师及在军校任教的教授创立的。约瑟夫·雷纳克无疑不了解这一事实，因为他写道："哲学家们致力于发现工人阶级，致力于表彰劳动（离开它文明就只是一个梦），并因此为第三等级走向自由与权力——这同时是一场理智、政治和社会革命——铺平了道路。"[15]实际上，那不过是哲学家们娱乐上流人士的问题。

看来上流人士发现《百科全书》非常有趣；约瑟夫·雷纳克作为典型事例告诉给我们一则有关伏尔泰的逸闻，这则逸闻清楚地表明该汇编成功的缘由；廷臣从中学到火药的构成，女士们则学到各种口红之间有何区别。依据这则逸闻，"庞巴杜尔夫人找到了正确的解释：这本科学和技艺辞典就像一切有用之物的仓库一样赢得了大众；对它匆匆浏览一遍就能使人认为自己是那个领域中最博学的人"[16]。因此狄德罗给出的当然就是闺房或沙龙中的那种科学；仅仅因为他以旧生产方法的细节娱乐了他的同时代人，就能确实正当地把他称做"现代工业的预言家"[17]吗？

库尔诺基于他的朴素常识，非常震惊于《百科全书》本身的想法：在一个看不到巨大变革的时期要开出人类知识的清单。"为了解释他们的错误，我们且莫把百科全书派以及他们的赞助者或门徒当做科学家，而要当做哲学家，或者假如你愿意的话，不把他们当做科学的朋友，而当作天生倾向哲学的人。"[18]但是我们必须补充说，这种哲学是由上流人士之间的交谈构成的。

若不考虑18世纪神秘学取得的巨大成功，我们就不能充分理解那时的精神。我们不应对《百科全书》的读者掉进这种愚蠢的实践感到惊讶；在竭尽了有形知识的所有分支之后，他们为了满足自己的好奇心就退而勘探无形的领域。而且难道他们不正是靠着实验方法前进的吗？难道它不正是那些对所有人都开放的追求——当大量外行投入这些追求时就会产生令人惊奇的后果——之一吗？[19]

2. 上流人士的好奇总体上与行政寡头集团所有成员的成见非常融洽。要成为一名卓越的行政官，丝毫用不着具备专家的知识。每天，我们都能看到我们的政治会议在代表完全不懂其专业细节的一些问题上作出决定。不过当问题涉及海军建设、铁路修筑或关税方案的实施时，他们中的任何人也不会想到弃权。在大革命之后相当长的一段时间，《百科全书》以及类似汇编似乎帮助公务人员掌握了他们必须管理之事的总体图画。这种类型的教导看来对那些指挥工业机构的人甚至通常都是足够的；事实上，不久以前，工厂还是由商人、会计师或前工人管理的，这些人因为他们对工人表现出不妥协的态度——这在训练有素的工程师那里从来都很难找到——而大受资本家赏识。

大量意志、合作观念以及若干技能构成了大工场工头的资产。1830年左右，尤利说英国纺织厂厂主在机械上已跟不上时代，他们所依靠的是他们的管理者，而这些人并不突出。[20]勒普莱——此人长期在矿冶学校讲授冶金学，为了学习他所教的专业跑遍了欧洲所有工厂——说"技艺的真正原理常常是肩负管理之责的工头所不知道的"。他说："在大多数情况下，为了有效地利用我的时间，我只有恳请这些管理者将我放到工人学校中去。"[21]工业学校的学生要经过很长时间才能被选作管理者。

杜尔哥的传记作者告诉我们,杜尔哥研究物理学、化学、数学是在"它们与农业、制造业和商业的关系中"来研究的。[22]所有这些很可能只是草草的研究;1765年狄德罗计算出,如果某人不愿被一门无用的专业所限,学习几何学中一切必需的东西只需半年时间;按照他的观点,"余下的纯粹是好奇"[23]。

人们想知道孔多塞是否可能具备与勒普莱日后看得如此重要的历史调查相类似的想法。"真正构成人类的东西——几乎完全依靠他们的劳动而生存的无数家庭——被(历史)遗忘了;甚至在以公共事务为业的那类人——他们不是为他们自己而是为社会在做事,他们的专职是教导、治理和保护别的人,减轻这些人的负担——当中,只有其中的领袖才会受到历史学家的注意。"孔多塞想对法国人作出类似旅游者对外国风情所作的优秀描写。很不幸,这些旅游者通常却是肤浅而缺乏准备的。[24]

没有什么允许我们假设18世纪的哲学家持有19世纪经济学家的想法,即通过专门论述某些劳动家庭有可能探查到一个民族的根基。勒普莱也并没有走得远到要科学地证明他的方法;他是由在一个技术教授——对他所教的实际科学非同寻常地热情,而且有许多机会通过与工人接触来学习——那里很自然的直觉引向这种方法的。

孔多塞的目的要简单得多:"人们想要说明的无论是一则发现、一项重要的理论、一套新的法律体系,还是一次政治革命,问题都得集中于确定它对每个社会最大多数人的效果是什么;哲学的真正对象正在此中,因为这些原因的所有中间结果只能被看作是通向作用于真正构成人类大众的那部分人群的最终结果的手段。在抵达这一目的的过程中……人们可以欣赏他们真正具备的荣耀,可以心怀愉悦地享受由他们的理性所带来的推进;惟有在此中人类的真正完善方能断定。将一切联系到这一终点的想法是由正义和理性所规定的。"[25]重农主义者和18世纪所有改革计划的设计者相信有必要对国家管理进行指导,以此改善最大最穷的那个阶层的境况;[26]圣西门主义者也不过是拿起了这一传统;他们唯一的价值是对所有以前理论家怀抱的希望给予了有力表达。孔多塞的调查意在启蒙一个有改革动机的政府,使该政府能通过详细而确切的统计资料看到它引入公共行政的法则的效果。[27]

3. 行政官、科学家和实业家相信如果切实按照百科全书派的方法追寻启蒙，国民经济就可得到快速而深刻的改变。由此看来，这一时期发生的几件事情对公众头脑的影响都非常重大；我相信在化学中作出的发现尤其带有决定性。

我们应该注意到没有哪个领域的知识能比化学更令人震惊。炼矿、冶金、铸造合金的过程在古代笼罩着一圈神秘的光环；没有别的什么领域会如此轻易地将自己付诸行业秘密和特殊诀窍；发明者向资本家宣布新的冶金方法时仍能轻易获得他们的信任，因为在那些外行眼里，化学中仍然保留着某种炼金术成分。从煤矿中提取出的爆炸物质和染料远比那些非常玄虚的科学发现更能提升我们当代人的想象。

18世纪末拉瓦锡①的实验给化学带来了革命；[28]这些实验提供了一个令人肃然起敬的例子，说明一个统治寡头集团的人的百科全书式知识能获得什么成就。在拉瓦锡发表他了不起的化学册子时他还是个包税商。由于他的工作，这门科学从制药房的领域一跃成为完全资产阶级式的。但是我相信我们的先辈印象最深的事情还是制瓷引入法国。

长期以来，欧洲一直想，在制造高质量的陶瓷方面努力赶超中国；在萨克森，某位炼金术士偶然发现了制瓷黏土的特性。法国稍后也进至这一阶段，但在这里科学介入了；达尔塞作了一些泥土实验并将结果呈交给科学院（1766—1768）。于是瓷器制造成为科学方法的一个胜利而不再是偶然得之。[29]对上流人士来说，再也没有其他任何事情能为化学如此增光添彩。

达尔塞与当时别的化学家专注无数与实际用途有关的问题，[30]我们也理解孔多塞为何赞美他们为工业以及有效的管理事业带来的帮助："我们看到化学技艺被新的作业流程所丰富，它纯洁并简化了古来的方法，消除了因袭陈规而从种种无用的或有害的物质中、从种种徒劳的或不完备的操作中所引进的一切东西；同时，人们还发现了预防工人所面临的、往往是可怕的种种危险的部分办法。化学技艺从而为我们带来了更多的享受、更多的回报，却不必再以那么多令人痛苦的牺牲和那么多的

---

① 拉瓦锡（1743—1794），法国化学家，现代化学奠基人，开创定量有机分析，证明氧在物质燃烧和生物呼吸中的作用（1772—1777），据以驳斥燃素学说，曾任包税商等职，在雅各宾专政时期被斩首。

悔恨为其代价。"[31]

虽然孔多塞的朋友们给博物学赋予了极大的重要性,[32]但孔多塞本人对这一学科的看法却相当节制,原因可能在于他对布丰的反感。然而他也谈到"在培育满足我们不同需要的植物;在饲养、繁殖和保存家畜、完善它们的品种以及改进它们的产品方面的曙光"[33]。上述第一个判断很可能是指索绪尔论述小麦的几种著作以及他发表在《百科全书》上的一些文章;第二个判断则可能是指多邦东繁殖出产精羊毛绵羊的实验。

1766年多邦东宣称如果更好地照料土生牲畜将能轻易地改变它们,他在蒙巴尔(Montbard)取得了对带有美利奴血统的鲁西荣牲畜的显著成效。杜尔哥引进了西班牙绵羊;1786年,了不起的兰布莱绵羊也被引进了。上流人士、行政官和实业家对这一问题都有兴趣;这些试验的成功将成为科学胜过传统的明证。据共和三年的巴塞尔协定,西班牙承诺转让4000头母羊和1000头公羊;这一授权仅在1798年受到艾因指导下的一个协会的利用。惯于夸张前人思想的拿破仑,想把所有的法国绵羊都变成美利奴绵羊。[34]这充分表明法国曾如何热切盼望巨大的农业进步,这种农业进步是科学和政府力图付诸实践的。①

孔多塞的文字还谈到"制作和保存来自土地的产品以及由家畜提供给我们的食品"的新方法。我们知道,18世纪末对食品有大量研究——这类研究并不完全成功,但它们都激起了巨大的热情。1756年卢浮宫的印刷部门出版了院士蒂耶一篇题为"在特里阿农对小麦变质原因所作实验的摘要"的论文,并分发给外省行政官。

这一时期小麦利用发生了一次大革命。此前,因为用麦粒喂牲畜,大量面粉损失掉了;1709年大旱中,一位来自桑利斯的磨房主显然是用磨对麦粒进行了再加工。18世纪中期,巴黎四周极秘密地运用着新式加工法;1760、1761两年,当着代理总督的面,负责"御麦"(用以供应巴黎的小麦)供应的马利塞做了一些实验;然而,科学很快就介入进来,使得艺匠的所有工作黯然失色。1765年德朗西因其关于磨粉机的论文受到科学院奖励;这位工程师在科贝伊建造工厂,在那里实行据

---

① 鲁西荣,法国南部一地区。兰布莱绵羊,一种改良型法国肉毛兼用细毛种羊,原产于法国北部城镇兰布莱。

称"经济合算"的新磨面法。1778年帕尔芒捷①发表了"完美的面包师,或有关面包烤制和出售的完整论文",在文中他阐述了新的磨面方法的种种好处。[35]

我们知道18世纪土豆的历史何等辉煌;上流人士、开明行政官和科学家热情一个比一个高,以致他们最终相信若是没有他们,人民便不会拥有这一宝贵的食物。

1761年杜尔哥力图在里摩日②推广土豆;1765年卡斯特主教将其上升为一项法令;埃格蒙夫人恳请瑞典国王让代雷卡勒遍植土豆;[36]帕蒙梯尔的著名论文写于1778年。此外更无须说在格奈雷进行的种植实验、路易八世的亲自介入以及伴随这一慈善运动的美食发明。[37]

在作为哲学家的蔬菜之后,[38]土豆在大革命期间成了爱国者的蔬菜。科学与理智力量的结合从未有过如此幼稚的表现。

二

通过审视科学在当时得以形成的环境,我们就能理解如此风靡的有关概率计算的出奇想法——穆勒曾把这类想法称为"数学丑闻"[39],直至19世纪中期它们都占据着统治地位。仔细审视该问题十分重要,因为只有如此我们才能洞察那一时期的思想。

许多现象的大致规则性总是给观察者以深刻印象,使得他们设想存在一种有关机遇的数学。伽利略的一位朋友发现,投掷三粒骰子,如果将点数相加,要出现数字11需要投掷27次,而要出现数字12则需投掷25次。布丰发现将一枚骰子抛向空中4040次,正面出现2048次,约为所抛次数的一半。[40]为什么出现这个数字而不是那个数字显然没什么道理可讲,因而非常奇怪的就是结果之间呈现的关系常常十分接近通过组合分析显示的关系。假如类似的规则性在能作为重要应用之基础的实践中看不到的话,这个事实问题就不过是个令人好奇的悖论。

人寿保险公司保险金的计算建立在人类死亡率超常规则性的基础之上。炮手发现从火器中发射出的众多子弹的分布遵循某个恒定的法则

---

① 帕蒙梯尔(1737—1813),法国园艺家。
② 里摩日,法国中西部城市。

（高斯定律），这一法则也适用于天文观测中的误差。奎特莱甚至证明征兵人数的顶点与中值之间的分布服从同样的定律。按照儒内上校的观点，士兵中各种体质倾向的重复频率可以归类成一张图表。[41]但是务必记住这些服从某一秩序的机遇是完全独特的。没有多少观察习惯的人容易相信机遇只有一种类型，相信对概率的计算适用于许多小的变数影响其间的每一种情况。数学家与上流人士同样无数次受到这一幻觉的愚弄。

上流人士对概率计算有用性的理解完全不同于保险公司精算师的理解。后者将他们的计算建立在众多个人之上，其间所有机遇已经消失；有着大量主顾的公司以一种似乎了解每位主顾命运的确切方式运作；因此，在精算师笔下，概率的计算导致一种确切性。另一方面，对上流人士来说，概率概念只有从赌博观点来看才有意义：他们想让计算告诉与人寿保险公司打交道的个人，对应他投入类似基于生存机遇的公开抽彩的金钱，他有权要求什么。

个体私人间要设立人身年金合约，其比例的确定并没有根据；用的几乎总是大型公司保险金的算法，但这显然是出于方便的考虑而不是对概率的计算；因为在这样一种合约中，人们不能考虑死亡率表格中列出的有利和不利机遇之间的相互抵消。

类似地，在两个赌红与黑的赌徒之间同样没有公平规则。某种所谓的公平规则，是慈善到一点也不想赢的轮盘赌设赌者采纳的那种规则；他会把他赌注的两倍赔给每个幸运的玩家，因为假如玩的次数很多，组合分析认为他的输赢会大体持平。[42]上流人士将这一方案看作适于一切游戏——甚至当只玩几圈时——的某种天然公平的表达。数学家从赌徒那里获得这种公平规则，他们也并没有从总体状况检验它是否可靠。

依据机遇现象是相对庄家还是相对个体加以考虑在此题目上可以采纳的两种观点之间的巨大差别，在18世纪的疫苗接种讨论中非常突出地表现出来。丹尼尔·伯努利打算证明疫苗接种应受到鼓励，因为它的普及尽管会带来一些危险，但还是会延长平均预期寿命。达朗贝尔质疑这种主张的有效性，他给出如下一例：有多少病人会接受在5人中会致死1人，而能延长平均寿命30年这样的手术？达朗贝尔把自己放在个体位置上，而伯努利的推理就像把臣民当做牧群的一位国王所作的推理；为了做到计算的完满，甚至完全可以按照疫苗接种的假设来计算牧群价值。[43]

18世纪的几何学家寻求使计算更适于由个体情况带来的问题的方法。拉普拉斯①想要证明按照所谓的公平规则制定的游戏是于人不利的；完全可以不把赌注放在一次冒险上；与此同时参加保险是有好处的，虽然保险公司会从中获益。为此目的他用到丹尼尔·伯努利提供的一个理论，这个理论不易辩护但非常成功，因为它立足于可说是适用一切不生产只消费的人的一个估计之上；对生产者来说，事事都从决算表上增值的角度加以考虑，并意在得出一个成本价格；反之，消费者关心的只是估算他能拿到一些钱的容易程度。总量的变动必须根据相对值而不是绝对值进行估算。这就是丹尼尔·伯努利原理。[44]

如今经济的变动已使我们疏离了这些对我们的前人来说非常卓越的思想。贝特朗对布丰接受"道德希望"学说感到奇怪，但这一立场对这位大地主来说是顺理成章的，只是今天不再有人承认它。[45]这首先是因为概率概念对那些随机而动的个体来说没有数学意义，它与对相对值计算的结合构成的只是一堆废话，或者是双倍恭顺按上流人士熟悉的思维模式构造的科学！

孔多塞引入科学的一个想法甚至更是古怪：将概率计算用于判断。他对他的工作如此自豪，以致建议国民公会将他的理论引入中等教育。在《史表》中他对他的研究将带来的好处大加颂扬：

> 这些应用教导我们澄清有望达到的确定性的不同程度：我们能根据这种或然性来采纳一种意见作为我们思考的基础而不损害理性的规定，[46]作为我们行为的准则而不缺乏审慎或违背正义。它们显示出各种不同的选举形式、由多数人的声音作出决定的种种模式的利与弊都是什么。[47]

具体而言，他研究了法庭应如何组织才能使它们的判决就像人们能够理性地期盼的那样公平：它们应由65个成员组成，由至少9票多数通过决议，这样发生差错的可能性就不会大于某人在一个好天气里横渡

---

① 拉普拉斯（1749—1827），法国天文学家、数学家、物理学家，研究概率论、天体力学、势函数理论、毛细现象理论等，提出太阳系起源的星云假说（1796）。

多佛尔与加莱之间的海峡可能遭遇的危险；这种可能性是 1/144768。[48]

斯塔尔夫人①——她给我们提供了大革命之后沙龙的观点——毫不怀疑这门新科学的价值；她赞扬孔多塞令人钦佩的发现，并预言遵循他的榜样政府会对概率计算有许多突出应用："我们在某一天没有理由达不到这样一种程度，即根据统计知识及在每个国家都能搜集到的实证事实，建立起一个包含所有政治问题之解决方案的图表。可以这么说，为了治理某一特定人口，有必要要求牺牲一定的个人自由：这样一定的法律和一定的政府机构就适于某一特定的帝国。对有着特定财富和特定幅员的一个国家来说，行政当局有必要拥有一定程度的权力。如此，一定量的权威在一个国家是必要的，在另一国家却会是暴虐的。权力之间的一定制衡对于这些权力的自我保护来说是必要的。这样，某种宪法是不足的，而另一种宪法却无可避免是霸道的。"[49] 而且所有这些都将建立在概率计算的基础之上，它"被应用于无数的偶然"之时"提供了道德上绝对可靠的结果"。[50]

如今所有这些可爱的观念在几何学家看来荒唐透顶。贝特朗甚至奇怪孔多塞的书何以被人接受："他的原理一条也不可接受，他的结论一项也不贴近真理……拉普拉斯拒斥孔多塞的成果；泊松②不接受拉普拉斯的成果；谁也不会听任计算某种根本不能计算的东西。"然而，有些优秀的头脑发现很难使自己摆脱这一信心十足的传统。"在讨论有关陪审团的法律时，阿拉贡（Arago）求助于拉普拉斯的权威。他说司法错误可以被削减 5/7。一位代表斗胆提出疑问，阿拉贡予以严厉还击。他以科学的名义讲话，不是为了让无知者来反驳他！"[51] 审慎的库尔诺自己提出了一项计算法官的专业价值的方法。[52]

孔多塞的观察报告在另一个时代一定会显得并不怎么虚妄，因为它们会被当做一种试图完善旧法律体系的努力。旧法律体系似乎部分基于数学公理：受命宣布不得上诉的极刑的陪审团必须由 7 个法官组成，而且须有 2 票多数才能作出判决。[53] 合法证据的规则同样包含某种令人想到概率的东西，其方式正如伏尔泰——他知道文人与上流人士就刑法所了

---

① 斯塔尔夫人（1766—1817），法国女作家，文艺理论家，广交文坛名流的沙龙主人，原名 Germaine Necker，著有《论文学》、《论德国》及长篇小说《黛尔菲娜》、《高丽娜》等。

② 泊松（1781—1840），法国数学家，以定积分、电磁理论和概率论等方面的研究工作著称，在概率论中提出泊松分布（1837），著有《力学专论》、《热的数学理论》等。

解的一切——写到的图卢兹高等法院曾有增加四分之几与八分之几的证据以达致确切这样一种荒唐做法。[54]在卡拉斯事件中,经验表明旧司法体制的程序不能提供人们想要的保障;于是就听到对英国陪审团——由12个公民组成,判决必经一致同意方可通过——的大量谈论。因而,人们就自然而然地想要了解通过确定充足数量的法官(或陪审团成员)并要求判决的通过需要一个相当大多数的同意,是否就能大大改善司法审判。鉴于那时对科学的观念,很自然地人们向数学家询问的如果不是答案的话也会是建议。

虽然当时的科学家论及概率时总像它是一个估算个体面临的机遇的问题,但是依照从个体转到群体、转到如此带来的补正这样一种观点稍稍改造一下他们的理论,在其中时时发现相当合理的意义也并非不可能。

18世纪的文明人总是把自己放在以理性名义治理的博学寡头集团这样一种位置。据说主人富于首创精神、启蒙和思想,而他们权力的代理者却不过是被动地存在,盲目行动,按常规办事。[55]这些低等下人所犯的错误相当于在纯机械活动中经常看到的那些错误,类似于偶然性的现象,能与商业公司每位主管必须预先考虑的"风险"相比较。通过如此将正义问题放到一个商业平面上,就容易像推论任何实在的困难那样推论行政官员的错误。

人们未作进一步调查就承认概率计算应当能应用于这些道德灾难,因为据说一切灾难都能由保险加以弥补。看出保险领域比概率计算领域更加宽泛这一点不会过于困难。战争期间签订的海事保险当然不是组合分析的主题!但是在18世纪,科学具有如此的声望以致人们根本想不到把它当做仅能有限应用的理智产品,就像他们今天认为的那样。

孔多塞把司法错误比做海难,其含义如下:为了国家的繁荣昌盛,与英国的频繁交易很重要;公共舆论一致认为这种商业好处值得做出不可控的环境导致的几次事故的牺牲。类似地,由司法审判带来的秩序的好处值得容忍几个无辜者的死亡。如果你把人民比做牧群,并把他们所有的事故放在同样的平面上,那么就可以自然而然地把一个无辜者的死亡比做一个商人在横渡海峡时的丧生。

对这种想象审判的方式我们已经陌生了,因为我们对国家的看法不再是我们前人的那种看法。在我们当代人眼中,法律之剑(jus gladii)

不再是几乎专门指向那些半人半兽的威胁——旧式地方行政官为保卫社会曾试图以可怕的惩罚对付他们。自从恐怖统治将如此多的可敬之人送上断头台后，思想便发生了深刻的变化；司法审判成为如此高贵之事，以致此后不可能把它与商业公司相提并论：它超出赚与赔的账目之上。

我们的理性时常反抗由一心关注物质效用的行政体系作出的决定；相反，18世纪的人们则受旧式特权阶层提供给他们的景象引导，而要承认个体的理性必须给这类决定让路，只要它们建立在科学之上。

如果理解概率计算令人反感的诡辩是如何出现的尚属容易，那么要理解它们何以长期支配人心就比较艰难。首先我们必须考虑我们的前人就科学家对科学的责任所形成的观念。科学常常通过一些价值可疑甚至完全错误的推理展现出它的面貌，但人们并不沮丧；他们寻求以这种或那种方式削减非常明显的错误；不止一次某一重要领域由于坚韧不拔而得以被最终掌握。经验似乎就这样支持胆量；任何退却都会是背叛。

你也可以说任何退却都会违背科学家的利益，因为在上流人士眼中它会严重损害他们的声望；直至19世纪中期，科学家们一直在孜孜寻求这些上流看客的赞誉。阿拉贡就是要用科学名誉取得显要世俗地位的最后那批伟大科学家之一；这样，你也不必奇怪他同样是孔多塞传给19世纪几何学家的理论的最后那批辩护者之一。[56]当我们回想起如下这则有关著名的星云假设的往事时，这种局面就越发清楚：当拉普拉斯相信他能给出一项关于宇宙形成的理论时，天文学家发现很难彻底驳斥它，因为文人们相信该学说在科学中占据着一个重要位置。[57]

只要18世纪百科全书派的观念继续存在，人们就仍然相信这些观念中一定包含着某种科学，它就足以平息那些想要知道他们的计划会产生什么结果的政治家们的焦虑。正如我们已经看到的，斯塔尔夫人对概率计算抱有的信心与某些当代人对社会学抱有的信心非常类似：在这两种情况下，问题都是通过若干推理作出预言，而这种推理至少能够给出是科学的而不依赖老练之人的本能这样的幻觉。我们这个时期与孔多塞时期有一个重大差别：即社会学并不是由真正的学者耕耘的。真正的学者在研究制度的历史。但他们也曾一度相信应该朝着上流人士指点给他们的方向努力。我们可以说社会学家成功打动的只是那些生活方式类似18世纪的人。

由于数学家从以前的社会寡头集团强加给他们的镣铐中解放出来，

他们就能够讨论那些用更严肃的方式运用科学的问题，而拒斥所有那些不具有真正科学价值的问题。科学的这种解放是 19 世纪整个意识形态历史最为重要——或许最为卓越——的方面之一，它发生在大工业造就出惊人的进展之时。科学和生产同时超出贵族的怪异念头之外，长期以来这种怪异念头在科学中首先被用来满足他们的好奇心，在生产中被用来满足他们的铺张浪费。

在对 18 世纪可以提出的所有控诉中，由概率计算带来的"丑闻"并不是无足轻重的一个。

注　释

1　库尔诺：《对观念与事件在现代的推进的思考》，下注简称《对推进的思考》(*Considérations sur la marche des idées et des événements dans les temps modernes*)，第 2 卷，第 54—55 页。然而，克莱罗却不能忍受达朗贝尔"试图以文学名家"［狄德罗：《全集》(*Oeuvres completes*)，第 6 卷，第 474 页］。

2　布吕纳介：《法国文学史手册》，第五辑，第 239、242 页。

3　同上书，第 236 页。

4　同上书，第 232、235 页。

5　莫里哀：《没病找病》，第二场，第六幕。

6　杜尔哥：《全集》，第 2 卷，第 601 页。

7　库尔诺：《对推进的思考》，第 55 页。

8　这显然指的是丰特内勒时代的笛卡尔主义者。

9　狄德罗把克莱罗和达朗贝尔放在这里。

10　狄德罗：《全集》，第 6 卷，第 474—475 页。

11　狄德罗：《全集》，第 2 卷，第 2 页。

12　他说伯努利、欧拉、莫普修斯、克莱罗、拉封丹、达朗贝尔和拉格朗日这些 18 世纪的伟大几何学家们的著作"就像埃及的金字塔，将在未来的世纪永存，其覆以鬼符式的文字的外表，在我们心中激起对那些造就它们的人的力量和天资的敬畏"。这也可能表示这些著作将难以被人理解。

13　狄德罗：《全集》，第 6 卷，第 405—409 页。他啧啧称赞地给我们讲到一个当着大使们的面做的淡化海水的著名实验。在卢埃尔的影响下，博物学文集的数目在巴黎达到两百种；我们知道这等于鸡毛蒜皮的积累。

14　狄德罗：《选集》，百年纪念本，第 326—329 页。在这一有趣的分析中，狄德罗表现出一个十足庸人的一切幼稚。在这里指出如下一点可能也是有用的，即今天的那些自称是世俗精神捍卫者的人物同他们著名的先辈一样也是庸人。

15 雷纳克：《狄德罗》，第 43 页。作者天真的无知在他说他的主人公预见了电报文字时表现得特别明显。

16 同上书，第 72—74 页。

17 同上书，第 42 页。

18 库尔诺：《对推进的思考》，第 56—57 页。

19 孔多塞相信由受过一般教育的人对广阔领域进行反复观察，就有可能在矿物学、植物学、动物学、气象学上取得巨大进步。（《人类精神进步史表纲要》，第九个时代）。神秘学的情况相同，它是一种人人都能耕耘的"科学"。假如"民主的"一词指的是"最大多数人都可触及"，那么没有比神秘学更配称做民主的科学了。

20 尤利：《工业的哲学》（Philosophie des manufactures），第 1 卷，第 66—67 页。

21 勒普莱：《法国的社会改革》（La Reforme sociale en France），第五版，第 2 卷，第 20 页。

22 杜尔哥：《全集》，第 1 卷，xxxii。《孔多塞与杜尔哥未发表的通信》的编者查尔斯·亨利注意到杜尔哥学习数学并不怎么成功，因为他的通信显示他只有初步的数学知识。（第 xii – xiii 页）

23 狄德罗：《全集》，第 6 卷，第 475 页。

24 孔多塞：《人类精神进步史表纲要》，第九个时代。

25 按照孔多塞的说法，物质生活状况发生的每一次改善，事实上都能追溯到一次政治事件或一项纯科学发现。

26 杜尔哥：《全集》，第 1 卷，lxxii。编者说只有魁奈一派真得关心这一目的。

27 饶勒斯用如此造作的言辞评论孔多塞的文本不禁使人怀疑他是否理解了它。饶勒斯的评论是这样的："民主和人民的历史要比寡头的历史困难得多。但是当这种历史触及社会生活的根基……它就随时会将正义和喜悦逐渐渗透其中。"[《社会主义的历史，国民公会》（Histoire socialiste, La Convention），第 1792 页]

28 孔多塞似乎没有充分理解拉瓦锡主张的新思想的重要性；他看来对科学术语的引进印象尤其深刻。

29 据载于 Biographie Michaud 中的"Darcet"一文。

30 正是达尔塞后来发明了凝胶体，其食用价值引起了相当多的讨论。

31 孔多塞：《人类精神进步史表纲要》，第九个时代。饶勒斯发现孔多塞在这段文字中显示自己是"一位伟大的革命者，并因而在他的思考中将科学与民主结合在一起"（饶勒斯：《社会主义的历史，国民公会》，第 1792 页）。人们想知道"这位伟大的民主领袖"是否真得理解他读到的东西，因为这段文字绝少包含什么东西指涉后来使得带水银的工作危险性降低的研究。

32　狄德罗：《全集》，第 3 卷，第 463 页。按照他的观点，对满足我们的需要而言，机械学、博物学和化学这三门知识很重要。

33　孔多塞：《人类精神进步史表纲要》，第九个时代。

34　据 Barral 与 Sagnier 载于《农业辞典》上的《美利奴绵羊》一文。

35　伯德：《饥馑的协约》（La pacte de famine），第 59—60、67 页。这种磨面法想当然地被称做"经济合算"，是因为迈理塞特想将新方法置于魁奈学派保护之下。直至此前，去壳麦粒还被认为有害健康，原因可能出于对有花距的黑麦的模糊联想。

36　乔夫罗伊（Geoffroy）：《古斯塔夫三世与法国宫廷》Gustave III et la Cour de France），第 1 卷，第 246 页；丹纳：《旧制度》，第 387 页。作者并未给出具体日期，只说埃格蒙女伯爵死于 1773 年。

37　据 Biographie Michaud 中的"Parmentier"一文，"萨瓦省的奶油蛋糕"应归功于这位著名的药剂师；这样，科学甚至能够改善烹饪。

38　然而，对土豆的偏见在 19 世纪仍然存在，比如马克思在 1847 年曾指控它"带来淋巴结结核"[《哲学的贫困》（The Poverty of PhiLosophy），第 69 页]。Morel 在他 1857 年发表的《论蜕化》（Traite des dégénérescences）一书中详细讨论了这一问题。

39　米尔：《逻辑体系》（System of Logic），第 2 卷，第 64 页。

40　贝特朗：《概率计算》（Calcul des probabiLitiés），第 vii，ix 页。

41　儒内：《论猎枪射击》（Tir des fusils de chasse），第二版，第 377—378 页。

42　实际上庄家仍然会赢，因为赌徒会历经热情高涨与灰心丧气的阶段。

43　狄德罗说，若是在斯巴达，达朗贝尔的条件会被接受，（Oeuvres complètes，第 9 卷，第 211 页）他还看到在某些战役中，有 1/5 的战士会战死。

44　这一原理导致用某对数公式测算道德价值，费希纳最近提出将这个公式应用于感情。

45　拉普拉斯：《概率分析理论》（Théorie analytique des probabilitiés），第 441—447 页。贝特朗：《概率计算》，第 66—67 页。

46　计算某种解决方案之可能性的想法长期存在于几何学家思想中；这是一种个体打赌式的概率，因而是个荒谬的观念，它源自上流人士。拉普拉斯算出一个人可以与另一个人赌 100 万元说对土星质量估算的相对误差不会超过 1/50；后来，误差证明要更大。（贝特朗：《概率计算》，第 305 页）

47　孔多塞：《人类精神进步史表纲要》，第九个时代。我不涉及第十个时代的预言。

48　贝特朗：《概率计算》，第 xlvi 页。

49　斯塔尔："按社会制度思考文学"（De la literature considérée dans ses rapports *avec les institutions socials*），载《全集》（*Oeuvres complètes*）（1820 年版），第 4 卷，第 522—523 页。

50　同上书，第 520 页。

51　贝特朗：《概率计算》，第 319—320 页。

52　同上书，第 325 页。

53　我们的战争陪审团仍在使用这些规则。

54　1763 年 3 月 22 日的一封信，见考克奎里尔（Athanese Cocquerel）：《让·卡拉和他的家庭》（*Jean Calas et sa famille*），第二版，第 169 页。而且，这位作者看来对旧制度下的刑法相当不了解。

55　我们（在第四章第一部分中）将进一步看到孔多塞对佩隆内及其工程师们的鄙视。在一封信中他把包税商——这些人反对他的测量桶的方法——称为"暴徒"。这群所谓暴徒似乎还包括拉瓦锡。《孔多塞与杜尔哥未发表的通信》，第 273—274 页。

56　人们或许也可指出贝特洛的作品中由于他稍微过时的思考方式而带来的几项弱点。

57　拉普拉斯想要表明，在解释为什么太阳系中所有天体的轨道都接近黄道，以及为什么所有这些天体的运动都朝着同一方向时，我们可以不去理会某个创造性理智的干预。今天，我们知道这两个来自经验的法则有例外。星云假设在《宇宙体系讲解》（*Exposition du système du monde*）这样一本文学性著作的最后一则脚注可以找到；它对天体力学没有用处。

第四章　第三等级的莽撞

Ⅰ　卢梭在实际问题面前的审慎。杜尔哥不断增长的莽撞。美国革命给予理论家们的信心。

Ⅱ　回归天性。启蒙的重要性。教育的转变性影响。

Ⅲ　关于野蛮人的文献。夏尔沃斯神父的描述。对旧有秩序的不在乎。

Ⅳ　经济的进步。新的行政上的先入之见。伴随物质进步的革命动力的增长。

一

现代历史学家极为震惊地发现我们的先辈在处理最根本的社会改革问题时是如何的轻率。以前，推翻整套社会秩序的转变与如下这类转变并没有明显差别，这类转变缓慢进行并依据经验表明的每一行为的利弊而容许轻松的矫正。在这一章，我们将会看到从什么时候开始，出现了为人普遍接受的所谓进化论的观点。

托克维尔说，当他把1789年各类陈情书所包含的所有要求汇集在一起时，他"有些惊恐地发现，人们所要求的乃是同时而系统地废除法国所有现行的法律和惯例"。而这些要求给人以理所当然的印象；没有人预见得到一场革命的危险。"那些明天将成为牺牲品的人对他们的命运全然不知；他们以为，借助理性，光靠理性的作用，就可以势如破竹地对一个如此复杂而陈旧的社会进行一场全面而突然的改革。这些可怜虫！"[1]

当我们注意到即使被看做是政治总体解决的极力鼓吹者的卢梭，每当谈及改革时也总是非常谨慎时，这种莽撞就显得尤其突出。利希滕贝格说：[2]"如果我们简要审视一下卢梭给立法者的建议，以及他对当时种种法令表达的看法，我们应当能注意到他在实际作为中极端节制，他注意使他的箴言符合现实的需要，而所有这些都说明他很少运用他早期的激进理论。"利希滕贝格认为如果让—雅克关心法国，他主要谈论的会是道德改革。[3]

卢梭为科西嘉岛制订的计划，非常适合一个经济仍然极端原始，并且只要不被并入法国就会一直置身宏伟的欧洲运动之外的地区。卢梭对历史悠久的山民习俗要比他的同时代人远为熟悉，因为他在瑞士观察过这类习俗。他似乎并不觉得他把这些习俗输入经济滞后地区的想法有什么奇怪。他会乐于给所有科西嘉家庭以足够财产的保障，给农业劳动以荣誉，并提供绝非无用的货币经济。[4]然而最终，他想知道他是否已经创造了一个乌托邦。[5]

卢梭在对波兰的规划中甚至表现得尽可能地更加节制，利希滕贝格认为我们在这里就有了当时才智之士的纯粹思考与实际行动之间存在巨大差别的证据。[6]这里我们再次被卢梭对其瑞士回忆的信赖触动了。这部著作的第六章包含一些令人吃惊的东西，因为他在这里指出如果波兰即刻解放农奴将会面临的巨大危险。在第八章中他提出了一个"为农奴敞开一道门来获得自由，为资产阶级敞开一道门来获得尊贵"[7]的计划。我们确实远离了他的所谓门徒在突然废除殖民地的奴隶制过程中即将取得的业绩！

在大革命前的半个世纪中，存在着一种朝向莽撞的非常迅猛的运动。杜尔哥的著作清楚地表明了这一点。杜尔哥在一个人们一般相信一切皆有可能的时期离开索邦神学院时，他对在一个开化社会中立法的艰难颇为沮丧。他写道："非常平庸的"巴拉圭耶稣会会士"和彭威廉①——此人的美德就是他的最高权力——如同莱库格斯那样几乎没有经受任何困难"。但是"才智超群的梭伦却没有莱库格斯那样成功，他的成就也并不持久，因为他的民族更为先进、更加自命不凡……在欧

---

① 彭威廉（1644—1718），英国基督教新教贵格会（即公谊会）领袖，北美宾夕法尼亚殖民地创建人（1681），曾与印第安人缔约，承认殖民地自由宪章（1701）。

洲当时的条件下，立法者的任务如此之重，所要求他的技能程度如此之高，以至于会吓坏能搞清这些任务和技能的人，并使得好心人发抖。这些责任要求那个勇敢的人——他的爱好将他引向公务，他的经验使他献身公务——的是最大量的努力、最分散同时却最持久的注意，以及最恒定的勤勉"。不过，杜尔哥希望对经济原理的研究将会简化政府科学，把它置于普通人的能力限度之内。[8]

杜尔哥在世俗事务中取得经验并成为一位大臣之后，他认为不难通过公民教育在法国人头脑中掀起一场剧变，并且只需几年工夫。"（国王）处处看到的将不再是腐败、怯懦、阴谋和贪婪，而会是美德、公正、荣誉和热忱。成为一个正直的人将是一件寻常之事。"[9]

这一迈向贸然大胆的运动与迈向资产阶级寡头集团统治的运动不可区分，该集团感觉出它专政的时刻就要到了。日常经验向我们表明政治家从他们接近权力中心的那一刻起会发生何等快捷的变化。他们自高等法院起步时还足够谦虚，而一旦被报纸指名为内阁大臣的可能人选时，他们就不再怀疑他们的无所不能。在获得贵族的荣耀之时，第三等级还沾染上了这一阶级的轻浮与自满。

在就自治市向国王的陈述中，杜尔哥告诉我们，资产阶级寡头集团梦寐以求的的确是一种专制。"只要国王陛下不偏离正义的道路（即不偏离杜尔哥将要给他的建议），他就可以把自己看成一个绝对的立法者，可以指望他的优秀国民执行他的各项命令。"[10]专制暂时将以国王的名义行使。

亨利牧师1883年公布的孔多塞与杜尔哥未发表的通信，向我们展示了哲学世界自负的有趣例子：在他的朋友主政期间，孔多塞跻身为公共工程的主要指导者，并将著名的佩隆内斥为无知、无用，我相信还有无赖。[11]他对因工程师团结精神而来的对其规划的反对非常愤慨。他对博尔达有的只是鄙视——此人对物理学感兴趣并写过一些从不会受到讨论的专论。[12]他强烈反对拉瓦锡——此人不赞成他的桶容量测量法。[13]在这位哲学家手下活着一定不容易。我不禁常常要想，假如没有如此多的博学多识且沉迷于思想体系之人，恐怖统治说不定对法国无所贡献呢。假如没有在他统治之前的大清洗，拿破仑会发现恢复行政体系的任务要更加困难。

我们已看到18世纪百科全书派的科学是些什么东西：主要来自用

于普及，并想以之启蒙那些使专家投入工作的主人的书本上的一堆知识。从各种意义上来讲，这些东西都能被称做某种资产阶级科学。若干事实维护该体制倡导者的地位，似乎表明在如下这一等级制度中事事皆可顺遂：上流人士居上，他们通晓如何以一种投入态度在不论是什么主题上发言；受过严格训练的人处下，他们应把主人的高远概念付诸实际。

通过原理自上而下探讨问题，这是主人的目标：这些原理暧昧模糊，可被习惯阐发问题的文人用做无数论文的题旨。问题越是远离日常经验，这些原理就越有吸引力。这样，有关公共法则理论的倾向就是完全不顾事实。丹纳说："德斯蒂·德·特拉西评论孟德斯鸠时发现这位大历史学家对历史太过拘泥，而他将着手通过构造应然的社会而不是观察实然的社会来改造孟德斯鸠的著作。"[14]

历史研究这样就被彻底忽略了。早在17世纪末，佑特就在抱怨学者已经荡然无存。[15]此后这种情形更是每况愈下。勒南将此衰落错怪在伏尔泰头上："伏尔泰对历史研究的危害有甚于野蛮人的全面入侵。他以轻浮的诙谐和骗人的伎俩，使得本笃会修士们对历史写作心灰意冷。而且如果说唐·布凯的文集长达50年在杂货店里论斤出售，如果说《法国文学史》（*l' Histoire littéraire dela France*）因缺乏读者而停止出版，这确实都是他的过错。"[16]但是不！这是整个法国资产阶级的过错，既不有趣也不能提供为人之师机会的任何事情一概不能引起这一阶级的兴趣。这一阶级感兴趣的是聆听基本原理，因为它相信这些基本原理对推翻现行的那套法律是必要的。

在旧制度末期，一个伟大的历史事件似乎证明了理论家立场的正当性："美国人仿佛只是贯彻执行了法国作家的设想；他们赋予我们头脑中的梦想以现实的内容。"[17]

孔多塞这样谈到美国独立："我们第一次看到一个伟大民族摆脱了全部枷锁，和平地采纳了它认为最宜于造就自己的幸福的宪法和法律。"13州的宪法"全都庄严地承认以人的天赋权利为基础，并且以保护这些权利为首要目标"。于是终于有了一套明确建立在基本原理上的法律体系。但是美国人的工作并非尽善尽美，因为他们的立法者并未充分浸淫法国沙龙的高深哲学。孔多塞补充说："我们将表明（这些宪法）归功于政治科学进步的都是些什么，同时，由于教育的偏见而仍存在于它们之中的旧有错误又是些什么。我们将表明，譬如，权力制衡的体系何以损害了这些宪法的简朴，[18]它们的主导原则何以更是利益的一致而非权利的平等……我们将坚持这一宗旨，因为这一（最后的）错误乃是仍然会有危险性的唯一错误，因为它是真正受启蒙的人们还不曾从中觉醒过来的唯一错误。"[19]

因为美国人还保留着选举的财产资格限制——其基础是假设人们之间如此休戚相关以至于上等阶级的利益可以被视做整个民族的利益。根据孔多塞的观点，"英国宪法是为富豪制定的，美国宪法是为富人制定的，而法国宪法则要为众人而制定"[20]。

要正确无误地运用政治理论，法国的准备似乎比任何别的国家都要充分得多，因为它拥有真正开明的哲学家。此外，现行立法体系"大大低于一般公众的心智水准，以致任何民族自豪或民族习性都不能将（这个国家）束缚在它的古老制度中"。人们设想的真正启蒙掌握在那些文人手中，他们在沙龙中侃侃而谈，因为他们别出心裁或语惊四座的思想而被女士们看作名流……[21]要获得这种名望，并不需要拥有法律、历史或社会知识。西哀士，一位才智极有限的人，因为善于依据最抽象的原理编造不能实现的宪法而赢得了巨大声誉。

孔多塞本人也曾涉及这种技艺，其结果是我们将一项宪法草案归功于他，他是在1793年4月15、16日将这一草案提交国民公会的。按照丹纳的观点，[22]它是"理论的极致、理论的杰作……在纸上再也不能设计出更加精巧复杂的机制"。几个月后，在遭雅各宾派追捕时，孔多塞仍然情不自禁地夸耀有关宪法的傻话："我们将要证明，法国的宪法和法律据以设计的那些原则，何以要比指导美国人的那些原则更纯洁、更精确、更深刻……人们是怎样以对权力的限制取代了那种徒劳的，但长期为人称道的权力制衡；……我们是怎样首次敢于维护大众的主权权利，亦即仅仅服从法律——其制订方式只有被委托给人民的代表时，才能由于他们的直接赞同而成为合法——的权利。而且，如果法律损害了他们的权利或利益的话，人们就总是可以通过自己主权意志的定期行使而对其加以修改。"[23]

不过，在读完这一大堆废话后，[24]我们还是惊奇于我们所有的革命都以专制独裁而告终！我们的理论家们对确保自由和法律的条件一无所知。他们只有愿意承认真理并不具备哲学世界赋予它的那种漂亮的简洁,才会对此有所认识。编造这类宪法不是一件难事,且我们的先辈以为,既然社会改革不过是对极简单而确切的原理的轻松运用,对巨大变革心怀恐惧就是错误的。

二

我们现在就来审视驱使18世纪的人们认为制度的剧变易于实施的若干因素。因此,我们必须简略谈谈他们关于人之天性的显著看法——这是些主要来自宗教的看法。

"人的权利依据的不是他们的历史,而是他们的天性……上帝授以权威的那些人怀有的纯洁而文明的良心是无与伦比的力量。"这是杜尔哥对国王所说的话——这话明显受到卢梭的启发,但它出自一位大臣口中,今天倒使我们吃了一惊。[25]

1. 卢梭关于天性的一些观念基本上是恪守《圣经》和加尔文主义的。这一事实可以解释为什么他的同时代人有时发现这些观念很难理解。要透彻理解他论述艺术与科学的略微矛盾的话语,我们最好去参照勒南就《旧约圣经》开首几卷的作者对创世记的叙述所写的话:"《旧约圣经》开首几卷的作者认为文明是可恨的东西,文明在这里被视为父权制国家的腐败。在我们会称之为进步的道路上向前迈进的每一步,对他来说都是必定立即要遭到惩罚的犯罪。对文明的惩罚是辛劳与纷争。巴别①对尘世的、世俗的、纪念碑似的、富有艺术性的文化的企求是极度的犯罪。宁录②是个叛乱分子。不管谁就什么在耶和华面前逞强,他都是耶和华的敌人。"[26]"《旧约圣经》开首几卷的作者是位忧郁的思想者,既是宗教的又是悲观的,就像德国的某些新派哲学家,比如哈特曼③……对一位原始、独断的人——他不知道死亡、辛劳,也不知道苦难——的这种构想,以其大胆无畏令我们震惊。"[27]

卢梭竭力混同他关于天性的种种观念,有可能与其说是为了让他的

---

① 巴别,基督教《圣经》中的城市名,诺亚的后代拟在此建通天塔,上帝怒其狂妄,使建塔人突然操有不同的语言,它因此终未建成。
② 宁录,《圣经》故事人物,以作为英勇的猎手而闻名。
③ 哈特曼(1842—1906),德国唯心主义哲学家,主张宇宙的本体是"无意识",在伦理学上坚持悲观主义的观点,认为追求幸福只是幻觉,主要著作有《无意识的哲学》。

诡辩更加动听，不如说是为了制造堂皇的词句。他时而想到旅人的原始生活故事，时而受到古典英雄传奇的影响，时而又冥思亚当在人间天堂享受的所谓超自然状态。[28]文明使人堕入我们今天了解的那种天性。在回应诋毁他的人时，卢梭似乎想到了人的堕落。他在写给波兰国王一封信的末尾这样自我表白："你想摧毁罪恶的源泉，没门；你想祛除虚荣的诱因，没门；你想把人们带回不脱率真且是所有美德之源的原初平等，更是没门；他们的心灵，一旦玷污了，就会永远如此。不来一次巨大的革命（几乎就像它招来的罪恶那样令人恐惧），一次不该期望却难以预料的革命，这种情况不会有任何补救。"

在所有这些悲观的文字中，卢梭明显多有矫饰。他采取谴责艺术和科学的做法，很可能是因为他由此可将他在万森林地创作的人格化的法布里修斯包括进来。加尔文主义的罪恶观念与卢梭的深刻思考根本不一致。我们从卢梭本人那里得知，海默特神父——他是卢梭以及华伦夫人的耶稣会告解神父——曾经平息了阅读詹森派著作带给他的恐惧。华伦夫人——她同样不相信原罪——也使他打消疑虑。[29]因此卢梭终于自然而然地抛弃了他的悲观文字。

18世纪的许多文人受到耶稣会士的教育，只以列举詹森主义（或加尔文主义）关于罪恶的学说为能事。上流人士很少真正理解它。为了影响他的同时代人以使他们接受基督教中他认为有价值的东西，卢梭势必采取一种没有他起初言论那么沮丧的态度。他相信仅仅通过人类的行为，世界就有可能得救。《爱弥儿》成了恢复天性状态的福音。[30]

回归天性状态的想法对卢梭的同时代人来说并不新奇。1744年沙勒瓦神父就注意到很难使皈依的印第安人懂得他们一定不能随心所欲；懂得天性状态已受到败坏，不再容许这样的自由；懂得"约束我们的法规看似剥夺了我们的原初自由、其实却使我们更加接近它"[31]。1751年杜尔哥在给格拉芬格尼夫人的信中写道："我们千方百计地抑制本能，野蛮人却浑然不觉地遵从本能；他缺乏从中摆脱的足够才智。然而，野蛮人有必要受到教育，这一事实人们在掌握教育印第安人的技艺之前就认识了，不过教育法则的基础假设却是错误的。只有经过很长一段时间，通过请教天性我们才得以帮助野蛮人，同时避免违背天性的缺点。"[32]

按照我们先辈的观点，现代艺术的历史建立在晚近对天性的一次回归上。这种回归是布瓦洛的重大论题。[33]杜尔哥在他1750年的言论中强烈维护这一理论：哥特式建筑的种种变幻并不真是早期艺术家的劳动成果。[34]起初，"知识的获取可以说和品味的塑造携手并进。在本能与想象的指导下……"人们掌握了"人与天性之物间的这些关系，而美的基础仅仅在于这些关系"。后来，中世纪在一般技能上取得巨大进步，但是"天性与情感却看不到了。前人受盲目本能的引导，我们则有必要通过修炼到这一地步而返璞归真；而谁会不知道此中包含极大的理性努力呢"[35]？

2. 教会把各民族的错误和麻烦归咎于它们不信奉正统宗教。当异端邪说扎下根来，道德、才智和政治的衰败就是肯定的。而当国王们依靠他们的告解神父将臣民带回美德之路，繁荣就会像由魔术带回了一般。这种非凡的历史哲学并未消歇；我们仍然可以读到许多论述宗教周期的论文。哲学家们为了将世界的错误和麻烦归咎于君主与教士的诡诈政治学对启蒙的阻碍，只需对上述学说的一些语词略加修改就行。

当杜尔哥离开索邦神学院之时，他用心理原因解释这些错误："懒惰、固执、墨守成规，所有这些都易于使人无所作为。"[36]但他却不去寻找这些人格缺陷的根源。哲学家们相信他们在谴责教会是万恶之源时，已经触及问题的核心。丹纳正确地讲到18世纪的哲学可以归结为一句口号——"粉碎邪恶"（"Ecrasons l'infâme"）。[37]孔多塞在1774年给杜尔哥的一封信中写道："庞然大物已摧毁了一半，但我们务必将它清除……它仍然危害匪浅。我们蒙受的大量不幸都是这一怪物造成的，只有清除掉它，才能清除掉这些不幸。"[38]当时的作家谈及思想上对权威的斗争时，他们想到的几乎总是对教会的斗争。

18世纪有时表现出的对笛卡尔的异常敬仰没有别的原因。他们当时对笛卡尔的认识相当不准确，笛卡尔被描绘为洋溢着百科全书派的激情。孔多塞在他第八个时代的结尾颂扬了解放人类精神的三位伟人：培根、伽利略和笛卡尔。[39]在谈到笛卡尔时，他说："他激发了人类的精神，那是他的对手们的智慧所未能唤醒的。他呼唤人们挣脱权威的枷锁，除了自己的理性所认可的以外，绝不再承认任何东西。人们服从他，是因为他以他的勇敢征服了人们，他以他的热忱引导了人们。"这一描述有点花哨，人们会怀疑作者谈的是狄德罗而不是笛卡尔！

依照孔多塞的观点，精细艺术甚至也受到专制之害；他确信，如果种种偏见——这些偏见限制了艺术的范围，并将艺术继续束缚在已被科学和哲学砸烂的那种权威的枷锁之下——能被摧毁，艺术在哲学和科学的影响下将会取得巨大进步。[40]

在他第十个时代的预言中，孔多塞高呼："当倾向于压制人类才能之力量的那些准则，将被促进人类的行动与精力的准则所取代的时候，我们无疑再也不用恐惧在大地上竟有某些地方是光明所不能触及的，或者飞扬跋扈的专制主义竟能对真理设置长期不可逾越的屏障。因而，这一时刻将会到来，那时候太阳将只照耀着自由的人们，他们除了自己的理性而外不承认有任何其他的主人；那时候暴君和奴隶、教士及其愚蠢而虚伪的仆从，将只存在于史书中或者舞台上。"

现在我们明白了我们的先辈为什么相信制度要为一切罪恶负责，以及他们为什么会认定这些制度的改变轻而易举。原因在于，既然他们认为过去的整个世界都依赖教会，而既然教会已丧失了几乎所有的活力，那么就可以期望只需一点善意和精力，短时间内就可促成一场剧烈的变革。我们既然已不再赋予教会如此的重要性，而且还看到它从废墟中重新崛起，于是我们发现18世纪的极端乐观主义很难理解。

3. 哲学家们是从教会那里借来他们关于教育可以有力改变社会的观念的。传教士们不止一次谈到与野蛮人合作迅速获得的卓越成果。按照他们的观点，这些野蛮人的某些居所类似于使徒时代的社区。一位耶稣会士把巴拉圭的大村落比做修道院，在这些村落中人们过着一种纯真无邪的生活，每周都有交际。[41]孔多塞相信仍然留在欧洲运动之外的民族很快就要进入其中：东方各大宗教处于衰颓之中，"不再威胁着要把人类理性禁闭在无望的奴役和永恒的幼稚中"。这些民族的进步会异常迅猛，因为欧洲人将长期艰苦研究得来的果实送给了他们。[42]

杜尔哥主政后向国王提出一个公共教育的总计划，这一计划是对牧师建议的精确模仿。此前，人们所关心的是"塑造有才智、有品味的学者和人"，但是人们现在一定还要关心他人，"以在所有社会阶层造就德才兼备的人，造就正直的灵魂、纯洁的心灵和积极热情的公民"。因为民族的基本纽带就在于道德，而道德靠的是"就人在社会中的一切责任"给予年轻人的教育。因此有必要对儿童进行"道德和社会教育"[43]。"教育委员会颁布的公民教育……由它撰写并要求所有教师采用的启蒙读物对塑造有学识有道德的人会更有贡献。这些读物将在儿童的心灵中种下人道、正义、慈善和热爱国家这些原则的种子，它们的品质将随着儿童的成长而不断成长。这些儿童将把爱国主义带到只有古老民族才提供了几个先例的很高的热烈程度，而这种热烈将更加审慎、更加牢靠，因为它建立在最大程度的真正幸福之上。"[44]

这种世俗且公民化的基本教义传授很快就会显出成效。杜尔哥对着国王说："我敢向你保证，十年之内你的民族就会面目一新，而且由于启蒙、高标准的道德以及对国王与国家的服务热忱，你的民族将大大优于其他一切民族。现在十岁大的儿童将成为为国家做好准备的成人，他们热爱国家，服从权威——不是出于恐惧而是出于理性，[45]善待同胞，[46]习于认识和尊重正义——这是社会的首要基础。"[47]

当代的民主政体保留了第三等级的所有这些信仰。它还设想出一套基本教育用于教授世俗、爱国与资产阶级的教义。它相信据此可以使大众更容易接受政客们的胡言乱语。它早就便捷地培育出轻信和卑贱这一类愚蠢。缺乏我们的经验的先辈们不能分辨世俗教义能教的与不能教的东西。他们不知道这种教义只对助长骗子的统治真正有效。

三

记述野蛮人的文献对18世纪的人影响巨大。美洲可以说被发现过两次：第一次是由西班牙征服者发现的——他们热衷于掠夺；第二次是由传教士发现的——他们揭示了一种新型人类的存在，这些人类在他们看来前程远大。萨阿干——他写了一本关于墨西哥古代人民的令人兴味盎然的书（1569）——希望印第安人会补救教会因异端邪说流行欧洲而蒙受的损失。[48]我认为在大多数传教士的思维基础中都可发现类似观点；他们认为原始人比欧洲人更加服从神职人员的命令，他们乐意赋予他们更了不起的德性。

传教士大都坚定地保护受压迫的印第安人，他们势必主张文明给被征服民族带来的好处不足以弥补他们由此遭受的恶行。[49]萨阿干的译者看到他自觉地仅限于给出征服墨西哥的信息，他是从土著当中直接获知这些信息的，"甚至没有略去对本国同胞的抨击之词"。[50]

在所有这类记述野蛮人的文献中，我相信我应挑出沙勒瓦神父记述新法兰西的著作，因为它在18世纪受到广泛阅读，同时也因为它自

1744年面世之后，对卢梭与杜尔哥的影响可能尤其巨大。在我看来因为利希滕贝格在他的《18世纪的社会主义》一书中没有用到这本著作，所有号召注意这本著作甚至更有助益。

论及印第安人头人的会议，神父说道："我们必须承认在这些会议中，他们表现出一种智慧、一种成熟、一种老练，我甚至还想说表现出一种正直，一般而言，这是些会在雅典和罗马共和国辉煌时期给雅典会议、罗马元老院带来光荣的品质。不过不要遽下结论……他们一切努力的主要推动力量通常是这个民族的荣耀以及对荣誉的考虑。"[51]在外交方面，"事事都做得体面、用心，我甚至敢说其能力胜任最重要的事务"[52]。

此处我们非常清楚地看到，有个重大原因扭曲了耶稣会士对野蛮人生活的评价。耶稣会士习惯于认为在他们一派中表现出良好举止极端重要，因而相信仪式的发展是伟大智慧的证据。只是到我们时代，人们才认识到古老仪式是迷信的产物，因而常常是在文化形式最低等的民族生活中扮演着重要角色。

这段文字还把我们的注意力引向该书的腔调，这是一种为野蛮人生活——其品质与考究生活的不良气大相径庭——辩护的腔调。这些描述会使人们相信贫困阶级——他们的生活没有富裕阶级那么复杂——更具美德。这种观念在18世纪末风靡一时。

我现在就来引叙一下沙勒瓦神父给出的野蛮人生活的若干特征。"我们在他们当中看到这样一个社会，对于常常令我们难以安宁的过错，这一社会几乎毫无沾染……外表上，他们过着世界上最悲惨的生活，实际上，在对刺激、诱导我们的事物有所了解——这种了解唤醒了他们心中曾被懵懂无知所阻碍的贪婪——之前，他们可能是世界上唯一幸福的民族。[53]作为生来自由独立的人，他们对专制权力的些微迹象都感到恐惧，但他们很少偏离建立在常识上的一些原则或习俗，这些原则和习俗起着法律的作用，在某种意义上是制度化的权威。他们反抗任何约束。但是唯有理性使他们保持某种服从，这种服从使他们达致为自己设定的目标，而且因为是自愿的所以非常有效。"[54]因此，良知堪称野蛮人的指导。为什么不试着把这些运用于野蛮人的相当成功的原则运用于文明社会中呢？

因为他们不是野心与自利（这些情感比其他任何东西都更能削弱由自然的作者铭刻在我们心中的仁爱）的奴隶，因而就无需以不平等的状况维护他们的社会……[55]在这个国家，所有人都被看作是平等的，一个人最值得尊重的是他的人性——不辨出身、不别贵贱，这些鉴别有悖于个体的权利；也绝对不凸显功绩，它只会激发一些人的骄傲并使别人感到自卑。他们在情感方面可能没有我们细腻，但却更多正直、更少造作，他们头脑模糊缘于他们不那么沉溺于自省。[56]

一个经历给沙勒瓦神父留下强烈印象：一些以欧洲方式抚养成人的印第安青年逃回了森林。还有，一位在法国军队中已升为中尉的易洛魁人最终回到他的部落。与野蛮人生活在一起的法国人"从来未能诱使这些逃跑的印第安人重返法国人的聚居地，虽然他们在那里会过得非常舒服"[57]。我们由此得到确凿的证据表明，印第安人的贫穷竟可以好过文明化的舒适。"他们享有的自由是对他们物品匮乏的极大弥补。在职业乞丐和某些农夫那里，我们每天都能看到贫穷中有可能幸福的明显证据。野蛮人甚至更加幸福，首先是因为他们相信自己是幸福的；其次是因为他们怡然拥有自然馈赠的一切最宝贵的东西；最后是因为他们完全不了解甚至不寻求许以虚假恩惠的知识——我们对这种知识如此尊敬以致不惜用真实恩惠的代价来换取，而实际上绝少享受到。"[58]

不难看出沙勒瓦神父搜寻材料宣讲这一题目，而他对讲道的偏爱远远超出他的观察天分（无论如何他的这种天分相当贫乏）。18世纪热烈接受了上述弥补说。利希滕贝格在布干维尔①那里找到一个近乎悖谬的例子。后者在描述火地岛土著的悲惨境况时，却说人不能"怜悯一个自由人的命运，这个人是他自己的主人，无忧无虑，满足现状——因为他不知道有什么更好的"[59]。航海家呼应传教士的感情：那时期的观察家无数次重复同样的教导。

我认为这类文献的意义通常并未得到人们透彻的理解。由这类文献提供给倡导道德革新的作者的那些原则总是给人留下极深的印象。卢梭

---

① 布干维尔（1729—1811），法国航海家，曾进行环球考察旅行，到过萨摩亚、新赫布里底、所罗门群岛等地，布干维尔岛即以他的名字命名。

无疑从这类文献中汲取了母乳喂养和温柔的想法，认为它们应被用于教育。而且，传教士对野蛮人道德的褒扬可能使人们相信对性约束能够进行有利的改造：在欧洲对性关系方面的放纵予以控制，将可能产生使印第安人中的传教士常常印象深刻的那种淡漠性情[60]。

这类文献首先必须被看做包含这样一种态度，即漠视已取得的文明。野蛮人的生活激发了许多传奇小说。毫无疑问，这类故事常常与其说是改革的计划，不如说是对社会的抨击。我们知道柏拉图式乌托邦的情况就是这样。在这种作品中，我们通常并不寻求对应该完成哪些改革的指示，直到这些著作落入原本不是作者想要告知的某一阶级或某一代人手中。18世纪的作家不止一次地轻率而狂热地沉溺于对新社会的梦想，他们的论辩不易被当代历史学家所理解。利希滕贝格把《布干维尔旅行补记》（*Supplément au voyage de Bougainville*）当做是"一种异想天开的念头，狄德罗由之被一种莽撞的哲学狂热所裹挟"[61]。这一评价大大抹杀了这样一本著作的重要性。

傅立叶①在大革命之后想要继续展开对文明的批判。他希望他的同时代人就像先前一代厌倦旧制度一样厌倦新政体。他的论辩毫无品味，成效微乎其微，除了平庸的头脑、古怪的人或者精神错乱的女人，极少有人赞同他。他永远不能理解为什么人们可以热衷百科全书派却不能认真对待他。这种差异不仅是由于天资不同，而且是由于法国在大革命过程中已发生了彻底改变：谋求自由的战争给新政体带来如此多的荣耀，以致它不可能受到任何一种文学的真正威胁。这并不是我们的先辈第一次对过去不感兴趣。在我们时代的最初几个世纪中，许许多多的人不再赋予政务或家务哪怕是最轻微的重要性。他们抛弃了他们的公共责任，提倡独善其身。勒南说："正是他们消灭了罗马帝国。他们耗竭了它的活力，剥夺了它的机构中的精英、尤其是军队。一个人并不能仅仅因为他缴税就说他是个好公民，只有当他真是天国的公民而把尘世之城看作不过是他与恶人被一道关押的监狱时，他才是仁爱且坚定的。"[62]

文艺复兴时期的人们对古典文明的仰慕在今天看来非常幼稚。但是

---

① 傅立叶（1772—1837），法国空想社会主义者，批判资本主义制度的罪恶，设想设立以工农业生产结合的"法郎吉"为基层组织的理想社会，主要著作有《四种运动和普遍命运的理论》。

为了理解它，我们必须注意到对古人的这种热情是表达他们对中世纪厌恶的一种方式。我们可以将16世纪对希腊人的倾慕与18世纪对野蛮人的热爱相提并论。在这两种情况下，刚刚过去的文明遭到谴责，几乎找不到一个辩护者。[63]

四

我们现在就来处理导致第三等级在大革命期间极端莽撞的第三类原因，它与前两类原因一样具有决定性。这第三类原因是经济上的。

18世纪初非常凄惨。但从该世纪中叶以降，农业有了一个总复苏。1772年，杜尔哥给孔多塞写信说1764年法令允许谷物贸易这一点很好，佃农能够得以恢复。进步不止归于这一因素，更要归于当时的技术改革。杜尔哥本人指的是苜蓿地的开发。[64]阿弗内尔告诉我们，1768年有人宣布奥恩省（Orne）苜蓿种植历史已有26年，1760年英国官方宣布紫苜蓿作为庄稼的一部分已有数年了。[65]包税人在每次改进后都要提高他们的征收总量。内克在1781年的人口财产调查中说"……我们估算从所有商品税而来的收入每年大约增长200万"。阿瑟·扬声称，1788年波尔多的贸易额超过利物浦，他还说近年法国海上贸易取得了甚至比英国更快的发展，法国贸易在十年内翻了一番。[66]

并非所有的社会阶层都同等受益于这些进展。赤贫看来并未消除。然而，它对我们的目的——审视对第三等级思维具有某种决定性影响的现象——来说已经够了。从这种观点出发，我们可以通过研究耕地的价值来阐明18世纪的经济运动，土地价值在当时确实有相当突出的增长。尽管人们对阿弗内尔的统计不无批评，但我们为着自己的目的还是可以很好地利用这些资料，因为我们考察的是一个非常迅速的经济推进。

18世纪的最初25年，土地的价格一直在增长。[67]接着一个迅速的市场崩溃就开始了。阿弗内尔注意到1725年左右，土地价格降到亨利二世统治时期以来的最低点。从1750年开始，"增长加速进行，并以远远超出我们时代曾有的强度扩展开来……其结果是，将一切考虑在内，我们可能在18世纪下半叶经历了前所未有的迅猛增长"。土地价格从1700年到1790年很少有仅仅增加一倍的情况，它平均增加了两倍。作者甚至引述了一个增加4.5倍的例子。各项收入并未同样快速地增长，且利率从 5% 降到 3.5%。[68]

上述事态的后果相当可观。"1780 年，没有人还能主张法国在衰退。相反，人们说法国的进步没有止境。正是在那时，人能不断地、无限地完善的理论产生了。20 年前，人们对未来毫无信心；1780 年，人们对未来却无所畏惧。人们预先沉浸在即将来临的前所未闻的好运中，他们对眼前的利益无动于衷，一心向着新事物奔去。"[69]

正如总会发生的那样，一些理论家继续依照过去的状况来思考。经验表明，哲学家们远未站在普通民众的前面给他们指引道路，他们几乎总是落在大众后面。按照一则著名的说法，哲学就像米涅瓦①的猫头鹰——在傍晚起飞。

爱尔维修是这些滞后的思想家之一。他在他的《论人类》（l' Homme）一书中写道："我的祖国最终得到的是专制的枷锁，它窒息了大脑中的思想和灵魂中的德性……这个退化的民族如今为整个欧洲所鄙视。任何有益的危机都不会给她以自由。她将衰竭而死。惟有征服才能救她出离水火。"1773 年，这些严峻的预言令巴黎上流社会心惊肉跳。[70]在一封写给孔多塞的信中，杜尔哥——他从本行的立场观察事物——反对爱尔维修的断言，把他称做一个"高谈阔论之人"。他力主法国并未"达到压制和堕落的最后阶段"，他还说他在爱尔维修的书中只看到"自高自大、党派偏见和头脑莽撞"。他非常遗憾地发现这样一本著作受到出自党派偏见的欢迎。他在其中"既看不到对人道的热爱，也看不到对哲学的热爱"。[71]

在公共舆论迫使下，行政体系更改了它的程序。以前，总督只关心维持秩序、征募兵员和确保税收。"1780 年的总督……则有其他事要关心：他头脑里装满无数旨在增加公共财富的计划。道路、运河、制造业、商业是他的主要用心所在。"

农业尤其引起他的注意。苏利②成为行政官员中名噪一时的人物。"有些总监的通报不像公务信函，倒像有关农艺的论文。"[72]

按照社会改革专家的意见，这样一个政体对巩固政府来说应是非常

---

① 米涅瓦，罗马神话中司智慧、艺术、发明和武艺的女神，相当于希腊神话中的雅典娜。

② 苏利（1560—1641），法王亨利四世的财政大臣（1598？—1610），胡格诺派教徒，对宗教战争后法国的经济复兴作出了重大贡献。

卓越的。第三等级兴旺发达，行政体系也尽心尽力地帮助它兴旺发达。不过，"随着法国繁荣的增长，大众情绪却显得更加不满、更加不安；公众的不满在加剧；对一切旧规章制度的仇恨在增长。民族明显地在走向革命"[73]。"（大革命爆发前40年），在当时社会各个部分似乎都可看到一种此前从未注意到的内在震动……每个人都在自己的环境中焦虑兴奋，努力改变处境；追求更好的东西是普遍现象，但这是一种令人焦虑烦恼的追求。人们诅咒过去，同时梦想一种与眼前现实完全相反的情况。"[74]

这位颇受震惊的托克维尔，似乎并未怎么思考经济状况对思想的影响，他说："对于一个坏政府来说，最危险的时刻就是它开始改革的时刻。"如果一种罪恶显得是必要的，人们就会无所怨言地支持它。"当时被消除的每一种流弊引人觉察尚有其他流弊存在，于是人们的情绪便更激烈：罪恶的确已经减轻，但是对它的感觉却更加敏锐。"[75]

这一事实的根本原因在于对必然性概念的全盘放弃。说到未来，"人们对之无所畏惧。想象力使人们对眼前利益无动于衷，而一心朝新事物奔去"[76]。采用更加技术性的语言，我会这样说：当经济的必然性消失，且人们认为已经可以在社会事务中做出类似技术上的大胆试验之时，革新者和创造者提出了他们的计划，政治家和工业家则变得相当轻信，因为他们认为不久的将来可取得如此显赫的巨大收益，以致错误了然无妨。

一般而言，我们可以说对经济必然性的信念一旦削弱，革命精神就广泛流行。于是就有了这些明显的悖论：旨在平息社会主义热情而引入的社会立法，常常导致对社会主义的发扬；罢工之后雇主的让步通常会构成革命的工联主义之所以进展的一个因素；一句话，社会和平几乎总在助长阶级斗争。

对当代社会的观察表明，知识分子对经济的必然性很难理解。这就是大学教学过去常常被指责对资产阶级各阶层趋向乌托邦负有责任的原因。今天我们看到非常有趣的一幕：许多大学里的学者正致力于用社会科学取代社会主义。但是他们声称创造这种科学意在取消经济必然性的影响；因而，他们考虑的就是一种真正反科学的科学，这种科学无须事物之间的严密联系纽带就能存在。[77]这是一个非常明显的证据，说明知识分子对经济学难以理解。

人们常问富裕的犹太人为什么会对乌托邦观念如此同情，甚至有时会带有一些社会主义姿态。我当然不考虑那些在社会主义中发现新的剥削手段的人，因为的确有些人是真诚的。这种现象不能由种族原因作出解释。[78]这些人生活在生产的边缘——文学、音乐和财政思考是他们的兴趣所在。他们意识不到必然性在世界中的力量，他们直言不讳的莽撞与18世纪芸芸绅士的莽撞有着相同的根源。

另外，大地主也设计社会乌托邦。我们知道广阔农地的所有者对文学的兴趣常常远过于对农业科学的兴趣。因此，他们常常在土地耕作上很是失败，为空想的计划而忽略了明显的改进。在他们当中碰到让经济小说摆布了头脑的人决非偶然；这些人幻想价格是由少数人的意志制约的，他们梦想有庞大的合作性托拉斯。就像18世纪的人一样，他们以他们的想象来思考。因而他们同样愚蠢地执著于受启蒙的意志的观念。

当我们18世纪的先辈们看不到历史的必然性有何巨大价值时，他们对经济必然性的松弛就心领神会。只是到了19世纪，传统的角色才开始被理解，而且这仅仅发生在标志拿破仑战争结束的大动乱之后。在18世纪，进步极其迅猛的增速确实更使人们相信只要遵循人的直觉，未来一切皆有可能。

注　释

1. 托克维尔：《旧制度》，第144页。
2. 利希滕贝格：《18世纪的社会主义》（*Le Socialisme au XVlle siècle*），第166页。
3. 利希滕贝格：上引书，第173页。
4. 卢梭想要国富民穷。这是一个非常古老的观点，马基雅维利把它当做是不言自明的。《论提图斯·李维》（*Discourses on Titus Livy* Bk. I, 37）如果国家富裕，就无须征税了。
5. 利希滕贝格：上引书，第168—170页。
6. 同上书，第170页。
7. 这将由卢梭称做censoriaux的委员会来执行，这些委员会的责任是选出"那些以行为端正、勤奋耕作、善待家人，以圆满履行他们这种地位的人负有的义务而著称的农民"。地主不但会受到补偿，而且"解放奴隶是绝对有必要推行的，它不会成为地主的负担，倒是值得赞扬并会有利于地主"。
8. 杜尔哥：《全集》，第2卷，第674—675页。

9. 同上书，第549页。参考丹纳《旧制度》，第309—310页。

10. 同上书，第503页。

11. 佩隆内是诺于利桥的设计者，这座桥长期以来被当做民间工程的杰作。

12. 无论如何，对这些专论的讨论还是比对孔多塞专论的讨论稍多一点。

13. 《孔多塞与杜尔哥未发表的通信》，第253、263、215、273页。

14. 丹纳：《旧制度》，第264页。德·特拉西的评论写在大革命之后，因而越发显得滑稽。拉布莱说这应该是孔狄亚克和孔多塞的某位学生干的事情，这位学生只相信逻辑而鄙视历史。"如果德·特拉西只是想证明他对孟德斯鸠的意旨毫不理解，他难道不能写得与此多少有些不同吗？"（拉布莱在他编辑的《孟德斯鸠文集》，第3卷，第 lXIII – lXIII 页所说）

15. 丹纳：《旧制度》，第243页。

16. 勒南：《宗教史新论》（*Nouvelles études d'histoire religieuse*），第462页。

17. 托克维尔：《旧制度》，第2卷，第146页。

18. 这是理论家主张的一个绝妙例子，它的荒唐似乎至今还令人叹为观止。

19. 孔多塞：《人类精神进步史表纲要》，第九个时代。

20. 丹纳：《雅各宾派的胜利》（*La Conquête jacobine*），第383页。

21. 乔弗利发表了古斯塔夫三世与埃格蒙伯爵夫人（黎塞留的女儿）、拉马克伯爵夫人以及伯夫勒斯伯爵夫人通信的一些有趣的节选（*Gustave III et la cour de france*，第四章）。所有这些女性都对治国原理表现出不凡的知识。伯夫勒斯夫人还送给国王一份题为"如果瑞典有了独裁它的效果会是什么"的论文。

22. 丹纳：《旧制度》，第387页。

23. 孔多塞：《人类精神进步史表纲要》，第九个时代。

24. 在他的《社会主义的历史，公民公会》（*Histoire socialiste, La Convention*）第1792页中，饶勒斯对此竟表示赞赏。他对孔多塞废话的赞赏是相当自然的。"纯洁"、"精确"、"深刻"这些词汇——他本人也相当任意地加以运用——显然打动了他。

25. 杜尔哥：《全集》，第2卷，第503页。亨利认为这一观点相当有趣（《孔多塞与杜尔哥未发表的通信》，第xvii页）。杜尔哥1773年给孔多塞写道："我几乎要对卢梭的所有著作表示感谢。"（同上书，第146页）

26. 勒南：《犹太民族史》（*Histoire du people d'lsrael*），第2卷，第341页。

27. 同上书，第357页。

28. 参考狄德罗《基本的超自然道德》（*Morale surnaturelle fondamentale*），第7页。

29. 卢梭：《忏悔录》，第6卷。而且，在他的时代加尔文主义正处于衰败之中，日内瓦的大臣们对一切都不再有多少信仰（《来自山中的第二封信》）。卢梭以一种出色形式表述了流行的自由新教的几乎全部宗旨。他显然是从一大堆新教思想中得出它们的,而此前尚没人能对之给出条理清晰的表述。

30. 按照天主教神学家的观点,今天只有在圣徒那里才能找到一种超自然状态。新教徒则相信圣僧的风度可以遍及一切基督徒。(*Réflexions sur La violence*,第四版,第 399 页;《论暴力》,Collier Book 版,纽约,1961 年,第 254 页。该著的页码是指美国版的页码。——英译者注)卢梭轻视拯救观念,为了使它普遍化而多少稀释了它。

31. 沙勒瓦:《新法兰西的历史和概述》(*Histoire et description générale de la Nouvelle France*),第 5 卷,第 402 页。

32. 杜尔哥:《全集》,第 2 卷,第 788 页。

33. 布吕纳介:《文体的演进》(*Evolution des genres*),第 96—102、108—109 页。

34. 哥特式建筑在杜尔哥看来正是进步如何能独立于品味的例证。他认识到中世纪建筑的技术价值,但并不喜欢它。(杜尔哥:《全集》,第 2 卷,第 666 页)

35. 杜尔哥:《全集》,第 2 卷,第 610 页。

36. 同上书,第 672 页。

37. 丹纳:《旧制度》,第 302 页。

38. 《孔多塞与杜尔哥未发表的通信》,第 205—206 页。

39. 孔多塞说笛卡尔给了人类"发现和认识真理的方法"。非常遗憾的是其方案已经逸失。至于培根,他承认他的原则"并没有改变科学的行程"(《人类精神进步史表纲要》,第八个时代)。伽利略是真正的现代科学之父。

40. 孔多塞:《人类精神进步史表纲要》,第十个时代。作者想说什么?孔多塞在这里就像在许多别的地方一样令人费解。人们倒是想知道启蒙时期诸人的影响对 18 世纪末期的艺术是否就不是灾难性的。这种影响帮助摧毁了专业的传统,把艺术推上了一条旨在表达哲学幻想的矫揉造作之路。

41. 利希滕贝格:《18 世纪的社会主义》,第 58—62 页。

42. 孔多塞:《人类精神进步史表纲要》,第十个时代。作者并没考虑如果东方民族仅仅接受了欧洲的物质文明的话会怎样。他的幻想很多。在另一处他说"火药发明之后,开化民族就不再害怕野蛮人的武勇了。大规模的征服以及随之而来的革命,已经变得几乎不可能。"(第七个时代)。

43. 杜尔哥:《全集》,第 2 卷,第 506—508 页。"有的只是培养几何学家、物理学家、画家的方法与机构,却没有培养公民的方法与机构。"(同上书,第 506 页)

44. 同上书,第 549 页。

45. 丹纳——他从杜尔哥的报告(《旧制度》,第 309—310 页)中引用了这段文字——一应该曾因这句话而注意到作者说的明显是旨在造就自动服从的基本教导。杜尔哥是以一种拿破仑方式理解教育的。他告诉国王有必要培养"一种秩序和团结的精神,以使得您的国家的一切力量和资源为公益而集聚起来,使得它们统一掌握在您的手中,使得它们易于控制"(杜尔哥:《全集》,第 2 卷,第 506 页)。

46. 我们知道当时的所有经济学家和从政者是如何心系贫民。

47. 杜尔哥:《全集》,第 2 卷,第 508 页。

48. 萨阿干:《新西班牙通史》(*Histoire générale des choses de la Nouvelle Espagne*),第 10 页。墨西哥被征服后,他在美洲待了八年。

49. 萨阿干说墨西哥人遭受的伤害类似于犹太人曾遭受的伤害,他们丧失了他们以前的一切外观(同上书,第 7 页)。

50. 萨阿干:《新西班牙通史》,第 xviii 页。

51. 沙勒瓦:《新法兰西的历史》,第 5 卷,第 397—398 页。

52. 同上书,第 399 页。

53. 沙勒瓦在别处也看到好喝烈酒带来了许多混乱。"醉酒使他们追逐私利,并干扰了他们在家庭生活和日常事务中所享受的宁静。"(同上书,第 6 卷,第 31 页)

54. 同上书,第 6 卷,第 59—60 页。

55. 在 1751 年给格拉芬格尼夫人的一封信中,杜尔哥主张需要用不平等来保证劳动分工。(杜尔哥:《全集》,第 2 卷,第 786 页)沙勒瓦赞扬野蛮人不知道我的和你的之间的区别;"这些冰冷的言辞——如 St. John Chrysostom 所称——扑灭了我们心中慈善的热情,而点燃了贪婪的烈火"(《新法兰西的历史》,第 6 卷,Ⅱ)。

56. 沙勒瓦:《新法兰西的历史》,第 6 卷,第 61—62 页。

57. 同上书,第 32—33 页。

58. 同上书,第 31—32 页。

59. 利希滕贝格:《18 世纪的社会主义》,第 360 页。

60. 沙勒瓦:《新法兰西的历史》,第 6 卷,第 37—38 页。Lafitau,《美洲印第安人的习俗》(*Moeurs ds sauvages américains*),第 1 卷,第 582—583、593—603 页。不过,在别的地方,沙勒瓦神父却讲到女人的淫荡。这种腐化据认为是从路易斯安那扩展到远及易洛魁境内。他还报道了印第安人中的同性恋,这种同性恋多少使得天性的赞赏者有些尴尬。狄德罗写下了对此问题的肤浅解释,这种解释适合于大学中的长篇演讲。(狄德罗:《全集》,第 6 卷,第 452—453 页)。

61. 利希滕贝格:《18 世纪的社会主义》,第 257 页。

62. 勒南:《马可·奥勒留》(*Marc-Aurèle*),第 428 页。

63. 1772 年,杜尔哥写信给狄德罗说他震惊于雷纳尔"矛盾的论辩",它集合了他所看过的书中最怪诞的东西。孔多塞回信说杜尔哥太苛刻了。(《孔多塞与杜尔哥未发表的通信》,第 93、95 页)雷纳尔的信条并未使巴黎的文人震惊,不过杜尔哥住在外省。

64.《孔多塞与杜尔哥未发表的通信》，第81页。

65. D'Avenel, *Histoire économique de la propriété, des salaires, des denrées, et de tous les prix depuis l'an 1200 jusqu'a l'an. 1800*, I, 296.

66. 托克维尔：《旧制度》，第173—174页。

67. 从1725年到1750年，这种繁荣出现了中断。1741年，来自威尼斯的大使认为法国已经不能尽她的义务了。（阿弗内尔：《经济史》，第1卷，第379—380页）

68. 阿弗内尔：《经济史》，第1卷，第374、384、387—389、394—396页。D. Zella 在他的《农村经济研究》（*Etudes d'economie rurale*）中给出了土地各项收入的几张表格。见该书第415—417页。

69. 托克维尔：《旧制度》，第177页。

70. 洛克奎因：《革命的精神》（*L'Esprit révolutionnaire*），第310页。

71.《孔多塞与杜尔哥未发表的通信》。

72. 托克维尔：《旧制度》，第172页。

73. 同上书，第175页。

74. 同上书，第171页。

75. 同上书，第177页。

76. 同上。

77. 拉萨尔在说"铁的法则"统治着社会世界时，他理解了科学的真正性质。他不怀疑真有这样一种科学，它可以使人在社会知识的所有分支进行确切的推论。这样一种科学的存在他认为是显然的。相反，现今它似乎非常不可能。不过，我们越是寻求世界的经济基础，我们就越能找到必然性。

78. 弗莱罗（Guglielmo Ferrero）在一本发表于1897年的书中就这一题目写下几页有趣的文字。他对在德国社会主义者圈子中能碰到如此多的富有犹太人印象深刻。这些人个人对不公正并无微词。他们的贪婪有似别的资产阶级成员。不过，与人们对他们生活方式的预期相反，他们重新发现了他们种族的传统道路，坚定地抗议人类的缺点。马克思主义信条在他们看来呼应了古代的预言经文，在他们看来是新的启示录（*Europa giovane*，第361—362页）。参考有关犹太人的悲观主义，有关他们的自豪、夸张以及使命观念，最后是有关他们对改宗之需要的几页文字（第363—371页）。在我看来，无须引入返祖现象，所有这些几乎都能得到解释。

第五章 进步的理论

Ⅰ 杜尔哥的论述。与波舒哀的不同；资产阶级的成见。进步在人生不可预见的环境中的开展。中世纪的重大进步。

Ⅱ 斯塔尔夫人对新秩序的维护。文学评论的新原则。不同文明的融合。基督教。暴力。

Ⅲ 民族独立战争末期演进观念的产生。法律的历史形成与法律良知。演进是进步的反面。

Ⅳ 托克维尔与必然的向平等的迈进。蒲鲁东的异议与马克思的异议。蒲鲁东对必然性观念的抛弃；道德进步。

Ⅴ 民主文献中的进步观念。拉康姆的理论：它的幼稚幻想；关于民主它揭示了什么。

Ⅵ 自然进步或生产中的技术进步。机器进步一瞥。当代的意识形态。

一

18世纪中期，人们容易相信法国将有一场剧烈转变。早在1753年，达让松就认为一场革命在所难免。[1]他1774年离任后，想知道情形是否正朝着建立一个共和国的方向前进。亚琛和约签订时（1748）的庆祝活动表明人们何其不满，人们没有高呼"国王万岁"[2]。接连不断的冲突，使得政府和高等法院在虽然战争开支已不存在内阁却要求继续征收的税收上彼此较劲。1751年，达让松相信口头表决足以引发革命。[3]1753年，高等法院提醒路易十五说"国王应该服从法律，更改法律会（导致）国家发生革命"。当时，在世纪末如此成功的正义、真理、法律的象征形象已开始生成。[4]首席法官似乎采取的是这样一种态度，即立法机构一位领袖的权力来自全体国民而不是国王。[5]被放逐的高等法院成员热烈地研究公法；他们对此交换意见，就像他们可能在学术机构中曾做过的那样，有些人还说如果法国人民某一天能信任他们，他们就会是现成的国家立法机构。[6]

洛克奎因认为1754年本来平淡无奇："高等法院无疑将掌握运动的领导权。从政治的观点来看，本不应如达让松所想的那样，人们将奔向某一规范化的民主政府。从一切可能性来看，运动将止于限制最高统治者的权威。"[7]

就在这一多事之秋杜尔哥写下了一些论进步的文章。第一篇是1750年12月11日在索邦神学院的一次演讲。杜尔哥时年23岁。当时他似乎不可能认为他在引介非常新奇之事，因为这篇学术演讲直到杜尔哥死后很久才由杜邦·德·纳穆尔发表。这位年轻学生一直勤于思考经济问题。当时他主修神学课程，还准备着要做地方行政官。[8]他所受的教育广泛，而且种种事情都使我们相信他试图对支配资产阶级思想的那些概念作出成功阐述。因而，他的演讲应被视为具有重大历史意义，远远超乎作者可能认为的他表达的只是某种个人学说的意义。

这篇演讲一定不能与稍后旨在准备一部更为重要的著作而写的三篇片段文字分开来看。纳穆尔给我们留下了有关他这位朋友意图的一些很有价值的信息："杜尔哥向波舒哀致以他思想的高远和表达的大胆配得上的敬意，他赞美他高贵而活泼的行文风格、丰富的表达方式以及宏伟而和谐的庄严。但在对这位作家作出如上赞许后，他对《世界史讲话》一书并不更为富于见解、理性和确切知识而感到遗憾……他（想要）重写这本书，给它以应有的广度，在其中注入杰出的莫城（Meaux）大主教悄悄滑过、既有可能没有想到也有可能不愿采纳的一些原理。"[9]

片段一论述各种政府的形成以及国家间的关系，片段二（就像1750年的演讲一样）论述人类心智的进步，片段三论述诸种艺术与科学进步与衰落的时期。最后这一片段（它止于查理大帝①之时）是在杜

---

① 查理大帝（742—814），法兰克国王（768—814）、查理帝国皇帝（800—814，称查理一世），扩展疆土，建立庞大帝国，加强集权统治，鼓励学术，兴建文化设施，使其宫廷成为繁荣学术的中心。

尔哥看到他不能实行原初计划时所写的。

杜尔哥显然打算以一种与当时开明资产阶级的抱负相一致的进步理论代替神权教条来改造波舒哀的著作。

对波舒哀这位太子老师来说，主要目的是要教给他的学生"宗教绵延不断的历程"，向他揭示天主教教义合法性的资格要追溯到世界源初，并要他懂得一位国王的责任。最高统治者必须保卫传统并运用国家权力反对不信教的人："让你这在全世界最高贵的威严王朝，第一个去保卫上帝的权利，向天下处处扩展耶稣基督的主宰——他允许你以如此的光荣来统治。"[10]

另外，杜尔哥后来为其写作的资产阶级寡头集团全神贯注于诸种艺术和科学的进步；杜尔哥最终将他的著作限定于这一研究并非没有理由。

波舒哀将历史设想为一种教导。他在他的书的开篇讲道："在历史对他人无用的时候，王子们仍然应当阅读它。除此之外，没有更好的方式向他们说明激情与自利、历史环境与偶然际遇、好的与坏的建议具有的不同效果。各种历史书写只应以发生于他们当中的作为为素材，而他们当中的每件事情看来都是服务于他们的。"

在我看来杜尔哥同样也大加灌输，因为他号召他的同时代人将所有注意力集中于导致伟大文明毁灭的原因。当他用如下理由解释罗马的衰落时他显然想的是会损害本国文明的那些错误，这些理由是：贬低了勇气的暴政，将艺术作品变作财富标记的盲目铺张浪费，会使天资不足以创造的人精神错乱的对奇珍异宝的渴望，对古代作家缺陷的模仿，外省作家的剧增，语言的退化，传统哲学与空洞讽喻及巫术的混杂。[11]他是从一位未来皇家地方行政官的视角来看待中世纪的：当时，国王没有权威，贵族不受限制，人民俱是奴隶，乡村常遭劫掠，没有商业贸易，工匠不作竞争，贵族很是懒惰，无知普遍流行。作者注意到进步开始于城市，这些城市"在所有守法的国家是商业的中心，属于社会的主要动力"[12]。资产阶级肩负着世界的未来。

在《世界史讲话》一书结尾，波舒哀这样表达他的观念："造就及毁灭各个帝国的这一长串特定原因依靠的是天道的神秘法则。上帝远在诸天之上控驭一切领域；他将一切心灵掌握在他手中；他时而抑制各种激情，时而又放纵它们，因而他扰动着整个人类。……是他以最遥远的原因决定着种种效果，是他挥舞着最为有力的拳脚，回声四处可闻。"于是只有国王和他们的大臣的举动才应予以考虑；但是波舒哀也知道有必要从单单只是个人动机之外的东西来解释这些行为。于是他就构造了某种超自然的心理干预；有个神圣意志运作于一切人类预期之外。"所有那些治理者都感觉到自己臣服于一个主要力量。与他们所想的相比，他们实际做的不是多就是少，而且他们的决定从来都会有未曾预见的后果。他们既非往昔影响事态的那些因素的主人，他们也不能推动未来将采取的步骤，更不用说控制它了。上帝独自将一切掌握在他手中，他知晓现在以及将来的事物的名目，他主持古往今来的一切时代并预先知道所有决定。"最终，历史对人来说是难解之谜。

论及杜尔哥，我们就进入一个迥然不同的境界。他如此表述所要实现的任务："揭示特殊的、一般的、必然的原因的影响以及大人物的自由作为，表明所有这些与人之为人的关系，通过道德原因的后果来展示这类原因的范围和机制——所有这些在哲学家看来构成了历史的作用。"[13]我们再也看不到神的干涉对王侯意志的实现有什么必要性。问题是以一种与波舒哀相反的形式给出的。由于是为一位在神圣权利下行事的太子而写，波舒哀眼中就只有国王的决定以及上帝的裁定，认为唯此在世界中真正重要。因为是为一个给政府提供了许多助手却从来未统治的阶级而写，杜尔哥就把一切发生于第三等级之外的事情、一切它被动接受的事情都视做偶然；真正的历史是那些其行动原则奠定于他的社会阶级中的人写作的历史。"不同的帝国起起落落，各种法律和政府形式来来去去，艺术和科学发展并完善着。在它们的进步停滞与加速的交替中，它们从一个地区传到另一个地区。自私、野心和虚荣永不止息地改变着世界的面貌，将地球浸入血泊之中；在他们的劫掠中，习俗精致起来，人的心智文明起来，隔绝的民族彼此拉近。商业和政治最终将全球的各个部分联结起来。所有的人类经由平静与动荡、正直与罪恶的轮回，缓慢而坚定地迈向更高的完善。"[14]

这样波舒哀想与太子讨论的大事就成为第三等级在其间从事其非个人工作的偶然事件。唯有这种非个人工作值得哲学家们关注。我们从政治史来到诸文明史。但是这种转移是通过何种机制产生的呢？我们这里将再次看到杜尔哥采取的是一种与波舒哀完全对立的观点。

在上帝的体系中没有偶然机遇存在的余地。波舒哀说道："让我们不要再谈机遇或幸运，或者让我们只是作为掩盖我们无知的言辞而谈论它们。依照我们靠不住的计划我们称做机遇的东西是一个更高计划中的具体设计——这是一个永恒的计划，它在一个单一设计之中包含了所有的原因和后果。按照这种方式，一切事物都指向同一目的。只是我们不能理解整体，我们才在特定境遇中发现了机遇以及不规则之事。"

相反，当人们再也不愿根据历史学家无法企及的"永恒计划"进行推理时，机遇就成了历史的宏大法则，成了允许对历史进行哲学性研究的规则性状况本身，对统治者行为造就的各种力量不无删削。但在第三等级当中，各种力量以一种恒定的意义发挥作用，并通过连续逼近而产出一项最终成果。"在事件的这种时而有利时而不利的多变组合——其间对立的行为最终必将彼此抵消——当中，自然将天资赋予几乎是平均散布于整个人类之中的少数人身上。这种天资生生不息，直至它的效果明显起来……人们的好奇总是骚动不安，在真理之外难以平静，总是受到这种真理形象的刺激（它认为已经把握了但还是从它面前逃掉了），因而这种好奇繁殖着问题和争议，并迫使人们要用一种更加确切而彻底的方式分析观念与事实。……于是，通过归类，通过繁殖体系，通过勘定错误，可以说，对大量真理的认识就终于达致了。"[15]当代哲学对知识起源的这一陈述几乎会一字不改。

杜尔哥的论述文章看来大大优于孔多塞在其中处理同样问题的《人类精神进步史表纲要》。孔多塞受环境逼迫而仅限于勾勒人类理智进步的一个简单纲要，这对他来说甚至是非常幸运的，因为他宣布了如此多的事情以至于他根本不可能兑现他的大部分诺言。他这本写于大革命胜利之后的著作，首先是对新政权的一曲颂歌，是对迷信的一纸控诉。[16]

杜尔哥则显得远比他的后继者更现代，这不仅是因为他更为严肃地判断过去，而且是因为他对经济现象的重要性有更确切的感受。这是如此奇怪以致需要举例说明。按照杜尔哥的说法，野蛮人的入侵并未使古人曾经实践的技艺和手艺完全消失，因为对他们产品的需求从未停止。在中世纪，手工技艺、商业和平民生活习俗有极大改进。"在黑暗时代的阴影中聚集了很多成就，科学——它的进步虽隐而不彰但毕竟是实在的——某一天必将由这些新富抬升再现出来。"[17]文艺复兴之后，已准备得如此妥当并变得更加敏锐的头脑，利用些微机遇就能有所发现。[18]

孔多塞在《人类精神进步史表纲要》第七个时代也提到了中世纪发

生的各种变化。不过,他似乎并没有给它们以真正地位;他在经院哲学和意大利诗歌之间讲到丝绸、纸张、磁针和火药。[19]进而,在第九个时代的末尾,他甚至似乎要反转事物的自然顺序,将技艺和手艺最近的进步建立在非常陈旧的纯粹科学的成就之上。我们在这里看到一句被经常引用的话:"水手们由于准确地观察了经度才免于海难,他们的性命有赖于一种理论,这一理论通过一连串的真理可以上溯到柏拉图学派所作的一些发现,它们两千年来一直被埋没在毫无效用之中。"人们由此可能认为他要采取与杜尔哥相反的立场。

这里是后者的一个想法,我提请读者给予密切注意,他说:"技能是对自然的利用,对技能的实践则是一系列不断揭示自然的物理实验。"[20]我相信有关技能对科学的影响绝少得到如此强烈的表达。[21]

最后,我提请注意杜尔哥关于印刷术的一则评论,这则评论最初出现于1750年的演讲中,后来在他未发表的一篇文章中得到进一步阐发。他在这段文字中说,技术书籍起初是为指导工匠而印刷的,但是文人也阅读它们。文人们由此"熟悉了他们从不了解的大量精巧技术,他们想象自己被引向无数对物理学好处多多的思想。它是一个新的世界,其中的每样东西都在激发他们的好奇。对实验物理学的兴味由此增长起来,而在实验物理学中,假如没有机械学的程序及创造的帮助,决不会出现巨大进步"[22]。在写下这些文字的时候,杜尔哥可能想把《百科全书》倡导者的自命——对这一自命的说明出现于1750年——带回其适当的意义。他知道从对工艺的描述中所能期望的结果早就已经达到了。而且,《百科全书》看来并没有带来任何一种技艺或科学的任何新的推进。

二

现在我们发现自己来到19世纪初,触及斯塔尔夫人著名的《从其与社会制度的关系思考文学》一书。这里,进步学说受到的肯定远比孔多塞的肯定生动。在她写作之时,思想家们的观念在法国正受到猛烈抨击。大革命已经难以实现它的诺言:曾使其倡导者如醉如痴的人道主义理想,让位给了宗派集团之间的血腥斗争。尽管人们曾希望在一个优等文明中人人彼此友爱,但确实出现了巨大的理智衰退。在对德性之治大讲特讲之后，国家却退回到督政府的耻辱中。这样我们就懂得了为什么有那么多的人倾向于主张"启蒙及其所有衍生物——雄辩、政治自由、宗教观点独立——干扰了人类的安宁与幸福"[23]。

然而，我们难以相信法国在争取自由的战争中取得的如此多的荣耀毫无用处。武力可能将问题导入现代政体的方向，旧的保皇派的所有遗憾从此可能纯属多余，但法国从此失去了它传统上在优雅艳丽方面的至尊地位。斯塔尔夫人说："没有人会说自从恐怖政治砍掉生命、精神、感觉和思想以来，文学的损失并不很大。"[24]人们几乎别想指望会看到旧文学重新崛起。因为它过于依赖明显已经灭绝的贵族生活方式，以致无法接纳迥然不同的习俗。怎么调和进步与对事实的这种承认呢？

斯塔尔夫人所处的境地类似佩罗。她必须通过对某种文学性质的思考来证明她的时代的优越。因为17、18世纪的人们相信不同民族的辉煌与衰落要用主要作品的品味来测定。中世纪使他们毛骨悚然，因为照他们看来这一时期完全缺乏品味。夏多布里昂试图通过一一对比不信教的作者与基督教作者来表明后者的优越，从而将他的同时代人带回天主教。

新政权尚不能将它自己的巨人与君主政体时期的作者进行对比；因此，斯塔尔夫人不会运用像佩罗和夏多布里昂那样的对照方式。她力图表明文学在新形势下能找到复兴的根据，戏剧、哲学和雄辩也会达到预料不到的辉煌。[25]

"我想略加勾勒的文学及哲学的新进步将延续我回溯到希腊时代的那种完善体系的发展。"[26]如果斯塔尔夫人能成功地说服同时代的人，她就证明了大革命的正当性。大革命不应被打入17世纪一流，与路易十四时代相提并论；它开启了一个生产伟大作品的新时代，这些作品将依其本身受到欣赏，或者更好，相对新的历史环境受到欣赏。

为了使她的辩护容易进行，斯塔尔夫人驳斥支配着以前一切评论的偏见。孔多塞曾经宣称"品味的各种法则具有同样的普遍性、同样的永久性，但也要接受同样的那种修正，这正如世界的别的定律——道德的或物理的，要被运用于某行业的直接实践时表现出的那样"[27]。布吕纳介相当正确地看到，对我们的作者来讲，"绝对的成分减少了，相对的成分增加了"[28]，因此人被引导"去怀疑旧的评论法则，这些法则好像建立在某种不足令其读者吃惊的文学经验之上"[29]；但是他没看出这种新的评论观是由斯塔尔夫人的辩护计划驱动的。

如果她使得莎士比亚的英国特性与歌德的德国特性对比如此鲜明，这并不是因为她运用了对比法，而是因为她必须证明某种伟大文学摆脱古典主义法则而出现的可能性。在她的著作中，方法受制于论证的便利。通过确证存在着英语与其他语言比如德语的伟大作品，斯塔尔夫人希望引导她的读者承认，完全有理由期望新法国会出现一些特别是共和主义的杰作。在这样一种赏心悦目的论证面前，每个真正的民族主义者无不对共和主义头脑的这些奇妙产品的存在相当信服，就像它们早已在图书馆的书架上摆着一般。新政权的正当性于是得到充分证明。

大革命所带来的社会，其存在方式与18世纪的一切观念相抵触；法国风格的传统声誉遭到猛烈抨击。斯塔尔夫人说："在这十年当中，我们经常看到无知之辈管制文明之人：他们语调的傲慢与文体的粗俗比他们头脑的局限甚至更令人厌恶。"[30] "自大革命以来，人们经常发现风格中令人反感的粗俗与任何权威的行使互为表里。"[31] "从长远来看，这次革命定能启蒙非常多的人；但在若干年里，语言、风格、观点的粗俗必定使得品味和理性在许多方面出现倒退。"[32]

这本书相当大的一部分可说是对教养的赞颂，我们必须将斯塔尔夫人就这一主题表达的思想与那位皇帝①为了驱使新社会遵从仿效旧宫廷礼仪所作的努力进行比较。她说："有多少被推到恶劣地步的糟糕品味阻碍文学的荣耀、道德品行、自由以及人类关系中一切优秀的、受到颂扬的东西！……人们以自己的粗俗和恶习为乐，毫不羞愧地承认它们，并嘲讽那些见到这种低级趣味仍要回避的懦夫。"[33] "风格的文雅是一种将人们带到一起的有效方式。"[34]

评论者们势必要将大革命与古代文明的灭亡相比：贵族——已经如同罗马人那样软弱——遭到一伙流氓的驱逐，"这伙流氓受的教育比他们所征服的人落后数百年"[35]。野蛮人的入侵对主张进步的理论家构成了非常严重的困难。杜尔哥指出，事实上在"这种表面的毁灭中，人们料想已经丧失的知识门类的种子播撒到更多的民族中"[36]。斯塔尔夫人走得更远，因为她声称要去证明中世纪培育了心智进步时区分了上述这种全人类的完善与心智进步的不同。[37]

---

① 指拿破仑。

种族融合和基督教促成这一幸运的结果。斯塔尔夫人似乎完全摆脱了思想家们在宗教问题上的激情。这并不完全归因于卢梭的影响,[38]也归因于她因为要为自己时代辩护而承担的义务。她希望阶级间的融合能产生类似种族融合的效果,看到某种新学说起到类似基督教的作用她也并不沮丧。她说:"如果我们就像在北方民族入侵之时那样能够发现某种哲学体系,某种高尚的热情,某种强大、正义的法律体系,它就像基督徒的宗教那样成为胜利者和被征服者会在其中团结起来的信仰,这该是多么好啊!"[39]拿破仑认为去远方寻求这样一种哲学体系难以见效,只需给天主教注入一种宽容精神就足矣。[40]而如果有谁能告诉孔多塞在他之后很快就有人写出如下这句话,他会非常吃惊的。这句话说:"基督教的宗教沉思,不论它们被用于何种对象,都发展了头脑在科学、形而上学以及伦理学方面的能力。"[41]斯塔尔夫人认为头脑若非首先受到宗教热情的引导而专注于神学的微妙之处,它就不会全力进行抽象研究。[42]文艺复兴显示了已经取得的巨大进步:"培根、马基雅维利、蒙田①、伽利略,这四个不同国家的人几乎都是同时代人,他们从黯淡的时代突兀地涌现出来,然而却表明自己比最后的古文学作家,尤其是最后的古典哲学家超前若干个世纪。"[43]

论辩的紧迫要求使得斯塔尔夫人要为暴力作出辩护。她不敢公然触及大革命本身,但是她认为思想家们对宗教狂热的控诉[44]正是激情能在历史中发挥相当作用的明证。我认为这里可以给出她辩护中的一段重要文字(尽管一点也看不出她的理论),因为再次看到历史环境如何控制理论家的思想饶有趣味:

> 虽然强烈的激情会导致冷漠从来制造不出的罪过,但是历史中仍有这样的境况,其中这些激情对于重振社会的主要动力来说是必要的。理性,借数世纪之助,掌握着这些伟大运动的某些效果。但是仍有某些思想是要由激情来揭示的,离开激情这些思想就无从得知。剧烈的颠簸对将人类头脑暴露于全新的对象面前来说是必要的:地震与地下的烈火有时会给人展现出单单时间揭示不出的

---

① 蒙田(1533—1592),文艺复兴时期法国思想家、散文作家,用怀疑论从研究自己扩大到对人的研究,反对经院哲学和基督教的原罪说,主要著作为《随笔集》。

宝藏。[45]

斯塔尔夫人在这里抛弃了理性主义的根基，这一点相当引人注目。她的同时代人容易接受哲学为了使它见及的真理获胜，可以被迫使用强制（有时甚至相当残酷）。但是我们的作者宣称暴力本身固有的一种创造使命。毫无疑问，她仍然未割断自然法则的观念；在她看来，暴力是发现这种理性难以探明的法则的一条途径。不过她的论点也正是因此才值得注意。

非常有可能，在写下这些文字之时，斯塔尔夫人心中想的正是宗教改革时期的斗争。在她之前，常常也在她之后，新教作家为宗教改革领袖的改革环境进行辩解，并且力求降低16世纪暴力的作用。斯塔尔夫人出于论辩的紧迫需要，一般而言表现得要比与她信仰同一宗教的历史学家敏锐得多；现在使得她对过去有一种清晰的理解。[46]

由此可见，这本书的所有新信条都受到历史环境的支配，这是一个从马克思主义观点来看非常有趣的事实。

三

我们现在必须中断对进步观念历史的叙述，而来讲讲这样一种学说，它虽然与进步学说相抵触，然而对其却有非常重大的影响。我说的是演进学说，它与独立战争联系在一起。

这些战争经常被拿来与我们的革命军队所打的战争相比较。事实上，它们对应于一种相反的意识形态运动。法国军队打到哪里，哪里的人们都期望仿效法国，废除旧制度，按照被人们当做遵循自然法的原理另造制度。然而，却有这么一天，各民族起而反叛这种改进体系，并用手中的武器拒绝我们带给他们的幸福。勒南说："民族国家的观念——18世纪沉湎于自己的一般哲学，对之没有给出丝毫迹象；而且本世纪初的征服构成它的否定[47]——始于大革命与帝国的合成倾向在那些因外人的枷锁而自我觉悟了的民族之中促成的起义。"[48]

此后，演进就对立于进步，传统就对立于创造，历史必要性就对立于普遍理性。但这并不意味着，就像18世纪的仰慕者经常认为的那样，新思想的辩护者想让世界静止不动。但他们的确想表明存在着变化的一种地方性历史法则,而且他们认为政府对它的尊重至关重要。对新观念的首次鲜明阐述是萨维尼作出的,这一阐述关涉到法律。

政治家们长期以来想通过制定重要法令来规范宫廷活动;拿破仑相信他的民法典会比他的伟大战役带给他更多的荣耀;如果自由被还给了德国,他看来自然会通过建立一套法律体系来维护他对他的力量和统一的意识。萨维尼在1814年驳斥这种观点,由此建立了历史学派。

这一学派的使命是反驳如下之人,这些人从不怀疑现代立法者具有无限的智慧,因而认为法律此后会是受到哲学启蒙的意志的表达。萨维尼及其学生用一种法律自发生成说反对这种理性创造说:人的法律良知取代了普遍理性。这里可以参考《萨瓦助理司铎的信仰声明》(*Profession de foi du vicaire savoyard*)中的一句名言:"良知从不欺骗我们,它是人的忠实向导,它之于灵魂就像本能之于肉体。"卢梭加上一句如同注解的话:"现代哲学只承认它解释的东西,远远没有承认这种称作本能的模糊官能——它似乎不靠任何习得的知识而把动物引向某一目的。按照我们一位最聪明的哲学家的说法,本能只是一种未经反思的习惯,但通过反思可以得到滋养。"这种理论在卢梭看来是荒唐的。人的法律良知同样是种可靠的本能,它"自身就是法律"[49]。

萨维尼的学生设想,起初,法律从习俗中自发形成。后来,出现了立法,它通过向法律保证一定会比"创造了原始法律的看不见的力量"带来更迅速、更可靠的转化,从而产生某种有益的效果。最后,立法专家的工作介入进来。[50]

这样我们就有了一个本能奔向越来越理智化的人类活动形式的常规运动。展现的仍然是人的精神,不过展现的方式却越来越迂回曲折;我们在这种阶梯上越往上升,我们就越是害怕由形而上学思考或外来意识形态输入而来的随意解决会妨碍真正的民族产物。于是普通法就显示出某种优越性,好像是对法律本能的表达。上述观点导致人们指责萨维尼和普查特"对这种法律形成方式十足地盲目崇拜";他们把"随意限制习俗之必要效力"的每一点立法都看做是对法律的严重践踏;习俗总能通过搁置而修改或撤销法律。[51]

对这一学说有许多严肃的反对意见,我们就此必须说上几句。

许多人认为法律只能是按照萨维尼和普查特所说始于原始时代,当时法律规则与宗教及道德规则之间的区分尚不存在。[52]反之,耶林想要知道原始法律是否真正出自习俗。[53]在我看来法律的自发形成首先表现于商业领域，我们今天甚至还在那里观察它。这套法律对特定个人间试行契约而来的惯例的依赖要远远大于对各种规则和理论的依赖。如果我们承认商业的这种作用，我们就必须承认普通法是在一段反思时期叠加在更古老的东西之上的；因为很容易把与商业有关的任何事情看做不属人类活动的反思时期。

当考虑的是历史的长河时，每个民族都会产生它所需要的法律这一点看来就很合理。"自高处、远处来看，立法者的作为显得不过是偶然事件，法律看来是因本身的力量而成长、因立法者只是其工具与载体的观念的力量而成长……非常贴近地来看时，事情就有所不同了。当我们在其历史中某一特定时刻来考虑实定法时，我们立即便能在许多事情中看到与民族精神完全不符的规则。"[54]

但是尤其当我们研究当今的变化、当我们试图推测不远的将来时，历史学说便不能令人满意。人们作出种种努力使它适应这些问题，但都失败了。[55]"这一学派的创立者对未来的法律不予思考。"我不相信这种态度通过附和唐纳所说的如下话语就能得到解释，他说："他们非常保守的个人倾向使得他们优先考虑将现在的法律联到未来的法律之演进的某一方面。"[56]我们倒是必须说所有关于未来的研究，对于接受了历史学说而未陷入试图通过所谓过去的倾向来盘算未来的荒唐之中的任何人来说都是不可能的。

纽曼①在他对基督教教义之发展的研究中，采取了与萨维尼一派相同的观点：他只关心存在过的东西。他想要回答英国基督教圣公会内好辩者的异议——他们指控天主教会在中世纪并未忠实地守护信仰的宝库。圣公会信徒认为公会在先前的世纪正确解释了教义。纽曼在早期教会史中看到一些发展（或兴盛）形式，他类比罗马神学随后的工作以说明这一工作无可指责。他从没想过从这些研究中绅绎出一种理论来构造神学的进步。因此，错误莫过于将他与那些自称是他弟子的人混淆一气——这些人关注教义历史只图表明现代主义者的倾向与某些教会神父

---

① 纽曼（1801—1890），英国基督教圣公会内部牛津运动领袖，后改奉天主教（1845），教皇利奥十三世任其为天主教枢机助祭（1879），著有《论教会的先知职责》、《大学宣道集》等。

采取的立场具有相似性。他们写的是过去，但他们受到有关未来的梦想的支配。

这里有必要用到我在别处就两种设想历史的方式所作的区分：[57]一个人可以展望未来并记下据称能对各种事件给出彻底解释的所有发展的根源，这种途径随之关注的就是各种创造。另一方面，一个人可以回顾过去以发现各种适应是怎样出现的，这就是演进学说。萨维尼通过引入这种新方法改变了历史的精神。当进步和演进混到一起时，就会有无法解决的困难。

人们已经多次看到萨维尼提出的观点与达尔文主义极为相似。[58]许多当代博物学家指责达尔文没有研究阿尔弗雷德·吉阿（Alfred Giard）称做演进的首要因素的东西，即创造了新物种的力量。达尔文研究的是一种已经完成的自然史，他想向我们表明某些物种形式的消失如何可以与食物寻求与交配（为了生存与性选择的斗争）发生其间的环境联系起来。在正宗达尔文主义那里，物种的变异没被解决。阿尔弗雷德·吉阿的奢望——他希望通过结合达尔文主义的次要因素与拉马克学说的首要因素来调和二者——属于不习惯哲理性思考的博物学家的朴素观念。[59]在两种体系之间必然要作出选择，两者不能在造就一种更高科学的借口下结合起来。

法律之易于变化，比起活的生物来说有过之而无不及。没有一个大事变不给人以着意修改法律的力量存在的证据：律师、法官和教授在其辩护、判决和评论中，按照他们个人的观点，总是略微触及现行体系。普通大众为了给专业人士施加压力常常也会介入其间。在所有这些动因——试图对之加以分析将是荒唐的——中，出现一种运动：这一运动即历史的基本观念，正是它告知我们人们的法律良知。

于是，在法律史中，没有必要那么明确地界定法律良知，好像它是一种依据法则可以预见其效力的力量。法律良知是注定要将所有状况——对某一新的关系体系的接受（或拒绝）发生其间——囊括在内的形象。很长一段时间，法国南部农民强烈抵制民法典中有关继承的法令。这里我们有了一个传统与新的解决方案发生斗争的显著例子。这场斗争的所有要素都不难看到。这样，说法律良知"根本不能确定"就是不确切的；[60]它的确定程度对应于人们能否了解传统在适应中的消极角色。

与此相关，我们应看到博物学家们并不是都以同样方式解释适应的。柏格森说:"在某些人看来,诸种外在条件通过它们规定于活物中的物理——化学更改,能够直接以一种决定性的方式造成有机体的变异:这是譬如说埃梅的假设。在另外一些更忠实于达尔文主义精神的人看来,各种条件的影响只是通过间接方式发挥的,通过在生存斗争中有利于某一物种的代表出生际遇使它们对环境更为适应而发挥的。换句话说,前者赋予外部条件一种积极的影响,后者则赋予一种消极的影响:在第一种假设中,这一原因会带来各种变异;在第二种假设中,它只会消除它们。"[61]达尔文主义再一次与历史方法关联起来。

柏格森说:"达尔文主义的某种适应是由不适应的生物自动消除而达致的思想是一种简单而清晰的思想。"我认为,按照同样方式,法律良知的理论也能以一种使得法律史简单而清晰的方式加以应用。但是我们切忌向它要求它所不能给出的东西,即遵循一条给定的路线解释某种制度的进步性发展。达尔文主义在生物学中证明了同样的无能为力,就像柏格森所说的那样。[62]

阐述历史性法律的理论家们并不总能以一种令人满意的方式给出他们的学说。在萨维尼的时代,所有变化都是依照类似生物学提供的那些形式设想的,因此人们的法律良知也常常自然而然地被看做具有某种生命力。这样,法哲学就应当承受耶林对它提出的尖刻批评:法律的起源是个难解之谜,因此任何深入探索有什么用?这种学说中断了有关事物之理的任何问题。它的回答永远是:大众的心灵,民族的法律感觉……它是主持着法律之发展的天数……流溢理论①是柔软的枕头,科学只会枕着它沉睡。让我们拿走这个枕头使它醒来。于是它会睁开它的眼睛,按照事物在现实中的样子来看待它们。[63]

演进原理之所以被人们以不同而随意的方式加以理解,那是因为它的大多数倡导者之所以接受它不是出于理智的原因,而是出于政治的原因。人们厌倦使欧洲陷入混乱的一切斗争。他们倾向把一切不会带来斗争的意识形态形成过程视为优越。[64]于是他们非常乐于听到普通法受到赞扬,并把它比做语言的发展。耶林后来将非常恰当地指出法律与语言的这种类比是违背历史的,因为语文学并未表现出与每次某项新法律原

---

① 流溢说(emanationism),新柏拉图主义的代表普罗提诺(204?—270?)提出的神秘主义学说,认为万物本原是"太一"(即神),它先后流溢出"理性"、"灵魂"和物质世界。

则损及某些人的利益时会有的类似冲突。[65]但是这种错误类比竟能迷惑萨维尼的同时代人。

历史学派表明，民族精神的种种表现之间存在紧密的相互依赖关系。[66]这样它就把一个民族比做一个活的有机体，其中所有部分紧密关联且相互和谐。大众的良知似乎具有了一种现实性。这样，将历史比做活物在19世纪绝大部分时间内对政治作家的思想具有如此重大的影响就不足为奇。我相信这是历史主义最盛行的遗产。

四

复辟之后大约40年的时间中，学界非常专注对过去的科学研究。各历史学派的庄重与启蒙那个世纪的轻浮形成对照。进步学说要生存，只能从演进观中吸收许多思想才行。我们注意到历史与有机体的类比产生了很多重要论点。

其一，历史运动的缓慢性与规则性从此被赋予头等重要性。有时，人们甚至会怜悯革命者——这些人不懂得唯独这样一种前进与科学兼容！他们甚至对这种步伐致以迷信式的尊敬，而过去前进步伐的缓慢性仅被看做是为审慎所要求的一种分寸。

其二，必然性观念受到大力强化。斯塔尔夫人使人们注意到以达致启蒙的进步为目标的举措会带来累累罪恶，而且她认为这样的企图必然是徒劳的。[67]但这不过是一种基于对政治见识的评价才有的判断，我们今天却是要把历史运动的连续性看做如同生物演进的连续性那样必然。

其三，人们不再幻想头脑的进步或者理智的成长。制度被看做类似某种活物的器官。各种支配性特征用居维叶①的方法挑选出来，而历史研究就是通过追踪其变异进行的。[68]

我们以托克维尔《论美国的民主》一书中看到了对这些新观点的非常出色的运用——该书第一版1835年面世，曾对19世纪的思想发挥了极其重大的影响。我们从托克维尔著作的前面几页获知，身份平等在他看来是美国制度的主导特征。"所有的个别事实好像都是由它发展而

---

① 居维叶（1769—1832），法国动物学家，创造比较解剖学和古生物学，曾任国务委员（1814）和内务部副大臣（1817），著有《动物界》、《地球表面灾变论》等。

来"，"整个的考察也都会以它为中心点"。他还告诉我们他发现迈向平等的运动绝不仅限于美国，它因尚未察觉的原因到处都在发生。"人民生活中发生的各种事件，到处都在促进民主。所有的人，不管他们是自愿帮助民主获胜，还是无意之中为民主效劳；不管他们是自称为民主而奋斗，还是自称是民主的敌人，都为民主尽到了自己的力量。所有的人都汇合在一起，协同行动，归于一途。有的人身不由己，有的人不知不觉，全都成为上帝手中的驯服工具。"

托克维尔用一种着意耸人听闻的语言来表达他所获得的有关这种必然性的观念："大家即将阅读的这本书，通篇是在一种惟恐上帝惩罚的心情下写成的。作者之所以产生这种心情，是因为看到这场不可抗拒的革命已经冲破一切障碍进行了许多世纪，而且今天还在它所造成的废墟上前进……如果说我们今天的人通过长期的观察和认真的思考，知道平等地逐渐向前发展既是人类历史的过去又是人类历史的未来，那么，单是这一发现本身就会赋予这一发展以至高无上的上帝的神启性质。因此，企图阻止民主就是抗拒上帝的意志，各个民族只有顺应上帝给他们安排的社会遭际。"

这一运动被看做类似某种有机体的运动。得出的结论是民主在未来是必然的：识时务者应该从新道路上最先进的民族的经验中找寻那些能够指引立法者——他们试图加速从过去向未来的推进——的经验。

托克维尔成功地将他的信念传给他的同代人。勒普莱对此予以强烈谴责，他把《论美国的民主》看做一部"为害匪浅"的"危险的书"。[69] "留恋过去或者在善恶之间仍然摇摆不定的诚实君子，逐渐对他的预言有了信心。从此他们就相信以平等与民主之典范著称的美国政体必然要胜利。"[70] 勒普莱不愿接受在托克维尔看来非常显然的某种发展的必然性。他确信世界可以由某些将会保持父权制观念的家族楷模所改变。历史必然性的概念对勒普莱来说是完全陌生的。他的思想模式仍是18世纪人的思想模式，这可归因于如下事实，即他对19世纪大部分法律史和经济史著作一无所知。[71]

我认为《论美国的民主》对蒲鲁东的早期著作有着相当的、可能是决定性的影响。1839年末出现的《主日庆祝》（*La Célébration du Dimanche*）这本小册子，咄咄逼人地包含着平等主义言论，但这些并不源于法国18世纪作家的传统。作者特意提醒说他并不想"翻炒讨论身份不平等的理论,并支持那位日内瓦哲学家多有破绽的论点"[72]。我们也不能说蒲鲁东受到法国共产主义者的影响。他的如下一段话就是指着他们说的——"身份和财产平等问题已提了出来,但仅仅是作为一种没有原理的理论提出的,我们必须再次提起它并严加探察它的真理性……[73]但是马上就产生一个问题:寻求一种社会平等的状态,这种状态不是共产主义,不是专制主义,不是剥夺,也不是无政府,而是包含秩序的自由、不失团结的独立。而且在这第一点解决之后,还有第二点,即寻找最好的过渡方法"[74]。

翌年,蒲鲁东在他第一篇论述财产的文章中继续阐述他的平等主义思想。他确信人类的最终状况,因为托克维尔已经断言向平等迈进。他只需给出一个正式的证明。当我们头脑中带着这一点阅读他的这篇文章时,蒲鲁东就显得比我们当代人所想的要有趣得多;这些人认为他很少关注事实。

蒲鲁东的同时代人广泛地接触到托克维尔宣传的思想,并对蒲鲁东上述1840年的文章印象极为深刻。对这一点,我们在《神圣家族》中看到马克思、恩格斯的证明,我们尤其还看到维达的证明。后者在他1846年发表的一部讨论财富再分配的著作中,用了专门一章来讲蒲鲁东和康斯坦丁·派克奎尔。[75]认为他们属于平等主义者,并将他们区别于其他社会主义者(圣西门主义者、傅立叶空想社会主义者和共产主义者)。

《经济矛盾》的写作,意在通过表明平等像一条隐藏的法则从经济发展中崛起从来发展上述平等主义主题。在我看来,如果说蒲鲁东在该著中频频运用了一种天意似的语言,那是因为托克维尔的概念所产生的巨大效力打动了他。马克思惑于表象,在《哲学的贫困》中不去寻找这种阐述方式非常贴近的来源,而把蒲鲁东看做波舒哀的一个后来的弟子。马克思说:"通过蒲鲁东先生之口讲话的社会天才首先给自己提出的目的,就是消除每个经济范畴的一切坏的东西,使它只保留好的东西。对蒲鲁东来说,好的东西,最高的幸福,真正的实际目的就是平等……每一个新的范畴都是社会天才为了消除前一个假设所产生的不平等而做的假设。总之,平等是原始的意向、神秘的趋势、天命的目的,社会天才在经济矛盾的圈子里旋转时从来没有忽略过它。因此,天命是一个火车头,用它拖蒲鲁东先生的全部经济行囊前进远比用他那走了气的纯粹理性要好得多。我们这位著者在论捐税一章之后，用了整整一章来写天命。"[76]

马克思显然只是非常泛泛地读过这一章（如果他终究读过的话），因为蒲鲁东曾经尽可能明确地拒绝"天意似的政府——其虚幻不稽是由人类形而上学的或经济的幻觉，一句话，是由我们这一物种的殉道精神充分证实了的"[77]。

马克思不愿承认一个人可以对人类历史做出综合以使它隶属于某一特定品质的发展，在这一点上他是对的。他的批评非常准确，并且摧毁了圣西门主义者广泛采用的各种进步体系。"平等趋势是我们这个世纪所特有的。说以往各世纪及其完全不同的需求、生产资料等都是为实现平等而遵照天命行事，这首先就是把我们这个世纪的人和生产资料当作过去世纪的人和生产资料来看待，贬低世世代代不断改变前代成果的历史运动。"[78]历史不能被铸入一种虚幻的意识形态统一性中。为了科学地追踪某一演进，有必要只去考量其经济状况表现出足够的恒定性的一段时期，这样我们就可能找到一种真正的统一性。

但是蒲鲁东并非想要证明迈向身份平等的历史运动的存在。他从托克维尔那里接受了这一事实，而且他想通过在经济学中树立某种哲学秩序而在该事实中找到一种形而上学。他把世界看做一个整体，并试图从中引出一种能够顾及托克维尔所宣称的法则的秩序。他的非常复杂的观念于我们现今的思维习惯来说相当陌生，[79]但它对一个略微熟悉黑格尔的大量演绎推理的人来说却显得相当自然。蒲鲁东在他论述机器的一章中讲道："我们写作历史遵循的并不是时间的顺序，而是观念的先后。阶段或经济范畴在它们的展现中有时是同步的，有时是颠倒的。由此就有经济学家们试图将他们的观念予以体系化时常常感到的极度困难。由此就有他们著作的紊乱……但经济学家的理论并没有缩减其逻辑链条和理解畛域：我们试图揭示的正是这一秩序，它将使得拙著既是哲学又是历史。"[80]

蒲鲁东相信他要比那些他在巴黎打过交道的黑格尔信徒科学得多。黑格尔的信徒希望人类已经作出千年的努力提供有利于被择定的形而上学的证据。他们如此就改变了现实的性质。但是蒲鲁东受到托克维尔权威的支持，不可能想象人们会指控他无视现实。

在这点上，如果我们提请注意他不久后提出的若干非常古怪的论题——它们大大澄清了矛盾学说，则并未偏离主题。这些理论并没有给蒲鲁东的同时代人留下深刻印象，因为他们是用一种迥然不同的方式思考哲学的。在审视这些人的过程中，我们理解了蒲鲁东这一时期著作中的语言为何如此经常地令人费解：像他这样一位可称伟大的作者，如果得不到公众的合作，是不可能做到清楚阐述他的直觉知识的。

古希腊的形而上学把对绝对——由惯于将他们的同时代人认为注定不朽的著作刻在大理石上的雕刻家和建筑师所构造——的沉思作为它的目标。蒲鲁东主张必须采取与古人相反的观点。"一切事物中确凿、真实、实在、可行的东西，是变动的，或至少是能进步、调和、转变的东西；而谬误、虚假、不可能、抽象的东西，是所有那些表现为凝固、完整、彻底、没有缺陷、不能改变、不能修正或转化、不能增加或削减，因而难以进行任何更高结合或任何综合的东西。"[81]

经济矛盾源于我们抽象理解的幻象——这种抽象理解想要推导出那些仅具某种相对价值的判断的一切结果。蒲鲁东说："我业已证明我们的大部分观念——它们是工业实践（相应的是现代社会的整个经济）当今所依赖的……是有关整全的分析性概念，是以对立方式相互推出的各个部分及其观念与法则，它们各自独立开展，没有约束或限制。其结果，社会不是立于和谐之上，而是处在矛盾当中。它导致贫困和犯罪并行、系统的发展，而不是在财富和德性上有所进步。"[82]

蒲鲁东看来未曾作出非常认真的努力给这些漂亮的哲学法则以某种多少系统化的组织。他从他有关运动的思想中引出的结论远远不符合他对我们的承诺。

1851年政变促使蒲鲁东更好地理解了他作为一位道德家的天职。在一个为好运所陶醉，除了成功、进步或快乐不再愿意讨论任何别的东西的社会面前，他使得《大革命中的正义与教会中的正义》的庄严抗议为人所知。他不想承认存在着使各个文明就像人类那样前后接替的法则。他"以前曾被这种生理—政治的玩意儿"所愚弄。他认为论述这样一种运动的论文毫无价值。他说："在我看来，如果进步除此之外再没提供任何东西，它就不值得我们如此焦虑与苦恼。最好就像上帝所乐意的那样活着，并且遵循修道士的建议：'留心你自己的事情，不要侮蔑政府。让世界顺其自然吧'。"[83]事实上，各种进步理论在那时兴盛的原因，就在于法国资产阶级渴望从好时代获益的过程中"像上帝所乐意的那样活着"。

正如17世纪末曾发生过的那样，一个满足自身命运的社会向道德家们展示进步观念；后者却与新生活方式格格不入，他们谴责社会的轻浮，希望向它提醒大哲学家们的原理。

对蒲鲁东来说，问题全然是一个道德问题。进步存在于"人类的自我拯救或完善"产生之时。人类在发展其才能、力量和权力的过程中相信自由与正义。人类"超脱于自身难免的东西"。衰退在于"人类自我的败坏与瓦解，表现在传统的道德、自由和创造精神因勇气、信念的缩减以及种族的弱化等等导致的不断丧失"[84]。几乎没有必要提请注意这样一幅图画包含对法国第二帝国初年所处状况的影射。

按照蒲鲁东的观点，历史应当提供一种双重证据：它应当向我们表明进步是"人类的自然状况"，因而"正义本身比所有与它斗争的力量都要强大"。[85]它应当通过心理幻象解释衰退：人由于看到正义体系在实践中是不完善的，因而对正义失去了信念，而去遵循一种似乎能给他带来幸福的理想，并使这一理想服务于他的情欲。[86]对蒲鲁东来说，非常麻烦的东西看来是道德意识的隐而不彰——这一点当时在法国已受到注意，而且它出现于人们对复兴希望大肆设想的一段时期之后。蒲鲁东并不相信这种状况会持续很长时间。"工作和法律这两大原理是一切对理想的构造从此应当依靠的。偶像被推翻了：当代的道德败坏给了它们最后一击。永恒法庭和正直判定的时刻马上就要到来。"[87]

只要1851年受挫的派别对未来仍感到忧虑，他们就会大力赞扬正义，并且通过肯定正义从长远来看一定胜利从而坚持他们对平民大众的希望。这种语言今天显得相当过时。胜利的民主主义者将一切会妨碍他们在政府中工作的旧自由文献交到了当铺。

五

民主政体相信自己定然前程远大，而保守派别则灰心丧气，因而民主政体就不再感到有与先前同样的需要，即运用历史哲学来证明它上台的正当性。这样，进步观念在那些位居资产阶级科学要津者的眼中就大大失去了它的重要性，于是两位巨头——朗格卢瓦和塞贡博斯教授在他们合著的《历史学研究导引》（*Introduction aux etudes historiques*）一书中就只用了15行文字（而且字里行间带有鄙视）来论述进步问题。然而，不难看到进步并未从民主的词典中删除。

民主政体建立在一种强烈的等级制基础上。通吃者的寡头统治必有一帮忠心耿耿的走卒，他们辛勤地为其首领的利益服务，但从自己的操劳中却得不到多少实在好处。有必要使这类小贵族保持一种亢奋状态，方法是使他们满怀友谊的象征，以理想化的言辞激发他们的荣誉感。民族的光荣、科学支配自然力、人类迈向启蒙——这是在民主雄辩家的演讲中总能听到的废话。

1906年8月，在教育联合会昂热（Angers）代表大会上所作的演讲中，教育大臣说道："在我看来，权力的行使仅当它允许一个人不是去享受由地位而来的光荣，而是获得他因为能够实现自己的想法而体验到的深刻怡人的满足时，才是有趣的。"说出这句恬淡语言的人竟是严肃的白里安①！之前，他还说："热爱这个国家的人是我们。如果国家生存、发育、成长、开花，原因将在于我们——因为我们是共和主义者。向保守主义者说这个没有用，他们根本不会理解你。"[88]

因此，这位优秀鼓吹者的讲话就像他是这个国家一切伟大事物的主要创造者一样，而且他竟能找到接受他蒙骗的听众！他哀叹保守主义者对此无动于衷。今天政治家们不再面对民主之父曾为之写作的有教养的公众演讲了。他们向各类这样的人演讲——这些人受到某种特别训练以来赞赏从政治家口中说出的神谕。

过去30年来共和行政体系所作的一切努力，已经把教师列入这一小贵族当中——这给我们当代民主的主角带来好运。有人竭力给他们灌输对华丽辞藻的盲目尊敬——这种空洞的华丽辞藻做了资产阶级的哲学。由此构成莱昂·都德称为"小学哲学"的东西。该术语并不准确，因为这堆混乱的词语并非那些仅受过小学教育者的某种自发创造，而是他们的老师有意诡辩的创造，目的是要愚弄他们、利用他们，从公共金库——他们的奉献把它敞开给政治家——中大赚钱财。[89]

在这个世界的某些地方，总有一些优雅之士拒绝从事物的真实状态去看待它们，他们发现这些真实状态相当讨厌。因而，他们把才智用于

---

① 白里安（1862—1932），法国社会党政治家，11次任法国总理，签订洛迦诺条约（1925）和凯洛格—白里安公约（1928），主张建立欧洲联邦，获1926年诺贝尔和平奖。

编造仅对民主有所尊敬的各种理论。这样我们就不应惊奇再次碰到各种进步理论——一些作者以此自欺的非常虚假的理论。在本篇研究的末尾，我想把拉康贝十几年前草拟的理论提供给读者。这将非常具有启发性，因为拉康贝既是一贯的共和主义者，又是煞费苦心的学者。[90]我们将在他的笔下看到与这种双重身份相当对应的非比寻常的幼稚。作者相信世界出自博闻多识者满怀的激情，而且他只想在世上碰到适合他的共和主义良知的东西。

拉康贝看到人依照他把进步的形式视为"单纯的财富和知识积累"，还是把它的目的看做诸种情感间"更完美的平衡，更成功的调和"，可以阐述两种非常不同的进步观。[91]"关键是一个人采取何种态度看待自己的命运。"[92]

勒普莱经常坚持这种区分。有时可能发生这样的情况，即当第一种类型的进步无可争辩地存在之时，第二种类型的进步便受到怀疑。因此，论及阿瑟·扬对维持土地旧状的法国大地主的诅咒，他说："为了充分说明这种批评的正当性，作者本应证明生活在这些休耕地上的人一点也不比那些生活在他的萨福克郡非休耕地上的人幸福。"[93]勒普莱相信他在旅行过程中看到绝对的安宁——等同于拉康贝那里的真正进步——已在亚洲大草原上的民族那里达到了。"大草原上的居民，当他们未因与'文明人'的接触而败坏时，就比人类中任何其他民族更大地激起旅行者的温情与敬意。所有在大草原的土地上逗留过的西方人都有同样的印象。他们均向我承认回到定居民那里时，他们体验到了遗憾与幻灭。"[94]

拉康贝就幸福主题所形成的观念，不是建立在对实际历史群体的观察上，而只是建立在对像他那样一生惯于在图书馆埋首于故纸堆的人最适合的生活类型之上。他说："一般而言理智感没有柔情或肉欲那样强烈，但是……持续与反复不会削弱它们。来自理智感的温和而宁静的幸福能够持久长存并几乎充盈每时每刻……生活艺术或幸福艺术最可靠的法则在于，尽可能地遵循理智感。"[95]

作者经由这种令人愉悦的学者哲学达致一种迥然不同的思考。他设想历史学家由此将会认为那些允许自己由长于运用精巧的幸福艺术的人治理的民族颇有智慧。[96]"那些想要测量不同社会在进步路途上的相对差距的历史学家，除了理智本身，即艺术与科学在各个社会所起的作用外，别无更准确的标尺可用。"[97]这里就出现一个新的困难，因为存在两个理智的标尺，一个是科学的，另一个是艺术的。但是一个曾博览群书的人头脑中从不会有太多疑惑；第一个是好的。他总结说："我认为文明首先要用各自发展出的科学这一标准来比较，同时我们也可以考虑某一文明在艺术、文学或者道德上优于其他文明这一从属层次。"[98]于是我们在这里就退回到一场学术竞赛之中！

我们切莫相信这种构想与民主的倾向毫不相干。不难看到拉康贝给我们揭示出当代世界的若干秘密。

我们应该注意到作者在物质进步主题上发现他自己所处的困境，因为拉康贝经常从马克思的门徒不会驳斥的角度谈及技术。这样，我们料想他会按照各文明生产资料的水平来安排它们。但是尽管认为经济发展的优先性在经验上是有效的，但拉康贝并没有用经济因素来判断"各文明的相对价值"[99]。这种态度相当对应当代诸种民主的境况。这些民主存在于这样的国家，这些国家因与民主领袖的关心毫不相干且时常甚至不为这些领袖的活动所动的原因正变得越来越富裕。这样，自然可以把生产的进步看做所有现代文明的基本条件，但把这种文明的关键放在经济之外同样是自然而言的。

我们还注意到拉康贝只给了道德事务一个很小的位置。对他来说道德的进步只会激发不偏不倚的感觉。[100]民主的成功要求一种更积极的情感。对当代现象稍加观察，我们就知道民主极其轻蔑一切唤起道德试图加给人的约束的事物。

我们看到拉康贝关心的只是社会中的统治集团。一切服从于这群精英的福祉。这里我们再次发现一个可贵的认识：没有什么会比民主政体的抱负更加贵族化的了。民主政体试图通过某一由知识与政治专家组成的寡头集团来继续剥削劳苦大众。

民主政体仿效旧社会四处追求的快乐生活与拉康贝描述的井然有序的生活之间存在如此巨大的矛盾，以致我们起初很难理解他如何能把稳健的学术看做适于表述历史演进。为了理解这一非常奇怪的悖论，我们必须记住民主政体喜欢接受它极为不配的恭维之词。我来给出一些例子，它们取自当代社会一位最著名的恭维者的一本近作。[101]阿尔弗雷德·富耶断言伴随民主的进步存在着"有关人的尊严、自由和独立的进步意识"，而且他总结说"尽管经常多有偏差，民主本身还是富有教育意义的"[102]。这样的弥天大谎根本不同于无知者无畏：只需环顾一下四周我们就能看出民主是一系列奴颜婢膝、贪污腐化、道德败坏。当富耶声称善是一种能够有效引导当代人的道德力量时，他并非在做一件有辱读者智力的糟糕事情。[103]人很难料想善是一种在世界上广为传播的美德。它看起来甚至根本不是某种民主的美德，[104]但是民主政体想要人们赞颂它心灵的卓越。此类阿谀奉承是从旧制度继承下来的。

在赋予理智之事如此重要一种位置的过程中，拉康贝或许相信他表达了民主最深刻的希望。民主从未停止夸耀它对真理假定的激情。白里安在他的昂热讲话中，要求教师们塑造"真实的人、真正的民主政体的公民，他的头脑没有充斥神秘和教条；这个人洞悉未来，这个人看待生活就像生活本身那样美丽与值得生活一样，而且他就活在其中"。由于自我沉醉于民主的夸夸其谈中，这位大臣吐出这句惊人之语："神圣就体现在这样一个人身上！而且如果说这位神迄今还如此经常地无能为力，在生活的重担下趑趄不前，那是因为谎言与无知长期束缚了他的努力。我们应当解放他。"

在我看来这位政治家的厚颜无耻真是无以复加，他洋洋自得于最终达致了一种出人意料的局面，他不公平地利用了听众的天真——这些听众已被训练好来赞美新贵们空洞的形而上学。[105]在我们的研究之初，我们发现某些人的琐碎哲学，这些人想津津有味地享受自己的财富，而不想再听到他们先辈长期奉行的审慎。路易十四时代的人们夸耀他们世纪的奇观，并热衷于思考自发生成的美好事物——用来向人们保证不断增长的幸福。后来，出现了一种历史哲学，它在自由资产阶级时代取得它的最终形式，它的目的是要表明现代国家的倡导者所从事的变革具有一种必然性的特征。而现在我们便降到竞选活动中的胡说八道，这些胡说八道使得煽动家们可以随意支配他们的支持者，并确保他们自己万事顺利。文雅的共和主义者有时试图用哲学的外衣掩盖这种政治体系的恐怖，但面纱总容易被揭去。

所有有关进步的观念以一种不同寻常有时是荒唐的方式结合在一起，因为民主极少有什么它可以恰当声称属于自己的观念，而且因为它几乎完全活在旧制度的遗产上。当代社会主义的任务之一就是拆除这种属于习惯性谎言的上层建筑，并且摧毁那些将18世纪的庸俗再加庸俗的人的"形而上学"仍然享有的声望。这是我在这本著作中一有可能就要去做的事情。

六

我们不能没注意到现代社会显现的一个非常突出的特征就撇下这些问题，这个特征在许多人看来与阶级斗争原理相悖。

在资本主义世界，存在着这样一种物质进步，它允许统治者怡然自得，但它同时还是社会主义革命的必要条件。与生产技术相关的这种物质进步既受到资产阶级的赞许——他们欢迎一种更成功更美好的生活，也受到社会主义者的赞许——他们认为它是能够镇压住人的革命的保证。于是马克思主义者就总把那些慈善家——这些慈善家为使人们避免任何经济大转变引起的苦难，喜欢通过调控来限制这种物质进步——指斥为危险的反动分子。

知识分子发现很难理解所有者与革命者对物质进步的价值的认识怎么能如此一致。在他们看来对一方有利的对另一方应该是可憎的，因为他们相信一切历史冲突就像争夺权力果实的党派斗争那样：一方所得即是另一方所失。许多人相信当代人对物质进步表现出的赞赏足以作为利益和谐的一个标记。所有社会哲学考虑的都是了解各个群体是否按其劳绩而获益。对革命者来说，真正的问题在于联系他们为之准备的未来而来判定现在的事实；我们的专职理想家难得理解的正是这种思维方式。

我认为至今尚未有人以令人满意的方式探究生产进步的各种条件，以至于有可能阐述有关这些条件的一般原则。我将仅限于指出在我看来应予考虑的一些观点。

我们首先应该关注各类机器以确定工程师们所要求于它们的是些什么新性能。这当然是我们的任务中最容易的部分。以下就是几个笼统观察，其重要性可以被任何爱好机械的人所证实。工程师们用到越来越多的几何公式。[106]他们试图获得非常接近均匀运动的高速旋转。他们运用许多方式降低消极阻力的作用，不仅是要节约动力，而且是要消除零散运动。[107]他们在无论是生产工具还是消费资料方面都试图自动调节输入，以达到一种非常规则的节奏。当有偶然的外部作用力干扰运动时，人就试图得到间隔短的扰乱对之影响微弱的间隔长的摆动。[108]

其次，我们可以像柏格森那样把机器比做生物。按照柏格森的观点，生命生产供感官运动系统消耗的炸药。"这些炸药不是太阳能的仓库——暂时延缓的能量在若干点上被消耗——是什么呢？当然，炸药蕴涵的可用能量在爆炸的一刻就消耗了，但是如果没有一个有机体在那里阻止它的散逸，将它保留住并储存起来，那它可能早早就消耗了。"[109]水力发动机是由原本会沿着河岸耗掉能量的水所推动的。同样，在蒸汽发动机中，汽锅接受了煤炭燃烧所产生的部分热量，这些热量原本会因辐射或热空气与大气的混合而丧失。发动机因此就是放在能量的自然或人为浪费路途上的装置，[110]用来留住某些能量并能将所留住的能量造福于人。

现代的工程师们对能量耗散非常在意。因此他们要作出巨大努力来获得功率很大速度很快的发动机——这种发动机的冷却损失会大大降低。进而，我们大致可以说在所有用热的工业中，拥有尺寸大输出快的机械装置是好的。

与同一套想法相关的是留存冶金火炉从前丢掉的气体，用于加热锅炉。

与能量耗散有关的问题为管理者提供了头等有趣的事情，因为从这种观点来看，今天的大型设备大大优于以前的系统。大型工厂肇始以来，功率强大的蒸汽发动机的好处给人以深刻印象，化学工艺中取得的一切进步更加表明这种规模的价值。作者们（尤其是社会主义的作者们）经常忘记这种规模价值的技术根源。因此他们就赋予任何扩展的企业他们很难科学地证明的优越性。最不寻常的是，竟有如此多的所谓马克思主义者不经追溯工业集中的技术基础就去推论进行这种集中的统计学。

最后，我们必须审查在机器与工人之间存在什么样的关系。工业科学的这一部分从来只得到过非常肤浅的处理。看到体力消耗随着机器设备的完善而缩减总是令人惊奇：一些人对十分胜任因而也非常昂贵的劳动大军的消失表示欢迎；一些人则庆祝智力对物质的胜利并梦想会有工作类似某种技能游戏的工厂。这些都是资产阶级思想，我们对它没有兴趣。我相信倒是必须将我们的研究集中到以下几点。

我们应该指出由每个真正胜任的工人赋有的生产力量在他那里所激发的依恋感。这些感觉在农村生活中尤有表现。农民对他的土地、他的葡萄园、他的粮仓、他的牛、他的蜜蜂的热爱曾经备受颂扬。这种态度一般与财产相互关联，但是不难看出，这里有某种更根本的东西。赋予财产的一切价值离开了某种劳动方式所产生的价值将是毫无意义的。

一般而言，对农村生活诸种事实的理解一直相当糟糕，因为哲学家们几乎总是城里人，他们认识不到农业在劳动等级中的位置。人们从粗糙形式的农业中看不到财产具有什么价值。但是农业还有另外一种类型，许多世纪以来它远比城市的大多数够格的工作优越。诗人们颂扬的正是后者，因为他们看到了它的审美特征。财产似乎将如下事实作为它的主要优点，即它使农民有可能成为艺术家。这一思考的重要性对社会主义来说非常之大。

现代工厂是个实验场，它不断地刺激工人从事科学研究。同样目的可以由不同的方法达到，而这些方法总是被当做临时的。因此人们就总要注意现行生产方法带来哪些麻烦。我们这里必须再次求助先前对农业的观察。人们经常指出种葡萄兼酿葡萄酒者是观察家、是推理者，对新的现象充满好奇；他比体力劳动者要多得多地类似先进工厂中的工人。他不可能满足陈规，因为每年都会有新的困难。在产酒大区，种葡萄兼酿葡萄酒者总是小心翼翼地注视着每种植物的所有生命阶段。

现代的技术教育应将把类似这样的精神赋予产业工人作为它的目的。问题与其说是将机器的用处教给他，绝对不如说是让他准备认识机器的缺陷。这种观点与我们在文人那里看到的观点截然相反，这些文人没有理解进步得以产生的环境就欢呼进步所实现的奇迹。文人的观点相当自然地已对那些负有指导教育之责的人发生了重大影响，技术学校看来忙于传授陈规远远过于唤醒一种真正的科学精神。

我们于是被引向发明创造，这是每种现代工业的伟大活动。我在《论暴力》一书结尾曾经指出，在我看来艺术应被当做是对最高生产形式的期待，这在我们的社会中已经越来越明显。我相信从这一论点还可引出许多关系重大的结论，它们很可能将几乎所有能说的真正有趣的东西都给了创造精神。[111]

科学几乎已经完全摆脱了文人试图强加给它的指导。后者仍然以为他们在为科学事业服务，因为他们大肆炫耀现代发现的光荣。但他们的胡扯实际上在了解科学工作的人那里没有听众。科学日益明显地要加诸自然一个理想工厂，该工厂机器设备的运转有着数学般的精确，旨在相当近似地模仿自然物体中发生的变化。正如实验物理学只是因为机器制造者的竞争才取得进步一样，数学物理学似乎越来越要从运动学中寻求它所需要的假设的公式。科学与工艺于是就比过去数百年间伟大几何学家们所想的要大为接近。

我说过人们对工人与机器之间的关系并没给予多少关注，但对资产阶级与他们的事务、他们的快乐以及保护他们利益的社会机构的关系着墨甚多。今天比比皆是的论述集体心理的书籍也没讲出任何别的东西。这类文献为当代人大加欣赏，原因在于他们把它当做是对发展一种官方道德——这种道德将在学校教授，目的是要通过各类知识分子使政府对人民放心——的极佳准备。

人们看到如下现象不能不颇受触动，即当代哲学给那些在我们的先辈看来最严肃的问题一个多么小的位置：宗教被最为肤浅地对待，道德被降作为确保秩序而对温顺的培训。

我越是思考这些问题，就越是相信可以为一种文化的出现做些基础工作，这种文化不会对资产阶级文明的消逝给出任何遗憾的理由。我们知道无产阶级应对其主人发起的战争适于在它那里培育高贵的情感，这种情感在今天的资产阶级那里完全看不到。后者从曾经存在过的一个最腐败的贵族统治集团那里借来大量东西；它的良知准则与卢梭所称的霍尔巴赫圈子的文人一样乖戾。我们应该竭力阻止资产阶级思想观念毒害正在崛起的阶级，这就是我们无论怎样打断人们与18世纪文学的联系都不为过的原因。[112]

注 释

1 洛克奎因：《大革命之前的革命精神》（*L' Esprit révolutionnaire avant la Révolution*），第114页。

2 同上书，第123—128页。

3 同上书，第146页。

4 同上书，第171—172页。

5 同上书，第165页。

6 同上书，第177页。

7 同上书，第180页。

8 1749年，他写过一篇论纸币的论文。1751年初，他离开索邦神学院。1752年1月5日被任命为首席检察官助理，12月30日被任命为顾问，1753年3月28日被任命为请求主事（master of requests）。他在1755年与魁奈和科尔奈（Coumay）结盟，1765 年为百科全书派写过一些文章。

9　杜尔哥：《全集》，第 2 卷，第 625—627 页。

10　波舒哀：《世界史讲话》，倒数第二部分。

11　杜尔哥：《全集》，第 2 卷，第 606 页。

12　同上书，第 607—608 页。

13　同上书，第 628 页。

14　同上书，第 598 页。

15　同上书，第 600—601 页。

16　因此阿拉伯人的迅速衰落"警告我们当代人，如果他们希望获得自由并保持自由，就不要忽略任何保存和发扬启蒙之事，如果他们不愿丧失启蒙给他们带来的好处，就要维护他们的自由"。(《人类精神进步史表纲要》，第六个时代）历史应该使"我们时刻保持警惕，在迷信和专制胆敢再次露面的时候，一眼认出它们并用理性的力量将它们遏止于萌芽之中"。(第十个时代)

17　杜尔哥：《全集》，第 2 卷，第 608 页，参考第 666 页。

18　同上书，第 610 页。

19　孔多塞似乎甚至企图抹杀这些进步的重要性，他将它们说成是全部归于输入："这些工技艺开始接近它们在亚洲保持的那种完美状态。"这些输入的贡献不管有多大，它们也不能解释中世纪所有的技术进步：冶金术似乎是在德国得到改观的，哥特式艺术则产生于法国，等等。

20　杜尔哥：《全集》，第 2 卷，第 608 页。

21　杜尔哥的概念并不完全精确，因为他假设科学会达致对自然的完美认知。但是在并没有多久之前，我们才开始懂得在工艺影响下造就的"人为的自然"与包括它的"自然的自然"之间的不同。我在我的一本讨论实用主义之运用的书中详细阐发了这一看法。

22　杜尔哥：《全集》，第 2 卷，第 667，610 页。

23　斯塔尔夫人：《全集》（*Oeuvres complétes*）（1820 年版），第 4 卷，第 586 页。

24　同上书，第 408 页。

25　斯塔尔夫人的估计和建议并不总有意义。她写到对弊端的讽刺将失去重要性，"如果法国的宪法是自由的，而且它的各种制度是哲学性的"，那么，幽默将既没有用处也没有趣味（斯塔尔夫人：《全集》，第 4 卷，第 480 页及以下诸页）。"《坦率》（*Candide*）这类作品在一个共和国中是有害的"，因为，"人生中最高贵的兴趣受到嘲讽"。因而，喜剧应该去抨击"那些有损公益的灵魂邪恶，尤其是"其中那些毁坏了优秀品性的邪恶"，因为"共和精神要求正面的德性"（第 487 页）。诱奸将在舞台上受到嘲讽等等（第 489 页）。我们必须再次评价说历史会何其少地遵从理论家的指令。

26　斯塔尔夫人：《全集》，第 4 卷，第 410 页。

27　同上。

28　布吕纳介：《文体的演变》（*Evolution des genres*），第 179 页。

29　同上书，第 177 页。

30　斯塔尔夫人：《全集》，第 4 卷，第 437 页。

31　同上书，第 420 页。

32　同上书，第 408 页。

33　同上书，第 420—421 页。

34　同上书，第 441 页。

35　同上书，第 199 页。

36　杜尔哥：《全集》，第 2 卷，第 672 页。

37　布吕纳介似乎认为斯塔尔夫人只是从知识扩散的维度思考了人类的完善（《文体的演变》，第 176 页）。

38　这种影响相当之大，以至于她敢于写下"在发生过宗教改革的国家，基督教对道德的正面影响至今仍能看得到"。（斯塔尔夫人：《全集》，第 4 卷，第 206 页）我们知道，在狄德罗看来，任何承认上帝存在的地方道德都是败坏的（参见雷纳克《狄德罗》，第 170 页）。

39　斯塔尔夫人：《全集》，第 4 卷，第 200—201 页。

40　这即是孔多塞的主要目的：这位皇帝通过对主教的挑选，加诸教会这样一种义务，即忘掉对拥护宪政的神职人员的诅咒。

41　斯塔尔夫人：《全集》，第 4 卷，第 190 页。

42　同上书，第 209 页。

43　同上书，第 211 页。

44　她说思想家们赞扬异教徒信仰和实践的原因是他们厌恶不宽容（同上书，第 206 页）。

45　同上，第 206 页。

46　我们前此已经看到该事实对奥古斯丁·梯也里同样适用。

47　注意"爱国者"一词含义的变化：在解放战争期间，爱国者指的是帮助法国打击本国的最高统治者的人；后来，它指的是为保存君主权力而战的人。

48　勒南：《道德与批判文集》（*Essais de morale et de critique*），第 117 页。

49　唐纳：《法律与社会意识的演变》，以下简称《意识的演变》（*L' Evolution du droit et la conscience social*），第 18 页。

50　同上书，第 13，15—16 页。

51　同上书，第 17—18 页。这里与卢梭观念的相似性很是鲜明：良知高于法律。

52　同上书，第 32 页。

53　耶林：《罗马法发展史》（*Histoire du développement du drait romain*），第 12 页。

54　唐纳：《意识的演变》，第 31—32 页。

55　试图像一些作者那样证明法律良知与选票揭示出的人们的意志相等同是荒唐的。

56　唐纳：《意识的演变》，第 40 页。

57　参见乔治·索雷尔《勒南的历史体系》（*Sylstème historique de Renan*，Paris：Marcel Riviere，1906），第 5—23 页。

58　唐纳：《意识的演变》，第 22 页。

59　应该反复告知人们激发阿尔弗雷德·吉阿形成先父遗传理论（该理论认为，先前父兽的某些特性能遗传给同一母兽与其他公兽交配所生的后代。它很难成立）的社会学思想。他认为欧洲的低等阶级由于实践贵族的享乐而被快活地转变。这一闲扯无碍吉阿成为第一流的博物学家，但博学之人并不总是善于从他们的经验中绅绎出一般结论。

60　唐纳：《意识的演变》，第 28 页。

61　亨利·柏格森：《创造进化论》（*Evolution créatrice*），第 59—60 页。[*Creative Evolution*（New York，Modern Library ed.），第 62—63 页。后文引用柏格森的页码都是美国版本的页码——英译者注]

62　同上书，第 63 页。

63　耶林：《历史》（*Histoire*），第 12 页。

64　我们知道批判时期与有机时期的区分在法国曾有何等的重要性，圣西门主义者们建议将法国人带出批判的炼狱而领进组织之中。这种想法肯定获得拿破仑的倾听，他宣布他终结了大革命时代，并给我们的语言中引进了"有机法"——含义是一个行政体系中的基本法——这一词语。（参见第二章——英译注）

65　耶林：《为法律而斗争》（*Ihering. La Lutte pour le droit*），第 6—11 页。

66　唐纳：《意识的演变》，第 13 页。

67　斯塔尔夫人：《全集》，第 4 卷，第 586 页。

68　参见彼埃尔·马塞尔《有关托克维尔的政论》（*Essai politique sur ALaris de Tocquerrille*），第 107 页。

69　勒普莱：《法国的社会改革》（*La Refarme sociate en France*），第 3 卷，第 327 页。

70　勒普莱：《劳动的组织》（*Organisation du travail*），第 3 版，第 367 页。按照勒普莱的说法，托克维尔认为欧洲民族的衰落不可避免。"另外，他还相信这种衰落不会因美国政体的输入而加速"(第 377 页)。我们得知勒普莱只是到第二帝国时期才与托克维尔有过接触。就像几乎所有自由主义者那样,托克维尔将帝国政体看做是某一衰落的结果。

71 除了偶尔从中采用几个注释外,勒普莱似乎从未仔细读过历史著作。甚至这些注释可能也是由朋友提供给他的。

72 蒲鲁东:《全集》(*Oeuvres complètes*),第 2 卷,第 144 页。

73 蒲鲁东断言"身份的平等符合理性,在法律上也是无可质疑的"(同上书,第 49 页)。

74 同上书,第 151 页。

75 派克奎尔 1842 年发表了他的《政治经济学和社会经济学的新理论》(*Théorie nouvelle d'économie politique et sociale*)。

76 马克思:《哲学的贫困》(*Misère de la philosophie*),第 164—165 页 [*The Poverty of Philosophy* (Moscow: Foreign Language Publishing House),第 133 页。所有参照页码都将是这本英文版的页码——英译注]。稍后他比照蒲鲁东与维尔纽夫—巴尔热蒙的《政治经济学的历史》(*Histoire de l'économie politique*),该书将历史变成一种天主教申辩(第 135 页)。

77 蒲鲁东:《经济矛盾》(*Contradictions économiques*),第 1 卷,第 360—361 页。

78 马克思:《哲学的贫困》,第 134 页。

79 当我们看到当代的事实与托克维尔的历史法则完全矛盾时,要接受蒲鲁东的观点就更为困难。今天访问过美国的人没有谁还会羡慕那位法国作家在 1832 年观察到的身份平等。美国当时是一个农业国家。现在它已是一个工业民族,投机事业已在那里产生了最惊人的不平等。

80 蒲鲁东:《经济矛盾》,第 1 卷,第 148 页。

81 蒲鲁东:《进步的哲学》(*Philosophie du Progrès*),第 21 页。这里有几个因与当代理论相似而值得注意的论点。"运动是一个首要的事实"(第 27 页)。当我们论及出发点或原理以及终点或目的时,我们就构造了一个幻象。第二个幻象使我们把原理当做是目的的原因或者生成者。"运动即是一切"(第 29—30 页)。

82 蒲鲁东:《进步的哲学》,第 49 页。

83 蒲鲁东:《大革命中的与教会中的正义》(*La Jusitice dans la Révolution et dans l'Elise*),第 3 卷,第 255—256 页。

84 同上书,第 271 页。

85 同上书,第 277 页。

86 同上书,第 297—299 页。按照他可能是从黑格尔信徒那里引申来的一项理论,蒲鲁东认为"基督教只不过提出了一个哲学后来要从中提取真理并作出解释的神话"（第 28 页）。人受驱使去遵循正义是因为他受自己构造的理想的支持。神学家们在他们的恩典理论中表达的就是这个（第 280 页）。罪在于人或多或少偶然偏离了自身之中最高尚的东西，正直以及理想（第 296 页）。

87　同上书，第 299 页。

88　引自 1906 年 8 月 7 日的《论辩》(Débats)。

89　不难看到教师们今天正在做出值得赞许的努力来自我解放。民主分子大大扩充他们的听众以维系他们的声望。但是由于滥用他们所掌握的笨拙手段，他们很可能成了那些长期受他们愚弄的人的笑料。

90　朗格卢瓦和塞贡博斯建议那些希望探究进步概念的读者参阅拉康贝的著作《历史研究引论》(Introduction aux études historiques)，第 249 页。

91　拉康贝：《论历史作为一门科学》(De l'histoire considérée comme science)，第 276 页。

92　同上书，第 280 页。

93　拉康贝：《法国的社会改革》(La Réforme sociale en France)，第 1 卷，第 278 页。

94　拉康贝：《法国的社会改革》(La Réforme sociale en France)，第 2 卷，第 513 页。

95　拉康贝：《论历史作为一门科学》，第 281—282 页。作者相信他看到理智总是在扩展，因而断言"事物的历程即使没有肯定我们的希望，也绝不会与这些希望南辕北辙"，他还说"如果我们认识并接受我们的命运，它其实并不可悲"（第 282 页）。

96　因为拉康贝承认他想去关注的仅仅是那些最高社会阶层的生活状况。（同上书，第 283 页）。

97　同上书，第 283 页。

98　同上书，第 288 页。

99　同上书，第 283 页。

100　同上书，第 281 页。

101　这一评价看来完全不适于下面这些人——他们知道 Tour de France 最近几辑中所作的奇怪修改——巴黎圣母院不再是法国艺术的杰作，圣伯纳德（Saint - Bernard）和波舒哀被从历史上抹掉——是为了取悦反教权者。[参考《代表们的议院》(Chambre des Députés)]，1910 年 1 月 17 日上午会议。

102　富耶：《观念力量的伦理》(MoraLe des idées - forces)，第 375 页。

103　同上书，第 360 页。

104　1907 年 8 月 4 日的《巴黎的喧哗》(Le Cri de Paris) 杂志指出实践善的一种完全民主的方式：许多慈善工作都是选举工作。"政治家们向当今负有义务的那些大商店、大银行、著名百万富翁征收用于慈善工作的特别款项。这并没有妨碍政治家们在选举期间积极谴责商业垄断、大银行和富豪。"阿尔弗雷德·富耶很可能把这种欺骗误以为善。

105　一本白里安传记足够使我们了解政治家们对民主与社会主义的认识，种种这类认识大都不可取。这位过去的"劳动骑士团成员"——他在蓬图瓦兹高兴地看到一个非正统的酒吧协会使他获得了律师头衔——今天成了司法部长。我们可以希望，为了结局的完满，他会当上最高上诉法院的大法官。

106　鲁勒瓦给出的法则［载《运动学》（Cinématique），第 243 页］更为准确。但是只有熟悉这位大工程师想法的读者才能完全理解他的陈述。

107　消极作用力的削减在以下分析中将会提到。当人削减摩擦力时，他也削减它的各个变种。

108　现代的各种机车都把汽锅放得很高，这给了它们与大型汽轮同样的好处。即摆动更长，同时机器更稳定——这一点与人们的长期成见相反。科学家们似乎很难理解这一点，因而妨碍了法国的进步。

109　柏格森：《创造进化论》，第 268—269 页。

110　蒸汽发动机的火箱是人为的能量散逸管道。

111　我所说的艺术指的是以工匠的实践为基础的艺术，而不是我们学校中传授的用以满足现代资产阶级的艺术。

112　我大力推荐人们去读让·布尔丢在拙著启发下作出的卓越观察《两种奴役之间》（*Entre deux servitudes*），第 95—104 页，这些观察将以上的结论彻底完成了。它们阐明了我（就像蒲鲁东那样）给习俗与阶级文化的纯洁赋予的价值。

第六章　辉煌与衰落[1]

Ⅰ　希腊哲学中的循环发展。表面回归法则。原始共产主义与社会主义规划的意义。

Ⅱ　法律的蜕化。刑罚制度。离婚。商业实践与流动资本的影响。

Ⅲ　历史中的独特事件。罗马法的缘由。文艺复兴与法国革命。对革命的总体看法。

Ⅳ　天才与庸众。技艺与娱乐。教育与政治艺术的堕落。宗教：平庸的现代角色。哲学。

Ⅴ　对民主的结论。

一

对诗歌与数学同样精通的敏锐的希腊心智，受到太空奇观的强烈吸引。古人由于缺乏精确的测量工具而不能处理地球物理学（地球物理学构成今天科学的骄傲）的大问题，但他们的天文工具尚可以使他们推导天体运动。他们喜欢设想人事当模仿神事的运动。因此，如果制度听任他们自己设立，他们就一定要服从类似天文学的法则。由此，假如外因招致的灾难没有扰乱历史秩序，那么变化将限于一个封闭的圆圈；经历漫长的历险之后，社会将返回这样一种政体，该政体要臻于与出发点体制相同的公共法原理。

---

[1] 这一章原本是加在1910年版后的一个附录——英译注。

卢梭在他的《论人类不平等的起源》一书中采纳了希腊哲学的观点。他竭尽其雄辩才能描写了人类自从不再遵守自然法则之后弊病总在不断加剧的各个阶段。专制主义最终完结了这一灾难期（其必然如此的理由尚未被认识），作者在结论中说到："这是不平等的最后一个阶段，这是封闭一个圆圈的终点，它和我们由之出发的起点相遇。"卢梭绝非是说专制主义将生活已变得非常考究的人引向美洲丛林中流浪的野蛮人的习俗，他着意揭示的运动起点与终点的相似纯属一种道德秩序。他说："善的观念，正义的原则，再次消失了。"

当今的许多社会学家，自恃拥有先进的想法，试图将占星学循环的传统观念与有关进步的现代观念结合起来。在他们的奇思妄想中，人类不会倒退回去，而要不断地向上攀升。的确，两个时间间隔很远的文明之间可以存在大量的相似之处，以至于能用同一个属名称呼它们。然而，社会条件可以大大提高。这样运动就不能再用圆圈来图解，而必须用螺旋来表示。

这种思想相当取悦于想为玄虚知识提供证据的社会主义作家。资本主义的辩护者们常常指责他们渴望将世界引向共产主义，这是在追求一种愚蠢的乌托邦，因为他们认为共产主义曾是野蛮游牧部族的体制。社会主义者接受了这种类比，但是他们补充说，新的共产主义在通史中占据的位置将比当今的资本主义秩序高得多。社会主义者所追求的目标如此符合所谓表面回归法则（该法则支配着一切演进），资产阶级经济的辩护者们就因无知而被挫败。[1]

这一表面回归法则非常适合搅浑它所针对的问题。为了充分理解该法则遮蔽的现实的意义，有必要首先确定"共产主义"一词指的是什么。

野蛮人生活会用什么法律术语，这个问题曾受到热烈讨论。将由文明头脑高度理智的区域借来的观念用于对我们的思维方式完全陌生的人，这一点不太合理。法律无疑属于这一非常独特的区域。如果希望不惜任何代价在狩猎部落的生活与现代法律之间确立一种模糊的相似性，那么，像弗莱彻教授那样的做法就是适宜的，他将这些部落追逐猎物所在的土地比做一个国家的领土，而不是比做不同家族行使习俗规定的使用权所在的土地。

我在游牧人群的生活中尚未看到任何初步的私法，他们在树上标以神秘记号，以示想把树上的果子留到重新占有旧营地之日。野蛮人——他们的妻子在他们起初放弃后来粗暴收回的土地上种植——尚不具有业主精神。因此我们不能期望从他们那里找到法律思想。私法只有在如下部落才能首次以一种无可争辩的方式显现，在那里，家族首长一方面从先辈那里接受了由于无数生产力量的添加而得以改善的地块，另一方面努力将新的改善传给后代。而且，这一经济条件尚不足以使法律表现为一种十分确定的体系。

进化论者不能接受理解法律起源的这种历史方式，他们需要证实在现代法律与最野蛮民族的生活之间存在紧密联系，于是他们就必须将一种虚构的法律体系强加给后者。由于想要浑水摸鱼，他们就将共产主义加于这些民族，因为没有别的词用起来能这么模糊。于是"原始共产主义"就因一些似是而非的原因杜撰出来，我们会看到社会主义者未来的共产主义同样出于诡辩策略。

我们知道蒲鲁东对他那个时代如此风靡的乌托邦思想作过何其激烈的斗争。他的辩论常常以猛烈的形式表现出来，这可归因于他憎恶那些致力于从大众意识中驱除对法律的任何关注的社会改革者。他的批评迫使当代社会主义者用一种比那些旧式乌托邦更隐秘的形式提出他们的思想。以前，为重组世界而构造的各种梦想被幼稚地加以描绘；现在，社会主义者却仅限于说政党有志实现一种共产主义社会，且他们不对这种模糊表述作出解释。

如果我们对理想规划的方向尚不明确，我们至少可以推导社会主义政党所要求的当前改革，这些改革照社会主义理论家们说来，一定在为共产主义社会的登台做着准备。在法国，长期以来，众多宗派围绕这些改革激烈争吵。但是今天他们似乎意见统一了，因为许多社会主义代表进入议会。一些显然尤其受到比利时思想启发的作家，要求国家逐渐担负起所有大型工商企业——其现代形式是由资本主义创造的——的责任。

最先进企业里的工人由此就成为政府公务人员。1883 年，盖德派（Guesdistes）反对这种"国家对私有行业的逐步吸收"，他们将其称做"冒牌共产主义者的社会主义包袱"。他们仅限于要求撤销与法兰西银行以及各铁路公司的合同，还有就是取消采矿特许权。按照他们的规划，对这些属于公共财富的资源的利用应该委托给对它们用心的工人。[2]

今天的社会主义代表们看来对工人本身的经济能力并不具有盖德与拉法格 1883 年所具有的信心。议会社会主义要求国家经济权力无限扩展。[3]

我们必须扪心自问实施这样一种规划将给世界带来什么样的法律前景。20 年前，梅里诺指责社会主义者没有对托付国家的大型企业的管理所应有的保证作出充分思考。他说必须"确保行政管理中有这种正义，而我们现在对其只有一个模糊想法"，在他看来问题似乎困难重重。[4]

经验告诉我们，行政法只在如下社会中才会有一定效力，这些社会拥有能以特别令人满意的方式裁定私人权利的司法组织，使得行政机构惧怕作出专断举动的正是司法机构获得的道德权威。按照当代议会社会主义理论家的想法，私人权利注定要逐渐丧失它们的权威：这些理论家们说，在未来很长一段时间，国家将把对小型企业的管理留给私人；由于过时的经济形式渐趋没落，农村小资产、小工厂、小商业注定要消失。私法声誉显然将沿着与私人生产声誉同样的路径下降。如果行政机构不再希望遵循司法机构可敬之至的榜样，梅里诺曾经视做如此必要的这种"行政管理的正义"将会怎样呢？国家越吸收各种新的生产方式，对这种正义的需求将越强烈，而实现它的手段将越软弱。

在我看来，比利时的代表德斯特雷和旺多弗德觉察到公共行政无限扩展所导致的巨大困难。无疑是因为他们想到他们规划的后果时对之缺乏信心，他们写出如下几句话："这当然不是我们的理想……我们热切渴望能使所有工人的合作成为可能的道德转变，这种道德转变也许还会……创造友爱和财富充溢的无政府社会。在这一社会中，人人做他们想做的事，就像在勒莱梅修道院中那样，按照他们的能力给予、根据他们的需求索取。"[5]如此一来他们就使社会主义者可以通过梦想来自我安慰："行政管理的正义"无疑将付诸阙如，但是可以热切期望法律在其中变得没有必要的理想政体。

这样我们就终于发现了讲述表面回归的社会主义者秘密的想法：他们想要法律事务对文明世界就像对原始人一样无关。他们不敢坦率承认法律在他们看来是黑暗时代造成的一种负担，他们采取了一种形式，这种形式能使他们的朋友理解他们的思想，却不会将他们轻易暴露给哲学家去批评。当我们寻找议会社会主义在今天的社会缘何非常成功的理由时，我们看到这是因为它比所有别的民主学说都要好地表达了当今社会对法律的反感。事实上，法律在今日无疑存在着一种与新的习俗方向相应的普遍蜕化。

二

用抽象术语讲不清这种现象。为了取得令人满意的结果，最好从各类法律中撷取一些例子进行描述。

1. 当卢梭勾勒这样一幅社会图景——在经受长期党派纷争之后，该社会在屈服于废止任何正义原理的专制君主的过程中找到和平——之时，他想的显然是陷入荒诞残忍的暴君枷锁中的罗马的悲惨命运。在我看来，两个事实支配了罗马衰落的历史：（1）财富获得的特权变得极其巨大；（2）征服者的后代受到与被征服者的后代同等的对待。

关于第一点，勒南评论如下："罗马帝国在降低贵族的地位、将血统的特权几乎化为乌有之时，就增加了财产的好处。罗马帝国敞开城市的大门远远没有确立起公民的有效平等，却制造了显赫人物或显要人物（富人）与平民或臣民（穷人）之间的鸿沟。宣布人人在政治上一律平等，就引入了法律、尤其是刑法上的不平等。"[6]

将这一变化联系到现代资本主义所促成的转变颇有启发意义。经验似乎表明，一般而言，为世袭贵族的利益而滥用权力对尊重一个民族的法律带来的危害要比富豪政体招致的滥用来得小。富到足以收买政治家的投机分子在宫廷共谋下干出的违法勾当，无疑会比别的任何事情更易于摧毁对法律的尊重。美国金融家的大胆妄为成了法国股票市场的所有投机者的理想。富裕阶层目前的导向对那些相信尊重法律很重要的人来说是个引发恐惧的问题。

法律的蜕化——罗马人与他们征服了的先前的敌人同化的后果——使耶林极为愤慨，他说："各行省是帝国的实验室。它们加速了刑法程序的转变……行省起初被轻蔑地当作这些实验的牺牲品，而后却使罗马人的后代为他们祖先的罪行付出了巨大代价。共和国时期，各行省备受罗马的专横与野蛮之害。帝国自各行省那里使罗马进入残酷时代。"[7] 要分清这一帝国法律史中的原因和后果，同样的结果当然不会以恰恰同样的方式重现，但这一蜕化的基本原因在任何时期都能重新显现。原因就是各阶级向最低阶级的水平看齐。

我们常常听说这样一些法官——他们试图制止违法犯罪，认为它会羞辱素有名望的家族——被斥为反动。为满足不屈不挠的人权仰慕者，每个违法分子都应被视做属于危险阶级并予以相应对待。平等于是将在最低阶级的水平上实现。律师的想法与此不同，因为他们总是致力于使逮捕罪犯有助于提高人们对法律的尊重。他们认为家里——人在这里遭遇社会权威——发生的道德沦丧若能晓之于众，就能实现这种态度的转变。事实上，经验似乎允许律师的观点。但是当各种报纸被禁止利用这类非常有利于报纸销售的丑闻时，它们感到自己的权利受到剥夺。因此它们就以平等的名义大肆呼喊，[8]它们的利益一般胜过法律的利益。

2. 一夫一妻婚姻的起源非常模糊。恩格斯误以为这种制度是文明的特征。[9]一夫一妻观念对许多曾在历史上占有重要地位的民族来说仍是陌生的。闪米特人的情况就是如此。勒南写道："只是在罗马法发展而来的现代法典的影响下，多配偶制才从犹太民族中消失。"[10]阿尔及利亚的犹太人直到同化于法国之前，尚未严格实行一夫一妻制。[11]耶林认为，罗马人起初的婚姻制度不仅是一夫一妻的，而且是不可撤销的。[12]由于在通常用于解释婚姻习俗的各种理论——它们可以说明与基督徒婚姻习俗非常相似的习俗的合理性——中看不出任何道理，他创造了史前印欧人（Indo-européens avant l'histoire）的著名假说。最早的罗马人的婚姻与武装的雅利安人的迁徙环境有关。

在谈论两性结合的未来时，当今最好的社会主义作家都会心里没谱。在这件事上，他们不敢应用表面回归法则——该法则应用于经济发展在他们看来是理所当然的。恩格斯不会考虑向我们宣布他在摩尔根①书中碰到的那些旧形式中的任何一种的再现。在我看来，他小心翼翼地给出如下预言意在满足德国女性读者的微妙感情："一夫一妻制度不会岌岌可危，而将成为现实，甚至对男子也是如此。"男性统治与婚姻的不可撤销将会消失，当爱情不再将他们结合到一起时，"人们便不再貌合神离地强凑在一起"[13]。这样，社会主义最终就确立起一种婚姻制度，

---

① 摩尔根（1818—1881），美国人种学家和人类学主要创始人，建立亲属关系系统研究和社会进化综合理论，证实美洲印第安人源自亚洲，著有《人类血族和姻族制度》、《古代社会》等。

它非常类似于罗马衰落时期曾经存在的婚姻制度。

婚姻不可撤销的规则定然要从每个国家的法律中消失。但离婚可以有两种非常不同的方式：或者是法庭宣布，因为犯罪或近乎犯罪的行为损毁了双方的尊严，使得家庭的维系成为不可能；或者，离婚表达的仅仅是结合变得令人厌倦时要打破它的意愿。在最文明化的国家中，离婚正在迈向第二种形式，因为法庭越来越轻易地准许希望分离的夫妻离婚。可以假设短短数年之后，婚姻观念将会建立在这类离婚成为规则的假设之上。

此后，每个结合在其性欲熄灭之日起都将被认为是正常地中止了。貌合神离的结合会被怀疑仅是出于钱财的原因。人们不再相信人的宿命就是要通过将本能牺牲给某种责任而使两性结合显得高贵。当家庭尊贵的罗马假设消失之后，[14]对法律的尊重不可能不经历惊人的缩减，但没什么预先警告能阻止当前的变局。

3. 蒲鲁东数次指出，商业实践对民事法律的影响越来越大。这一观察在今天甚至比他当年更为真实。我从这一事实看到削弱了我们当代人对法律之尊重的一个主要原因。

很容易猜测民法和商法之间存在巨大的精神差别。你只需想想它们的司法权差得多么大就可以：商人钟爱他们的领事法庭——这种法庭与其说是由真正的法官构成，不如说是由裁判构成，他们确定每个诉讼当事人在何种程度上是忠实的商人。[15]当我们回到经济根源时，这种差别确实是根本的。

民法在历史上属于乡村领域；它设定存在无须监督而耕作的某位家长，这位家长与其说考虑自己能从耕作中得来享受，不如说在为子孙后代的经济利益打算。如果这位家长签订合约，在抵押书中他按照各债权人的借贷数量予之某种孤立的权利，如果要出售财产，就按照合约规定要求根据财产价值属于他的一笔金钱。商人的情况则完全不同。他的供应者和借贷者并不会分得清清楚楚，而是纠缠不清、处于一种隐匿的关联中。一旦出了差错，这种关联就会鲜明地呈现出来，因为《商法典》(*Code de commerce*) 认定各债权人无可辩驳地处于一种彼此关联状态。两种经济—法律体系之间的对立莫过于如上描述。

与这种隐匿关联有关的状况将破产规则考虑进来。破产商人如不能提供光明正大、"没有任何欺诈"的账目，就会被判处强制劳动。同样惩罚也适于那些毁掉委托给他们的记录的公务人员①。法律严惩隐匿关联的失职成员，他使该关联不能建立起它的账目。[16]将破产者与毁坏记录的政府官员做此类比非常合法，因为，在这两种情况下，利益受到严重侵害的人无法对侵害其利益的罪犯进行监督。更不寻常的可能是下述这些直接导致破产或要坐牢的违法行为：个人大肆奢靡，在赌博或在股票市场的投机中丧失大量钱财，为了得到资金以延缓灾祸而与人签订在经济上带有毁灭性的合同，以及在支付中止后损害别的债权人以有利于某个债权人②。商人这样就背叛了在其事务周围确立的隐匿关联的共同利益。

当社会改革者陈说工作与资本之间存在一种自然关联、倡导利益均沾、或者闲扯互相依赖时，他们诉诸的是受到商业实践庸俗化的工厂观念。如果布儒瓦③还有一丝像个合法权威者，那么他会看到他如此糟糕地确立的准合约说若用之于商法时会呈现出一种特别的含义。1856年之前，《商法典》第51条规定商业协会的成员要诉诸仲裁来解决他们的争端。这里，法典不过是将某一旧规则投入使用，而且可以说直至今天还存在对这种判定方式有利的偏见。因此，我们听到有人屡屡提倡用强制仲裁来规范雇主与工人间出现的分歧时不应感到惊讶。这种仲裁源于社会改革者关于工作与资本之间存在神秘关联的想法。

很明显，所有这些源于商业实践的关联学说摧毁了民法设定的经济孤立之历史性原理。

每天，外加一些别的原因，富裕的资产阶级越来越丧失了对民法原理的尊敬。比起保持着传统经济的农家的那点工作（它基本上对应于民法），该阶级更羡慕大公司在19世纪做出的宏伟业绩。在富裕资产阶级视为无比尊贵的新经济中，家长的指挥完全消失。他已经成了股票持有者，满足于持有能使他获取变幻无常的收入的证券。

没有相当数量流动资产的人今天被当做他们财富糟糕的管理者。富裕资产阶级主要关注的是将有望增值的股票放进他们的腰包。因此，富于远见的家长指望改善继承人境况的方式，就不再是给农业财产带来增

---

① 《商法典》，第586条，第6款；《刑法典》，第402条，第173条。
② 《商法典》，第585条；《刑法典》，第402条。
③ 布儒瓦（1851—1925），法国总理（1895—1896）、激进社会党领袖，曾任海牙常设仲裁法院法官，倡议成立国际联盟，获1920年诺贝尔和平奖。

长，而是股票市场的正常交易。

在形成今天的大笔财产的过程中，股票市场中的投机发挥了远比工业能手给生产带来的有益革新可观的作用。财富这样就越来越表现得与进步性生产的经济相脱离，于是它便失去与民法原理的一切联系。

资产阶级各类财产构成发生变化而导致法律观念的转变，特别明显地表现在遗产税制度中。以前，在被民法理论家当做经济典范的乡村领域中，一切事物的组织都以如此一种方式着眼于继承人，以至于可以说这些继承人是土地隐匿的主人，而当时的所有者不过是他们的代理。反之，今天人人认为股票持有者没有使他们要去依靠继承人的道德纽带；因而，他可以随心所欲地大肆花费。那些将接受他的遗产的人该会认为自己是幸运的，就像中了彩票的人一样。遗产如此说来可算意外横财——国家无所顾忌地对其课以重税，以至于有时就像是某种部分没收。舆论不加反抗地接受了这些财政措施——这该在多么大的程度上证明民法的一切观念都被遗忘了。

人们还可以引述更多的实例，结果会发现，在每个类别中，都存在类似我们如上描述的蜕化。

三

当我们意识到当代有众多迥异而强烈的原因合力导致法律的蜕化时，我们不禁疑心蒲鲁东在他假设我们的本性将我们引向正义之时也成为一种奇怪幻觉的牺牲品。与他的假设相反，法律看起来是因历史上的偶然事件加到人们头上的，而人们也作出种种努力摆脱一种要来人为地增加人生困难的枷锁。我们习于把法律辉煌看做是历史辉煌的最佳标记。于是，历史的辉煌就成了人类与之抗争的状况。

表明了巫术在古代制度中之重要性的现代学术研究，同样倾向表明法律在古代世界非常罕见。巫术由种种戏法组成，它使得足以酬谢秘法拥有者的人获得异常力量之助，从而胜过任何敌手。反之，法律认定投入斗争的个人致力于维护仅由本人资源支持的要求。

我认为希腊人并不是法律的大师。[17]格洛茨教授断言我们"这个根本上世俗而民主的社会"将因偶尔抛弃罗马法而大受其利，"罗马法是僵硬而形式性的、囿于兼有宗教与贵族起源的诸种形式与规则，偶尔抛弃为的是将它恢复为一种活跃、自由、流动、饱含同情的法律——正义能在其中被唤起，并采取人道的名义"[18]。这种胡说八道只会使得其辩护者认为很少为人所知的某种法律的存在非常可疑。[19]一个饱含同情且流动的法律听起来不该是这么一个庞然大物。为避免陷入无效的论述，我们必须回到过去法学家的观点——他们把罗马视为法律的故乡。

犹太教可能会是历史上的一种独特创造，这种思想震惊了当代许多进化论假设。但犹太教的的确确是一种独特创造，尽管东方学家曾竭力将它汇入闪米特宗教的主流。勒南认为犹太教的存在并没有"构成人类精神的荣耀与光彩的一切事物在希腊人那里同时绽放"那样卓越。按照他的观点，罗马征服可与犹太宗教和希腊文明等量齐观。[20]

如果历史中曾经产生过任何独特的东西，那是因为变化在人们的生活中起着重大作用。有时会发生这样的事情，即各种强大的原因合力产生出一种全新类型的结果。[21]历史学家必须力求确定最重要的原因与之关联的那些新类型。但是，如果他自称要教导我们这种独特的原因辐辏为什么在特定的时间与地点发生，他就要走向荒唐了。

譬如，我们可以猜想罗马的征服命运归于这一事实，即一个擅长命令的贵族集团从希腊军事制度那里继承了一套财政体制，以及一种明智地剥削被征服者的政策。按照可能由某位希腊暴君所提出的计划而组织的武力，[22]最终扑灭意大利乡村——它无疑非常类似柏柏尔人的乡村——的无政府动乱状态。但罗马地方行政官何以获得、接受并保持对意大利习俗来说如此陌生的一种政体却是真正的历史学家从未提出的一个问题，而既然从未提出这个问题，就不会对罗马征服的罕见性感到震惊。

要发现一定是哪些突出原因共同作用而形成罗马法是可能的，但试图解释这些原因为什么仅在罗马找到却是荒唐的。

所有那些研究这段历史的人都对过去的地方行政官在农事上的聪明才智印象深刻。他们极有可能很早就在使用家务记录。[23]众所周知，主人对之进行逐日记录的农作物，会获得远远高过未作认真记录的别的作物的经济价值。[24]耶林因早期罗马人在那些有利于种植的地产分割之外不容许任何别的分割而对他们大加赞扬。领地由此可无差错与多变之虞。[25]对生产力（res mancipi）与别的财富形式的区分[26]证明罗马人很早就有复杂的经济思想。这种对生产的适当形式的不断关注，在别的诸种效果之外，还有压制巫术——它就像是科学的敌人那样也是真正民法的敌人——的效果。

罗马家庭的组织是罗马法组织的另一非常有效的原因。耶林强调自由与权力观念,在他看来,上述观念支配着整个罗马法体系,他同时表明公民的意志受到习俗的强大控制,这种习俗若被违背必定会有危险。[27]家长(pater families)因此与一位堪称守法模范的国王非常类似。相反,暴君却随心所欲地统治。这样,罗马家庭的整个生活就伴随着一种法律威严,这种法律威严在别的古老土地上很可能找不到。

但是,要理解罗马罕见的法律天才的缘由,我们首先需要审视战争主题。罗马在她的敌人面前从不后退。她不会以怯懦的妥协来换取和平。她总是确信自己终究会胜利。[28]地方行政官不屈不挠地——他这种感觉来自元老院的政策——为法律而斗争。人人认为战争要永远增长罗马的权力。同样,由罗马法予以保护的继承财产会不断得到丰富。由被人誉为不可战胜的军团予以保护的罗马的根基,似乎要永远矗立不倒。这样,法律就表现出某种永恒之物的特征,这种特征赋予它一种类似希腊思想中的科学的尊严。

文艺复兴时期的人读到罗马法的巨著时大为惊奇。中世纪法学家的著作跟《法学汇纂》中的巨制相比很是拙劣。拉伯雷笔下的庞大固埃说:"世界上任何别的书都没有《法学汇纂》中的文章那么漂亮、那么优雅。但在这些文章边上,也就是说,在对汇纂的评注中,人们却发现如此多的垃圾、如此多的污物、如此多的臭虫,这些评注简直就是肮脏下流的东西。"[29]宗教法规学者的著作不足取悦如此满怀文学激情的法学家,拉伯雷在《庞大固埃》的第4卷中纵情挖苦了"教令颁布者"。另外,对于当时的地方行政官努力使罗马法启发下的解决方案取胜,我们不能表示遗憾。因为宗教法规学者首先是要保护教会的利益,而未曾考虑对生产的管理。于是他们的行为经常导致教条主义的猥琐,这种猥琐允许很多任意举措,[30]有时是绝对荒唐的解决方案。[31]

罗马法的胜利不能单独由其解决方案的价值进行解释,它的胜利有更实际的原因。罗马人有关财产的理论可使地主按照他们的最大利益来清理国家未开垦土地上存在的混乱习俗。国王们的顾问在帝国传统中发现一些庄重的戒律可以帮助他们证明这一期间发生的、当时所有政治家视为绝对必要的权力极大强化的合理性。军队的调动开始娴熟起来,将军的权威成为权威的样本,就像在罗马发生过的那样。军事观念的这种复兴强化了当时对古代世界的征服者所创立的法律的尊重。

17 世纪继承了文艺复兴时期的法律概念。这一时期的人们经常被指责缺乏敏感性，但是法律很难成为培育敏感性的学校。波舒哀的神学倒像是一种法律理论。我相信我们的伟大经典表现出的庄重很大程度上要归于《法学汇纂》的庄重。

法国大革命复兴了法律观念的霸权——这些法律观念曾在 18 世纪的温情年代大大丧失掉它们的权威。非贵族的土地免除了不能被民法证明合理的封建服务，于是主要耕作者的罗马式独立再次出现。大批公民开始拥有所有权并成为法律积极的捍卫者。新的社会秩序由亚历山大之后世人所知的最为传奇的将军予以界定、宣布并加以实施。[32] 从理论上来说，法国完全成了罗马的翻版：每个家长均被视为一块乡村领地的主人、参与主权的公民，以及优秀的战士。[33] 不难看出，自从源自拿破仑传统的尚武观念不那么流行之后，人们对法律的尊重就大为削弱了。

数年以前，我建议通过一个对我的工联主义假说同样适用的规律来确定上述两个巨变的一般特征。我说在这三种情况中，我们都是从一种义务体系转向一种权利体系。

现代之初，任何稍微拥有一点权力的人都渴望从如下责任中解放出来，这些责任是由古老的惯例、习俗和基督教道德为了弱者的利益此前一直加给主人的。自从新的法学家断言所有这种传统秩序不适于法律之后，这些令人不快的责任被那些承担它们的人仅仅看做是社会义务。庄园主动用武力迫使农民不得要求执行这些社会义务，由此他们有意自我解脱，有意尊重自己的权利，依赖新的法律知识的资源，他们将这些权利扩展得尽可能地远。

18 世纪末，法国贵族被一个由平民地主组成的革命政府消灭了，这些平民地主不再想支持来自封建时代的义务。第三等级主张这些义务没有任何法律来源，因而，他们将其视为由武力强加给他们的社会义务。新的武力废止了这些义务，单单剩下民法以来规范各种关系。

今天，资产阶级、国家以及教会竞相热烈宣称富人对穷人应尽的社会义务。可能这是头一次主人想成为人们的施主。但是人们反抗这些施主，嘲笑社会义务，并想求得一种法治。这类反抗——乍看起来相当悖理的反抗——的发展单单是由无产阶级的暴力所允许的。这种暴力的历史价值由此显得极为重要。[34]

以上就战争对法律形成的作用的解释，允许人们希望战斗的组织——它对今天的工联主义如此珍贵——可能带来一种新的法律体系的开始。社会连带主义者们试图将一切混杂在一起，暴力却倾向分离，而且我们发现当法律主体间的分裂加深时，法律就被视为最完善不过的了。

四

每个观念都有这样一个适用范围，我们从中可以寻找例子来帮助理解它的起源、详细设想它的功能、判断它的历史意义。一般看来，辉煌与衰落的观念跟天才与平庸的观念相连。它们的适用范围因此就是其间人类行为对个体价值相当敏感的那一范围。经济学倾向于将个人的工作聚合起来，而合成的总体的转变类似自然科学家所研究的转变。因此我们不应在经济学中寻找辉煌与衰落这两个概念的直接应用。我们越是远离经济学，我们就越有可能找到我们想要寻找的领域。我们由此会想辉煌与衰落这两个概念特别适用于自由精神的种种活动，即适用于艺术、宗教和哲学。

机遇垂青那些人才济济的历史时期。当我们比较前辉煌时期与后辉煌时期时，我们会吃惊地看到二者之间存在显著的相似之处。虽然事物的表现方式可能起了很大的变化，但作为两个时期驱动力的都是同样的平庸精神。因此表面回归法则并不是没有根据的，但它具有了一种与发明者的本意完全不同的含义。它指的是人类有时在某些约束的积极压力下摆脱平庸，但一旦任其自行发展就又返回平庸状态。由此，社会的未来——经精炼后又陷于彻底衰落，会类似遥远、原始的过去，这就并非是不可能的。

关于各种艺术，不存在无懈可击的分类方法。而要审视手头的问题，我们姑且根据艺术家的目的是娱乐、教育还是肯定权力区分出三种类别。如果依据统计数值给这三类艺术赋予价值，第一类将是最重要的。娱乐性艺术是野蛮人也真正了解的唯一一类艺术。野蛮人对舞蹈、歌唱以及装饰有时表现出相当突出的品味，但他们的巫术形象在我们看来却极为怪诞。在文明化的过程中，人们从未停止创造新的娱乐方式，甚至常常还会发生这样的情况，即教育的艺术以及那些肯定权力的艺术在娱乐艺术所产生的观念的影响下被败坏了。

当瓦格纳①说歌剧是最高级的戏剧艺术时，他很可能是对的，因为歌剧构成野蛮人庆典的壮观景象以及罗马衰落的壮观景象的某种再生。我们确实需要经过长期学习才能掌握今天抒情剧中采用的复杂音乐，这种复杂性在许多人看来可以作为当代戏剧优于传统娱乐的证据。但是两种艺术表现方式虽有技术上的大量差别却不存在天才的差别。当代音乐的复杂性只是增加了观众对这种工作的兴趣。

19世纪的天主教因其粗俗的审美价值常常受到指责。[35]这里的技术性差别并不足以使人们对该判断提出异议。这是因为神职人员给教堂引入的是若干装饰性因素，他们认为这在列队行进唱赞美诗——他们所知道的唯一庆典——过程中很是迷人。出售这些称做"圣絮尔皮斯艺术"的糟糕玩意的商人同时也出售古代人物的出色铸像，[36]但顾客们却喜欢那些使他们想起唱赞美诗的行进队列中他们倾慕的俊美青年的人像。

教育性艺术的领域日益受到限制。今天已很难理解希腊哲学家给音乐赋予的作为一种教育性艺术的重要性。他们不想要娱乐精神进入那些嗜好战争的城邦。[37]瓦格纳设想他的戏剧能起到教育作用真是太天真了。前往拜罗伊特的人从未梦想成为德国的英雄，没有人看喜剧时带着让它纠正自己的道德的想法，或者看悲剧是要获得美德。将宗教剧引入法国的企图很滑稽地失败了。任何戏剧性的东西对我们来说都是娱乐，而且仅仅是娱乐。[38]大革命时期的人们认为各种法定仪式对优秀公民的塑造非常有效。我们现在知道这些仪式仅仅起到有利于白酒销售的作用。1907年马塞尔·桑巴特似乎曾向某个共济会建议创造世俗仪式来与天主教仪式竞争。他显然把一切庆典都看做可以彼此竞争的娱乐。

天主教的礼拜仪式实际上是我们国家教育性艺术的唯一一例。但是我们应该注意到神职人员并不怎么喜欢演奏圣塞推荐的神圣庄严的格列高利音乐，因为会众并不敏于理解一种体现了悠久的高贵传统的艺术。他们在教堂中想听的是音乐会，对他们来说是消遣的音乐会。

权力表现在艺术历史中占据的重要位置由如下种种展示出来：希腊的卫城；罗马人的公共工程；中世纪的堡垒、公共建筑、大教堂；凡尔赛；协和广场；凯旋门。但是极少有什么时期能真正获得对权力的一种

---

① 瓦格纳（1813—1883），德国作曲家，毕生致力于歌剧（自称"乐剧"）的改革与创新，作品有歌剧《漂泊的荷兰人》、《纽伦堡名歌手》及歌剧四联剧《尼伯龙根的指环》等。

审美的看待。欣赏古埃及的伟大人物留给我们的无数绘画很是辛苦，这些不可估量的统计数字使我们对埃及的经济有所了解。亚洲的国王们为使他们的胜利不朽经常将战争片段与胜利进军的图景刻在石头上，这些图画通常只能引起学者的兴趣。我们看到在衰落时期，就像在野蛮时代一样，有着大批的雕刻与壁画[39]意在向人们展示其创造者的富有。

巨型工程使平庸的社会大为满意，相应地，它取悦衰落时期的人，就像取悦原始时期的人一样。在1902年7月18日那一期的《论辩》中，阿勒指出，1860年在中央高原山上竖立的法兰西圣母雕像是"对法国神职人员恶劣品味的一个糟糕透顶的纪念"。他惊讶于竟没人想到要给高乃伊①的石像加一个壁龛——类似它旁边的艾吉耶石像上建于中世纪的那种壁龛。老练的评论家并不理解神职人员的想法，他们想给他们认定已对自由主义取得的胜利竖立一件纪念物。[40]巨像一般不招人喜欢；现代宗教艺术一心取悦庸人，很难将自我表现为一种审美性的权力展示。

利鲍区分出四种会促成原始人的宗教情感的因素：恐惧感、对某个神明的冥冥向往、渴望通过祈祷或献祭获得某种超人的力量，以及强化社会纽带的需要。[41]我们可以将前三种因素归为一组，进而，我们可以说古代宗教分为两种体系：一种通过它们的仪式，意在使人免受一直威胁着他们的灾祸的侵害；一种是社会规训，其作用足可补充法律的实施。

基督教历史增添了某些新东西：它向我们展示不断出现的圣人，他们在修道院中学会过一种灵性生活，发现自己有能力引导人们迈向成果丰盛的奉献。新教教导说，与大众的这些神秘领袖所享有的非常类似的特殊恩宠，可以为所有的虔诚之人得到。[42]詹姆斯主张超自然体验是宗教的本质，是引出了这种神学的逻辑后果。第一种体系的原理可以看做是自私的，[43]因为信仰者关心的只是他自己或者他们那群人的利益。第二种原理是政治性的。詹姆斯的原理既是个人性的，同时又是社会性的：这位美国哲学家设想人开始要追求自己的新生，继而在世间表现出

---

① 高乃伊（1606—1684），法国剧作家，法国古典主义悲剧奠基人，擅长运用戏剧场面揭示人物内心冲突，剧作有四大悲剧《熙德》《贺拉斯》《西拿》《波里耶克特》等30余部。

旨在改变同时代人道德的惊人（有人甚至说是超人）行为。

詹姆斯将他的理论建立在天主教的圣徒传记以及对某些美国教派的观察的基础上。我们可能要说这一理论只适于某些例外情况。但是正是这些例外构成了宗教的辉煌。通常认为，希腊基督教次于罗马基督教，因为为它效劳的并不是那些热切地试图征服世俗世界、生来要过灵性生活的人。天主教的独特价值要归于它的修道院不断培养出这类英雄的事实。

我们关于以色列先知的知识允许我们说犹太教的荣耀要归于它的宗教体验。现代犹太人在他们的宗教中除了那些类似古代神秘迷信之类的东西，再也看不到任何别的。这样，他们一旦接受教育，就会弃若敝屣地抛掉他们的传统实践。由于成长于一个灵性生活几乎荡然无存的环境中，他们论及完全受灵性生活滋养的基督教时就极为无能。[44]伊斯兰教在黑人国家取得的不断征服明显归于如下事实，即该宗教的传教士使那些从前处于盲目崇拜枷锁下的大众懂得了高等宗教的一般观念。佛教僧侣无疑也懂得宗教体验。

这样詹姆斯的原理就能用来阐明四大世界宗教——按照每个够格者的观点，宗教观念相当显著地在这四大宗教中展现出来。在异教文明中，宗教观念只起到非常小的作用，因而通常可以被历史学家忽略掉。

詹姆斯的原理在基督教，甚至在天主教中，不断受到那些迎合完全缺乏神秘冲动（mystic élan）者的平庸力量的威胁。许多受过教育的天主教徒今天致力于将教会推到世俗精神的层面，毫不留心曾经活跃过教会传统的神秘原理。用安慰、希望，甚或平息某些悲伤的手段来装备心灵的诸种仪式，[45]一个多少不信宗教、与公共行政机构协力改善人的命运的神职人员阶层，这些都使得庸人非常满意。

如果我们相信卢梭在他的《忏悔录》第6卷对华伦夫人的如下描述，那么现代主义者的推理与她的所作所为几乎一样——"忠于她所选择的宗教，她以十分诚笃的态度承认教会的全部信条；但是，要是一条一条地和她讨论起来，那就会发现她和教会信仰的完全不同，尽管她始终是服从教会的"。她以与我们发现最狡诈的现代主义者用到的非常相似的理由向她的告解神父解释这种不一致："我虽不能掌握自己的信仰，但能掌握自己的意志。我要使我的意志完全服从教会，我愿意毫无保留地相信一切。您还要我怎样呢？"

我们见证过如下乍看起来悖理的景观：对于教会认为构成信仰宝库的东西样样拒绝的学者却声称仍是教会中人。前修道院长卢瓦西几乎直到被定罪的那一天，给知名天主教徒留下的印象是他仍然是个好牧师。这些现代主义者逐字重复正统教条中的言辞，同时却赋予它们正统神学家会惊恐地加以拒绝的意义。他们热烈地接受圣礼，同时却根本不承认或颇有保留地承认教会信条中有关这些圣礼的理论。那么，他们的天主教的教义在于什么呢？

对超前的现代主义者来说，宗教成了据认为对进入天堂是必需的一系列仪式。我们由此就回到异教的秘密仪式，人学习这种仪式是要在另一个世界赶走人生的恐惧。现代主义者与衰落时期迷信的罗马人在智识水平上虽然存在巨大差别，但同样的情感基础在所有这些人那里都能找到。

如今，"社会天主徒"看来乐于采取拿破仑的观念以及孔德的观念：大皇帝相信牧师在宗教协定的规则下会成为他的地方行政官的杰出助手。哲学家则希望通过新拜物教的展示来控制大众情感。今天，社会天主徒想要神职人员去组织既是教育性的又是经济性的，并能有效地使所有阶层对其社会责任有所了解的协会。按照他们的如意算盘，被资本主义暴行严重扰乱的秩序由此将得以重新确立。

他们的幻想令人想起勒南对希腊人崇拜的评论："雅典宗教起初基本上是地方性与政治性的……它开头只是爱国精神的宗教圣化以及城邦的制度。这就是雅典卫城的崇拜；阿格拉俄斯以及雅典青年在他圣坛上的誓言没有任何别的意义——而就像在我们国家，宗教旨在征兵、操练战士和向旗帜致敬。这很快就会变得相当烦人。它没有任何无限之物，没有任何触及人的命运之物，没有任何普遍之物。"[46]最后，所有这类社会宗教缺乏宗教价值。社会天主徒梦想使基督教倒退到这种平庸。

只有当天主教的中心发生了由习于修道院的灵性生活的人所引发的危机时，它才能够自我更新，它由此将反抗平庸。无数历史经验向我们表明这种危机能够激发堪称辉煌的巨大效果。然而，我们不应隐瞒困难在今天尤其巨大这一事实：如果就像黑格尔所主张的那样，艺术、宗教和哲学构成自由精神的三段论，那么确实难以相信这些因素中一个会在别的两个仍然相当虚弱之时会将自己提升到顶峰。今日天主教美学的极端卑劣将大大阻碍当今复兴宗教的任何尝试。

哲学比起艺术和宗教——后两者一般是由适于保证某种倾向长期不变的社会组织所支持的——对人的个性要大为敏感。

伟大神秘主义者的宗教体验不同寻常，同样不同寻常的是，许多人热切地渴望效仿他们那种生活。创立隐修院就是要使他们的虔诚榜样持之以恒，他们在或长或短的时间内使信仰高出平庸的水准。当衰落发生时，革新者方兴未艾；结果，天主教就能够克服由人类弱点施加的所有连续打击。

哥特时期各种艺术的组织，其牢固程度就像一个生产体系所能有的那样。当时，这些艺术极为紧密地与商业结合在一起。文艺复兴彻底改变了艺术家的地位，他们不再与工匠混在一起，而被提升到文人的位置。按照优秀作者的看法，新秩序对艺术的命运具有某种灾难性影响。[47] 艺术对个性的依赖比以往要大得多。大师的历史取代了艺术的历史。第一流的人常常只把极颓废的人物作为代表。唯有建筑因为严格依赖建筑者采用的传统手段，所以才继续产出呈现一定规则性的成果。

在哲学中，真正根本的东西是完全不能通过讲授来传播的。大师们向他们的同时代人指出接触真实的新方式，弟子们则歪曲了这些基本原则，因为他们要将这些基本原则纳入某种"僵死的原理体系"中。当一位原创性的哲学家不带派系地看待世界时，他真正的辉煌就显而易见。但这样的时刻在他一生中很是少见。"当大师把自己的设想阐述、发展及翻译为抽象理念时，他在某种意义上就成了自己的弟子。"[48]

这样辉煌就只是偶然的，甚至在大多数最杰出的哲学家那里也是如此。学术的平庸要一劳永逸地歪曲他们的想法。我认为人们可以用如下隐喻来描述哲学：具有卓越天才的人在极富灵感的时刻点燃的一些火花，它在雾中闪烁。极少有人想以这些明灯的光亮指引他们的道路。平庸的大众随意游走，唧唧喳喳个没完没了。

平庸理论由马克思主义经历的变化可以得到很好的说明。那些自称解释、应用或扩展了他们假定导师的学说的社会—民主作家都是无比庸俗的人。况且，马克思看来对那些冒充马克思主义真正代表的人的才智不抱任何幻想。对于马克思作品中一些已经证明无效的部分，这些人常常予以高度重视。对于那些注定要保证他的荣耀的思想，他们则不理解其价值。[49]

马克思的重大错误在于没有意识到平庸在历史上的巨大力量并对之

加以考虑，他不曾疑心各种社会主义同情（如他对它们的设想）极为虚假。[50]我们现在正目睹一场危机，这场危机威胁着要摧毁一切在意识形态上可以与马克思主义关联的运动。独自观察了政治社会主义的诸种通常形式的古斯塔夫·勒庞认为它繁殖旧的迷信："社会主义信仰给普通平民带来神不再给他们带来的希望、带来科学从他们那里夺走的幻象。"[51]社会主义观念向过时幻象的这种倒退向我们再次展示了平庸对天才的胜利。

五

不乏社会学家声称本研究得出了一项有利于科学地证明民主之正当性的结论。他们将给出如下推理：为了制定最能保证人们的幸福、最有可能延续、最能满足注重实际的哲学家的头脑的法律，有必要观察社会事物的性质如何从历史进程中的大量案例中展现出来。法律必须适应人类精神最轻易、最强烈、最普遍的倾向。现在，我们越是思考我们的才智在其中自由展现的领域，我们就越加看到平庸在充分地发挥它的影响。本书中用平庸这一贬义词所称的东西就是政治作家们称做民主的东西。由此可见，历史的进程召唤民主。

1848年，临时政府幼稚到声称它希望看到庸人的权力得到恢复。蒲鲁东怒斥公共教育部在向校长们解释这一招人喜爱的学说时用的是循环论证。他在1848年3月22日说道："部长表达了小学教师应该入选国民议会的愿望，不是因为他们受到足够的启蒙，而是尽管他们没有受到足够的启蒙……谁没有看到在部长的思想中，小学教师是心怀妒忌的庸人，他没有创造任何东西，他也不会创造任何东西，而注定要通过他沉默的投票服务于专断的民主以及对富人的战争。在这点上，我抗议这种候选资格；说得直白点，我抗议教师的这种卖淫。正如立宪君主政体为使周围布满既有才干、又有财富的贵族阶层而诉诸知名人物一般，民主政体用庸人来组成它的特权阶级。"[52]

今天，许多知识分子看到保卫民主对他们自己有好处。他们由于受过古典教育，因而习惯于把历史当做一种史诗。所以他们挖空心思地捏造能够证明民主式平庸产生社会之壮观的诡辩。我们在本研究过程中看到这些诡辩中最不顾体面的一个，即关于法律的表面回归的诡辩。由于这个，陷入衰落却反被认为是向头脑所能期盼的顶峰的无畏攀登。

对民主的这种辩解存在严重危险。大约20年前，它把许多年轻人引向无政府主义；他们本想颂扬无比气派的民主的壮观，然而遭遇的却是智识和道德同样平庸，且对艺术一窍不通的民主分子。这一先前的无政府主义运动因其深谋远虑而有一定价值，它表明法国的英才想寻找辉煌。对于无数无政府主义者投身于某种革命的工联主义我们无须震惊，这种工联主义在他们看来提供了实现辉煌的可能性。

1899年5月，我在《意大利社会学杂志》(*Rivista italiana di sociologia*) 上发表了一篇论述马克思主义与社会科学的文章。我在文章结尾表达了社会主义应被转变为某种道德哲学的愿望，这一转变会使一项当时几乎如同民主那样缺乏辉煌的运动充满辉煌。直到数年之后我才能对我提出的问题勾勒出一种解决方案：《论暴力》就是一项建立在对革命的工联主义带来什么的观察基础上的道德哲学。几乎无须去说这本书对民主分子，更一般地，对所有不懂辉煌与衰落法则的人来说都仍然是不可理解的。

当今时代不利于壮观的观念，但是别的时代会来到。历史教导我们，辉煌不能在拥有无与伦比的古典文化宝库、[53]拥有基督教传统的那部分人中永远地缺失。在等待觉醒之日时，觉悟的人们应该努力获取启蒙、训练头脑、培养心灵最高贵的品质，[54]而不用担心民主的庸人对他们怎么想。[55]

注　释

1　费里（Enrico Ferri）认为他享有在1892年给这一法则赋予确定形式的荣誉，该法则在他之前仅仅被猜测或概略说明过。[《社会主义与实证科学》(*Socialisme et Science positive*)，第94页] 不过，车尔尼雪夫斯基（Tchernichewsky）在他发表于1858年的《批判对公共土地所有权的哲学偏见》(*Critique des Prejuges philosophiques contre la possession communale du sol*) 一书中对该法则有过一次相当似是而非甚至异乎寻常的运用。

2　盖德和拉法格：《工人党的计划》(*Le Programme du parti ouvrier*)，对经济款第二条的评论。

3　在1910年6月《早晨》(*Matin*) 杂志发表的一篇访谈中，盖德说如果国家垄断对提供社会所需的资金来说是必要的，他将顺从这些垄断。

4　梅里诺：《社会主义的诸种形式及根本性质》(*Formes et essence du social-*

isme），第 198 页。

5　德斯特雷和旺多弗德：《比利时的社会主义》(Le Socialisme en Belgique)，第 1 版，第 283 页。盖德和拉法格认为将未来的社会比做勒莱梅修道院是荒唐的，未来丰裕的产品无疑允许自由消费，但生产却永远不会自由。(《工人党的计划》，第 35 页）这些评论在这本册子目前的版本中找不到。

6　勒南：《马可·奥勒留》(Marc-Auréle)，第 598—599 页。

7　耶林：《罗马法发展史》(Histoire du développement du droit romain)，第 37 页。

8　我在 1910 年 7 月 12 日的《社会战争》(Guerre Sociale) 中看到一篇值得我们这里注意的文章，因为类似文章在高级刊物（the advanced press）中几乎找不到。作者谴责根据匿名告发起诉一名贵族女子杀婴的地方行政官以及对她判刑的法官。而此前，一个被控同样罪行的农妇却被该法庭无罪释放。在该案件中影响司法的社会怨恨被这位显然是无政府主义者的作者视为可恶。

9　恩格斯：《家庭、私有制和国家的起源》，第 72、95 页。

10　勒南：《马可·奥勒留》，第 548 页。

11　Eben Haezer，第 1 卷，第 42—47 页。

12　耶林：《历史》(Histoire)，第 68 页。

13　恩格斯：《家庭、私有制和国家的起源》，第 97、109—110 页。

14　我们知道蒲鲁东强烈反对离婚。

15　如下观点今天非常流行，即通过仲裁解决麻烦是订立合同的一个条件。根据各法庭今天给出的对《民法典》1006 条的解释，人们不能同意通过仲裁规范一个尚不存在的争执。

16　这里应该指出刑法典 439 条将毁坏"包括或隐含义务、财产处分权或折扣的合同"与毁坏公共档案相提并论；惩罚是单独关押并加苦役。如果被毁记录不属这种特殊性质，则惩罚降为监禁二至五年。

17　勒南在列举我们要归于希腊人的种种东西时，讲到"国际与海事法"但没有讲到民法 (Histoire du peuple d'Israël，I, ii)。

18　格洛茨：《对古希腊社会与司法的研究》(Etudes socials et juridiques sur l'antiqut-é grecque)，第 299 页。

19　他认为学术研究目前应该关注复原希腊法（同上书，第 279 页）。

20　勒南：《以色列》(Israël)，I, iv-vi。

21　论及资本主义的起源，马克思写道："这证实了黑格尔在其《逻辑学》中讲到的法则。按照这一法则，量上的简单变化积累到一定程度会引发质的差异。" (Capital，I, 133）

22　图里乌斯 (Servius Tullius) 的传说提供了这种输入的一些踪迹。

23　耶林：《罗马法的精神》(Esprit du droit romain)，第 2 卷，第 14—15 页。

24　罗杰斯（Thorold Rogers）说，18世纪，因为忽视簿记英国农业经常被错算。他与扬（Young）一样坚持好的簿记的重要性。[《英国劳动和工资的历史》（*Histoire du travail et des salaires en Angleterre*），第415页]

25　耶林：《罗马法的精神》，第2卷，第226—227页；第4卷，第330页。

26　同上书，第160页；以及《历史》，第77—82页。

27　耶林经常回到这一中心问题。[*Esprit*，第2卷，第136—139页，与《历史》，第85—86页；《自由意志在所有权中的角色》（Du role de la volonté dans la possession），第104—105页]

28　"没人料到竟有罗马那样一种武力，它到今天也令世人吃惊。军事部署并不可观，令人恐惧的是决心、顽强以及人们感受到的这些军团及其代表——一种不可抵抗的武力的代表——背后的力量。"（勒南：《以色列》，第4卷，第267页）

29　拉伯雷：《庞大固埃》，第2卷，第5页。

30　我们在伊斯梅恩（Esmein）教授对承诺誓言的研究中，看到有关教规法的很多废话。

31　比如，在道德的名义下，宗教法规学者寻求所有者总是信心十足地持有的诀窍。

32　历史学家应该将《拿破仑法典》这一名称译为民法典，这有一个巨大好处就是让人想起现代法律建立的一个根本理由。

33　乔治·索雷尔：《当代经济学之社会基础》（*Insegnamenti sociali della ecorwmia contemporanea*），第109页。

34　同上书，第42—44、53—55页。

35　参考 Andre Hallays 载于《论辩》（1902年6月27日与7月4日）上的文章。

36　哈雷斯：《论辩》（1902年7月18日）。

37　亚里士多德：《政治学》，第5卷，第5、6、7章。

38　现代波斯创作了关于其圣人厄运的神秘戏剧，勒南发现这些创作值得赞美。[《宗教史新论》（*Les Téaziés de la Perse in the Nouvelles études d'histoire religieuse*）]波斯这个国家拥有非常高雅的文学以及残酷的习俗：人们可以问这种习俗对宗教戏剧的成功是否并不必要。

39　参考孟茨《文艺复兴时期的艺术史》（*Histoire de l'art pendant la Renaissance*），第2卷，第79页。

40　是孔巴罗神父在1850年发起了塑像计划。我们知道七月王朝时期，他在神职人员反对大学的斗争中起了相当大的作用。

41　利鲍：《情感心理学》（*Psychologie des sentiments*），第301—303页。

42　乔治·索雷尔：《论暴力》，第4版，第399—400页。（*Reflections on Vio-*

lence, New York: Collier, 1961, 第 255 页)

43　利鲍对我归入第一种体系的前三个因素这样说道:"宗教情感是对狭隘的利己主义的直接表达。"(*Psychologie des sentiments*, 第 302 页)

44　雷纳克:在《奥菲士》(*Orpheus*)中给出了关于这种无能的一个非常搞笑的例子。

45　在 1910 年 4 月 10 日于圣查蒙尼德所作的一次演讲中,白里安说共和国对天主教表现了最开明的精神,因为它允许信徒前往教堂"从宗教源泉中获取安慰"。

46　勒南:《圣保罗》(*Saint-Paul*),第 183 页。

47　孟茨:前引书,第 79、194 页;《拉斐尔》(*Raphaël*),第 80—82 页。

48　柏格森:《形而上学导论》("Introduction à la métaphysique"),载 *Cahiers de la Quinzaine*,第 4 辑,第 4 卷,第 22—23 页。

49　人有时不禁要把社会民主党的博士们比做败坏他们所触及的一切事物的贪婪成性的人。

50　乔治·索雷尔:《当代经济学之社会基础》,第 342 页。

51　勒庞:《政治心理学》(*Psychologie politique*),第 359 页。

52　蒲鲁东:《社会问题的解决》(*Solution du problème sociale*),第 58—59 页。

53　我们知道蒲鲁东给古典文化赋予了何等的重要性。

54　这就是蒲鲁东为什么该被当做一位大师的原因,他的荣耀无疑一定要大大增长。

55　在改进本书的证据之时,我想起福楼拜表达他对普遍平庸之憎恨的一封信。他在 1852 年写到他想编一本有关被认可的观念的辞典:"序言尤其使我激动,它将是对一切被核准的东西的历史颂扬。在序言中,我将证明多数人总是对的而少数人总是错的。我将把所有的伟人牺牲给所有的傻瓜……这样,就文学来说,我将证明……独有人人伸手可及的平庸是合法的,因此必须禁止一切形式的创造,要把它看做是危险的、愚蠢的……循着这条论辩路线,我将达致关乎平等的现代民主观念。"(《通信》,第 2 卷,第 157—158 页)

第七章　迈向社会主义[1]

Ⅰ　资本主义的三种类型。高利贷。商业。工业的首要性。同步还是接续。马克思的黑格尔偏见。

Ⅱ　工场手工业。工人沦落到虫子的角色。马克思的自由协作。职业教育。

Ⅲ　考茨基追溯的资本主义发展阶段。保罗·卢瑟斯所说的托拉斯和卡特尔。美国人对孤立的偏爱。托拉斯的幻象。托拉斯与社会主义。

Ⅳ　在何种条件下马克思的预言是确当的。社会民主的无效。布尔什维克思想影响下的社会主义的复兴。

一

马克思就向社会主义迈进所表达的思想与我在前文（第五章第三节）对社会演进提出的看法密切相关。直到前些年，这些思想还被认为只能引起《资本论》评论者的兴趣；今天它们在已经开始的关于布尔什维主义历史合法性的讨论中扮演着重要角色。社会民主党的平庸专家猛烈控诉列宁践踏了据说是马克思所确立的法则。因此就有了审视迈向社会主义诸经济阶段的严肃的实际兴趣。

按照马克思所说，资本主义存在三种类型。"我们将会发现，生息资本和商业资本一样，是（资本的）派生形式，同时会看到，为什么它们在历史上的出现早于资本的现代基本形式。"[2]在别的地方，他称它们为孪生兄弟。[3]此外还有一段关键的文字："这种形式的高利贷资本，实际上会占有直接生产者的全部剩余劳动，而不改变生产方式……这种高利贷资本使这种生产方式陷入贫困的境地，不是发展生产力，而是使生产力萎缩，同时使这种悲惨的状况永久化，在这种悲惨状况中，劳动的社会生产率不能像在资本主义生产中那样靠牺牲劳动本身而发展。"[4]

以前的哲学家尚不能以马克思那种方式指责高利贷资本主义；他们认为利息构成一个经济悖论，它不能依据工人、工匠或小商人社会的原理进行合法化，因为高利贷利润的生产并不诉诸人的责任。[5]高利贷者非常类似经营赌博业的人：后者投机利用赌徒的愚蠢，这些人在输钱之后，仍然要试他们的运气，希望随后有办法赢回损失。高利贷者利用的是穷人的幼稚，这些人想象通过使他们自己越发贫困，他们将能成功地偿还资本家可以让他们等到他们的产品出售之后偿还的贷款，即使这种贷款有很大的额外索求。高利贷者最可耻的做法之一是在经济困难压垮了债务人时迫使他还债。高利贷者于是可以使他接受更不平等的契约，甚至可以拿走他糊口的工资。

当高利贷者将自己限于帮助某项繁荣的商业而不是欺压农民或工匠时，他会立刻赢得大都市（尤其是那些沿海都市）给予富商巨贾的尊敬。道德家们连篇累牍地为他的做法辩护。[6]最后，出现这样一个时代，受到经济学家启蒙的政治家把银行的设立——它事实上当然使得资本为商业服务——看做有着巨大社会功用的成就。[7]

在经济活动渐趋式微的那些国家，我们看到高利贷资本主义的明显复兴。它为没有本国人那么懒散的外国人的经营活动筹措资金。人们常常指责法国过于热衷将它的资金借贷出去，而不是投入本国的工业。从这种视角研究现代历史很妙，马克思说："威尼斯人的劫掠和暴行构成尼德兰——威尼斯在衰落时期向它输入了大量资金——资本充裕的一大基础。荷兰则在17世纪末期从工商业的霸权地位跌落下来，被迫以向海外输出资本而赚取巨大的资本收益，从1701年到1776年，资本输出的主要方向是英格兰——曾经战胜它的对手。今天，英格兰与美国之间存在同样的情形。"[8]

当今股票交易的骗子与过去的高利贷者并没有什么区别：他们在富裕的资产阶级中利用的是将穷人置于贪婪的放贷者手中的同样幻象。上述运作在物质上的巨大差异不应妨碍我们认识它们在心理上的相似。股票市场是个真正的赌博场所，在那里，异想天开的种种希望的激发，实际只是服务于并不卷入这种希望的投机者的利益。股民常常以大大高于面值的价格买进股份，那些一生节俭的老实本分的资产者，中了欺骗性诺言的圈套。出于对骗人的小册子的信任，他想象未来将带来巨额利润。[9]由于金融市场经常会有剧烈变动，大投机家们就有很多机会将他们垂涎的股份收入囊中，由此得以控制最好的实业。

以前曾有许多非常不成功的对付高利贷者的法律，旨在规范股票市场运作的现代法律似乎至今尚未取得良好效果，似乎不太可能阻止骗子们利用巧舌如簧的说明来欺骗他们的受害者。国家至今成功做到的唯一一件有效的事情是在危机期间介入，与大型银行合力限制灾难的后果。[10]

我们可以说，就像高利贷玩弄受害者的幻想——在最文明与最落后的人那里基本一致的幻想——那样，商业以同样方式玩弄价格上的可能增长。价格可能因地点的不同（商品运输的起点与终点之间）、季节的差异（在商业簿记中进货与季节差异恰相同步）或者给公众提供货物方式的不同（比如零售还是批发）而上涨。

高利贷和商业有许多共同点，我将指出非常明显的几点。一般来说，它们都不能奠定持久的基业。极少会有某位高利贷者或商人的儿子拥有曾经保证了创业者成功的品质：沉着、审时度势、对事务持之以恒的关注。孩子常常因为想过得像贵族而被毁掉。反之，工厂则因不断完善的科层组织而可以在创业者身后继续繁荣。为了获取巨额利润，高利贷者和商人需要抬高价格，[11]这就是为什么抵押人要求保护权的原因。美国的托拉斯和德国的卡特尔对关税的增加起到巨大作用。高利贷者和商人常常以制造匮乏来抬高价格。[12]资本主义工业的真正本质是创造丰裕，因此工业资本主义与传统资本主义之间的对立就非常清晰。

马克思说："在资本主义社会以前的阶段中，商业支配着产业；在现代社会里，情况正好相反。"[13]稍前一点，他写道："商人资本的独立发展与资本主义生产的发展程度成反比这个规律，在例如威尼斯人、热那亚人、荷兰人等经营的转运贸易的历史上表现得最为明显，在这种贸易上，主要利润的获取不是靠输出本国产品，而是靠对商业和一般经济都不发达的共同体的产品交换起中介作用，靠对两个生产国家进行剥削。在这个场合，商人资本是纯粹的商业资本，同两极即以它作为媒介的各个生产部门分离了。这就是商人资本形成的一个主要源泉。但是，转运贸易的这种垄断权,从而这种贸易本身,是随着这样一些民族的经济发展而衰落下去的,这些民族从两方面受这种垄断的剥削,其不发达状况成了这种垄断的存在基础。就转运贸易来说,这种衰落不仅表现为一个特殊商业部门的衰落,而且也表现为纯粹商业民族的优势的衰落和这些民族以这种转运贸易为基础的商业财富的衰落。这只是商业资本在资本主义生产的发展进程中从属于产业资本这一事实借以表现的一种特殊形式。"[14]

于是就有马克思主义的资本主义进步观:资本主义开始于高利贷,然后发展到商业,最后达致大规模的现代生产。我们现在应该问自己一个马克思的正统阐释者看来并未怎么留意的重要问题:这三个阶段应被看做是先后继起的(或者至少要把以前的阶段推到不起历史作用的地区),还是应被看做能够无限期地保持它们的存在权——这种权利的前提条件是由民族事件所决定的?

我们知道一个相似的问题使得黑格尔的解释者发生了分歧:有人说,按照这位柏林圣人的观点,自由精神的前两种形式(艺术和宗教)在哲学充分发展之后一定会消失;[15]另外有人则主张艺术、宗教和哲学可以共存。马克思接受了第一种解释,因为我们在《资本论》中读到:"宗教只是现实世界的反映……只有当实际日常生活的关系,在人们面前表现为人与人之间和人与自然之间极明白而合理的关系的时候,现实世界的宗教反映才会消失。"[16]因此,马克思显然假设如黑格尔所构想的精神和自然哲学必将完全以宗教为代价来自我展现。

对黑格尔思想的这种理解引导马克思在他的《哥达纲领批判》(1875)中预言说,在资本主义制度被推翻之时,首先会出现这样一种秩序,其中占支配地位的将是所谓集体主义原则,依据该原则,每个生产者均按劳取酬;接着将是一种共产主义制度,在这种制度下,每个公民都能满足他的需求。这些都是可以无休止地讨论的个人观点。然而,我们应该注意到,马克思对自由精神的这种理解会招来历史发现的一致反对;所有证据都倾向表明艺术和宗教并不注定消失。因此,梅莱诺的如下主张就很有道理,他说,集体主义和共产主义原则并不互相排斥,二者必定会在资本主义社会出现,因为所有的国家都在进行社会改革。[17]

同样的黑格尔偏见使得马克思认为现代生产中技术的发展会使小企

业消失，这些小企业将被工业巨头挤垮。在多种情况下，工业集中自然代表了一种更优越的技术阶段。但是我在前文说过，马克思主义者一般并未审视这种优越性的基础。[18]他们以抽象的推理来承认以其规模巨大而给他们留下深刻印象的东西的优越性。社会主义者今天似乎一致同意集中对农业并不像对冶金业那样有意义。但是根据他们谈论农村小地产的方式，可以看出他们对这种小地产繁荣的原因显然缺乏理解：他们仍然是马克思曾从黑格尔的教导那里借来的偏见的奴隶，黑格尔教导的实质他们并不理解。

建立于浪漫进化观中的生物学思想使得任何向早期社会形式的回归成为不可能。[19]马克思认为，当生产达到商业从属工业的那一阶段时，他称为过时的那些形式就再也不会在一个处于重大进步中的国家出现。然而，在美国，我们看到高利贷在托拉斯的名义下征服了大片经济领地。马克思永远不会想到大工厂会被家庭小作坊的劳动所取代；然而，我们如今还想知道，小型电动车的使用是否就不可能（至少在某些地区）产生同样的转变。[20]我们最好建立一个不像马克思所设想的那样僵硬的资本主义模式。

二

我们现在就来审视马克思如何理解劳动组织在现代的发展。

最初，商人购得原材料并以一定比例的赊账——由于主办者的恶劣相信这种赊账会引起很大争执——为前提把它们交给家庭作坊。[21]他们随后出售产品，有时是在地区性的公开市场上出售，有时是卖给商业中心里实力雄厚的商人。勒普莱命名为"集体制造"的这种体制极粗略地显示了商业在这种旧式工业中的作用。商人（他经常被称做制造商，虽然他什么也不制造）就是那个为一整群生产者——这些人的视野局限于手工操作——进行筹划的人。

当集体制造的主办者将以前分散的作坊合并成一个工厂时，一个巨大的社会革命就完成了。传统工匠不会让自己被轻易征服。"利兹的小纺织者晚至1794年仍向议会请愿，要求制定一项法令，禁止一切商人变成制造商。于是新的制造公司率先在港口、出口中心或者市政体制及其行会控制不到的内陆确立起来。从此，英国旧的特权市镇（自治市镇）与这些新的工业温床之间发生了殊死斗争。"[22] 按照旧有的学徒法令获得工作权的那些生产者对没有任何技术资格的人竟可与他们竞争感到不可容忍。

长期以来，产业领袖们面临的主要问题是要确立铁的纪律，而工人阶级对之进行了最顽强的抵抗。因此，如果这些企业的领导层常常配置的是一些毫无技术知识，但却具有支配者的素质——这些素质常常可以在从底层爬上来的官员中间看到——的人，这就并不奇怪。严厉的规则被制定出来，对规则的任何违反，不管怎么微小，都要被处以很重的罚金。对这种私人立法的具体执行交给了工头，这些人就像连队里的军士那样滥用他们的权力。一个世纪以来，所有与工业有关的文献都充满了人道主义者的悲叹，他们震惊于一种与各个国家——这些国家在其宪法中似乎极为关注保证一切公民的自由——如此不配的制度。这种统治制度就是我所称的"强迫协作"，它与马克思梦想的自由协作截然对立。

亚当·斯密的老师亚当·弗格森写道："无知既是迷信之母，也是工业之母。思考和想象会暂时误入迷途，但是手足活动的习惯既不靠思考，也不靠想象。因此，我们可以说制造方面的最大完善在于能够不用头脑，以致工厂可以被不假思索地当做是以人作为部件的机器。"[23] 把工人驱向一种完全没有头脑的生活似乎是这种强迫协作的领袖们的理想。工人所获得的技能，从长远来看，可以被相当有理地比做虫子的本能。[24] 对人的麻醉如此彻底地被当做现时代的正常规则，以至于亚当·斯密的第一位法文译者遗憾地发现斯密通过教育来争雄的想法是劳动分工所带来的弊端。[25]

我曾经多次解释过劳动分工在制造业中成功的原因。既然尚没有可能造出快而准的机器，那么就有必要将人训练到具有很高的自动化程度，来完成机械设备尚不能做到的事情。如果任务被简化为手足的一点运动，那么人就能熟到不假思索而进行敏捷精确的操作。此时人也就从智力的领域跨到本能的领域，不过博物学家们看到虫子在本能的驱动下极为完美地执行任务时还总是惊叹不已。人们可以说这种生产制度以一种令人惊异的方式说明了柏格森关于智力和本能的理论。[26]

与这种制度相反，让我们重温一下马克思[27]在《资本论》中讲到宗教的消亡时对自由协作的概述："只有当社会生活过程即物质生产过程的形态，作为自由结合的人的产物，处于人有意识有计划的控制之下的时候，它才会揭掉自己神秘的面纱。"[28]我们不能通过颁布法律而达到这样一种状态；这也不是赋予人们随意联合的权力的问题。[29]但是有必要引导生产者进行思考，而永远不要成为错误推理、偏见或本能的奴隶。[30]我们不应完全从字面上解读马克思；在眼下这个例子中，就像在别的许多例子中一样，马克思是在黑格尔思想的影响下写作的。他的话只有经过解释才能管用；必须懂得社会主义工厂聚集起来的生产者，他们的头脑将随时准备着要批判所学的技术，他们将由类似化学教授的助手那样的工头指导，由对下属讲话就像老师对学生讲话那样的工程师监督。

为了达到这种经济状态，生产必须取得进步工厂在资本主义制度下发展出的品质。这种科学协作需要那些受过很好的职业教育的工人；配给他们的直接上司是这样的工头，他们能抓住工人些微的改进想法，将这些想法传授给缺乏技能的人，从而积累经验上的寸进；而主持工厂的是这样的工程师，他们的能力可以很快被每个人所认识。马克思极为鲜明地界定了这种协作与制造业所造就的那种协作之间的对立："大工业迫使社会极其痛苦地替换囿于某项单一生产功能的破碎的个人，而代之以整全的个人，他将知道如何处理劳动的种种不同需要，并通过各种职责使他的种种先天或后天能力得到自由发挥。"于是，我们又从本能回到智力。

马克思抱怨资产阶级为其子女设立了工艺、农业和其他学校，给无产阶级提供的却只是职业教育的影子。他希望随着劳动阶级政治影响的增长，"对理论与实践技术的教授将引入到大众的学校中"[31]，他接着加上一个重要的思考："毫无疑问，这种旨在废止以前的劳动分工[32]的转变酵母与资本主义工业制度以及它将工人投入其中的经济状况严重抵触。但是，某种生产方式及其相应的社会组织迈向解决和形态改变的唯一真正道路在于通过它们固有冲突的历史发展。"[33]此外没有更好的方式可以指出职业教育在迈向社会主义的进程中一定要发挥的重要作用。

在《无产阶级理论的素材》（*Matériaux d'une théorie du prolétariat*）一书中，我曾试着大致说明什么样的大众教育能适于现代的需要。最困难的问题似乎在于如何提高那些执行监督的人。工头需要具备在最好的实验室工人身上可以看到的观察能力。人不可能初试一下就成为优秀的监督者。因此，有人断言学校不会对这些工业"军士"产生良好效果；他们最好一生都要努力。[34]

今天人们普遍认为对工程师的培训亟须提高。[35]我对我们在法国已取得巨大成效这一点表示怀疑，因为我们工艺学校的历史经历并不令人鼓舞。18世纪末，那些由于革命而参加了公民公会专政的军事工程师想要设立这样一种机构，它要传授的是他们在学徒期间由之得到滋养的观念。但是代表他们传统的人却受到纯学者的迫害，在这些学者看来没有什么胜过摆弄复杂的数学函数。卡诺①的机构今天名存实亡。一位著名宣传家由于对我们国家赶上德国的技术水准不抱希望，因而要求禁止战败国将它们的科研机构发展到战前水平②。我相信如果我们曾打算占领莱茵河左岸15年，那么，这种占领与其说缘于对军事安全的考虑，远远不如说缘于从德国人那里"窃取"制造业机密的希望。[36]

在旧的协作制度下，劳动是在那些垄断了一切思考的头头们的监督下进行的；不过，随着工业的商人品性的消失，这种情况就仅仅受到习惯的维持。而且，生产的商人主人以往的角色常常被这样一些人取代：他们只是善于扮演重要人物。根据今天的情况将圣西门的著名寓言略作改动，我可以说法国的铁路或煤矿的所有管理者都可以被遣散而不会导致商品的生产成本增加一个便士。法国经济的这些高傲的官方代表，就像法兰西学院的成员、社会学家以及卫国英雄们一样无用。

不乏资产阶级的代表主张俄国革命证明一个国家离不开知识分子；他们说列宁不得不给他想要复兴的企业的组织者还有工程师以及各行各业的外国专家提供优厚的薪水。但是我未曾听说列宁感觉需要求助于国家杜马的代表们的智识力量、求助于以前在俄国国库与巴黎金融圈子之间建立起联系的金融家，或者求助于曾在各处致力恢复欧洲经济的无数儒奥们。[37]因此我相信我在《工会的社会主义前景》（*Avenir socialiste des syndicates*）中断言社会主义对知识分子将是一场灾难是正确的。

---

① 卡诺（1753—1823），法国大革命时期的战略家、军事工程和后勤专家，以"胜利的组织者"著称，曾任督政府的督政官（1795—1799），反对拿破仑终身执政，波旁王朝复辟后，亡命国外。

② 《努力》杂志，1919年4月5日。

三

考茨基在1912年提出与他的导师完全抵触的关于资本主义发展的思想。马克思曾经说过,英国是现代经济的经典国家,因而也是在其中可能发现对发展理论有用的事实的国家;进而,他敢于写下这样的话:"工业上最为发展的国家给那些在工业道路上跟在它后面的国家所展示的只会是这些国家本身未来的样子。"[38]其结果是工业资本必将在世界各地取得胜利,就像马克思观察到的19世纪中期之后就在英国发生的情况一样。反之,考茨基则认为英国已经不是资本主义的典范,德国和美国的发展要有力得多,人们必须要在后两个国家研究英国的未来。[39]托拉斯的经验表明巨额融资日益成为工业的主宰;[40]它支持军国主义政策,对国内、国外的暴力政治以及同工人阶级的斗争。因此我们预期社会冲突会有类似英国格莱斯顿①时代所发生的进步性削减就是错误的。[41]

我们很快就注意到考茨基学说中的某种悖谬之处,他如此设想其工业在普鲁士封建残余基础上取得了显赫发展的国家的前景:"大地主们今天热烈支持强大的权力,如果可能的话,支持君主权力。作为宫廷贵族,他们认为能对君主发挥个人的影响,并通过他对政府发挥影响。他们对军国主义非常狂热,因为这向他们的孩子敞开了步入军官职业的大门——资产阶级的儿子们看来不太适合这种职业。于是他们就不断建议在国内外推行暴力政策。类似地,巨额金融也相当倾向于支持军国主义、强硬政府以及战争政策。它对一个独立于议会和人民的强大权力无所忌惮;它通过在宫廷中发挥的个人影响来控制这种权力,另外,这一权力还是它的债务人。金融家们对军国主义的看法并非无关宏旨:他们不仅是作为债权人,而且是作为国家的供应者来看待公债的。"[42]很难相信美国,甚或英国会类似考茨基所描绘的图景。[43]我在这里仅限于考察他就资本主义经济的新形式所说的话。

按照这位关于社会民主的专家的意见,德国的卡特尔和美国的托拉

---

① 格莱斯顿(1809—1898),英国自由党领袖(1867—1875),曾4次任首相(1868—1874;1880—1885;1886;1892—1894),实行无记名投票(1872),通过爱尔兰土地法案(1881),进行议会改革(1884),对外推行殖民扩张政策,出兵侵占埃及(1882),著有《荷马和荷马时代研究》等。

斯属于同一种经济类型。这并不是卢瑟斯的观点。按照这位卓越的观察家的看法，卡特尔的产生是出于商业性质的一些原因：避免由于冒失工厂的过度生产而导致价格下降；改善运输体系的效用，使之不再侵犯各自的领地；联合寻求新的贸易出路。[44] "若干生产者之间共同利益的实现不可避免会导致某种具有高度纪律的协会的形成，对纪律的严格服从将能使这些利益得到保护。"[45] 卢瑟斯在他的书中多次回到卡特尔的基本心理学原理："（德国人）的保守品性决定了他们倾向妥协、关注安全超过关注胜利。"[46] "如果不是纪律精神、严谨苛刻的纪律精神支配着其成员，单单是德国人的温和品性也不足以确保这些生产者联盟的维系。这里我们又一次看到一个民族社会习惯的效果。"[47]

卢瑟斯以一种异常清晰的方式对比了卡特尔和托拉斯。他说："前者是同盟者的联合，其中每个人都保持着一定的行动自由，但禁止使用某些对付他人的武器。它代表着经济斗争中或多或少引入了某种节制。反之，托拉斯是某种殊死斗争的结果。对于工业制度既给德国也给美国带来的同一个问题，一个是德国人的解决方式，另一个则是美国人的解决方式……这两种解决方式的不同，就像德意志帝国的经济、社会和政治状况不同于美利坚合众国的经济、社会和政治状况那样。它们不属于同一种性质。"[48] "一方是对共同利益的保护；另一方则是支配，对托拉斯成员的霸道的支配以及对非成员的拆台。德国人保持温和；他并不梦想令人瞩目的胜利……美国人则是有野心的，他对权力的野心要远远超出对金钱的野心，对于金钱，他也像征服者爱他的军队与大炮那样地热爱，因为金钱保证了他的权力。托拉斯对他来说是一种支配工具。卡特尔与托拉斯的不同不是人们经常所说的程度上的不同，而是类别上的不同。"[49] 我相信托拉斯与高利贷资本主义相关联，[50] 而卡特尔则与商业资本主义相关联。

为了充分理解美国人在处理他们的事务时所遵循的程序，我们必须常常提醒自己，这是一帮独立的人。卢瑟斯说："属于盎格鲁－撒克逊血统的美国人是自足的，如果说他喜欢别人的陪伴，这种喜欢也仅限于他的家人，即他的妻子和儿女……所有他的兄弟姐妹、侄儿侄女对他来说都不过是邻居。[51] 他不具有某些欧洲民族特有的家族精神，他对他的亲戚不感觉有任何特别的情感。"[52] 更有甚者，他让他的孩子在很小的时候就习惯独立谋生，让他们自己去试试运气，他做得如此决绝以至于许多定居美国的法国人指责北方佬父亲自私自利。[53]在美国长期占据主导地位的乡村生活助长了这种孤立精神。"以前,这一几乎完全是农业性的国家,几乎完全由独立的土地所有者组成:很少有佃农,很少有大宗财产,多的是自耕农;这就是当时的新英格兰。"[54]我们在西部某些州看到非常类似的状况。独立是常态。[55]旧的特征在某些新州依然存在,因为它们是在北方佬领导下建立的。"西部的大土地所有者十有八九来自东部各州;他是将自己造就为自耕农——可能只是暂时的——的北方佬……是他维系了美国的传统并将其加于未来的群体。"[56]"在这些充满艰辛的事业中给美国人以力量的是对独立天生的热爱。为了成功地成为自己的主人,住在自己的房屋里,他们对什么都接受:孤独、最基本的舒适的缺乏、漂泊在杳无人迹的地区的危险。"[57]我想人们可以说美国民众相当突出地保持着好斗好支配的农民品性,这种品性使其与旧的骑士秩序有一定的相似之处。一位内战时期的上校对卢瑟斯宣称"我们是傲慢的种族"时,表达的是同样的观点。[58]

联合的本能在德国非常古老,它与美国佬的准封建感情截然对立;从历史上来看,联合的本能似乎与农奴制的习俗有关。[59]德意志国家常常履行的极端纪律只能用来养成个体软弱、谦卑以及抱负宜于温和的思想——卢瑟斯指出它们是卡特尔的特征。卡内基①的生平尤其适合表现托拉斯相反的封建特性。想与他达成协议的美国实业家们"有时发现他们提升了他的方案,却没有分享到他的利益"[60]。跟这样一个生来要支配的人没有可能结成公平合理的联合。我相信以上解释足以表明托拉斯和卡特尔有历史性的民族环境作为它们的基础。于是就不能从诸如能普遍适用的经济体制那样的抽象角度去思考它们。

美国的大银行家显然乐于使他们的顾客相信托拉斯代表着最好的工业类型。这样他们就能广泛施行美国经济学家称作"注水"的东西。他们在发行大大超过必需的股票份额时利用了小资本家的幻想。他们造出两类股票:优先股一般会先于其他股票取得7%的收益,如果某年的利润无法给持有这类股票的人这一报酬,他们就会在随后年份的利润中伸张他们的权利。普通股在托拉斯巨头认为激励公众投机这种证券有用

---

① 卡内基(1835—1919),生于苏格兰的美国钢铁企业家,曾致力于慈善事业,捐款资助英、美等国的文教科研机构,创办图书馆和卡内基基金会等。

的时候能取得一些收益。优先股用于支付其公司被收购的企业家，普通股据认为代表了"合并带来的节省"[61]。因而投机家一定要敦促他们的宣传员以这些成问题的节省诱惑公众。

这种宣传很是成功，因为美国人极易为庞然大物所迷惑。当卢瑟斯首次访问美国时，人们啧啧称奇地向他谈起巨型农场，说那里的小麦是以大工业方式种植的；经过许多次游历他终于发现一个面积22000英亩的农场及一个面积16000英亩的农场。它们来自批给铁路公司的特许用地，所有者们只耕种了其中的一部分，为的是以广告招徕定居者。在最大的农场上只有6000英亩土地用最普通的马拉犁方式进行耕作，而且这一块地还分成五个耕种中心。[62]

美国人对标准石油公司与糖业托拉斯的成功印象深刻。他们极易相信对大垄断的任何尝试一定能产生巨大收益：卢瑟斯已经告诉我们威士忌与缆绳托拉斯如何只维持了很短一段时间。[63]糖业托拉斯的成功几乎完全依赖于限制了外来竞争的关税、依赖于老板们被迫付给政客们非常高昂的代价这一事实。[64]海夫迈耶——此人是这种垄断的始作俑者——当着一个调查委员会的面说所有托拉斯的起源都是关税保护。[65]这当然不是标准石油公司的情况。但是该公司知道如何与铁路公司达成协议，使得后者会以非常高的价格运输该公司的对手的石油，或者不允许这些对手想要建造的输油管道穿过它们的路轨。[66]

如果我们同意马克思的历史哲学，我们一定会说尽管有考茨基的所有说法以及摩根①的仰慕者，托拉斯并不代表着一个更高的资本主义时代，除非人们能够证明这些孜孜牟取暴利的组织能给生产手段带来无可置疑的进步。如下是麻省理工学院院长沃克的观点："托拉斯破坏了竞争以及人们的'创造力'。我认为托拉斯是绝对有害的。它们构成了名副其实的专制，美国将会摆脱它们，就像她知道如何摆脱所有的专制一样。这将通过何种方式发生我不知道，但是我对这个国家公共舆论的巨大力量满怀信心。"[67]要反对这种权威性的观点，托拉斯的仰慕者必须提出确实的证据，可是他们并没有提出这样的证据。为了利用原油提炼的

---

① 摩根（1837—1913），美国金融家、铁路巨头，组建摩根公司（1895）、美国钢铁公司（1901）、国际收割机公司和国际商业航海公司（1902），在解救1895年及1907年美国金融危机中起过重要作用。

所有副产品，大型企业是必需的。但是从这样一种集中到标准石油公司的垄断还有很长一段距离。我们看不出"海洋托拉斯"会给航海术带来什么技术进步。

许多美国社会主义者对托拉斯的胜利报以热烈欢呼，因为在他们看来托拉斯构成大型公司迈向国有化的又一步。[68]事情在那些习惯于用抽象公式解决历史问题的人看来相当简单。但是当事实和人就像它们在现实中的样子被加以思考时，托拉斯的社会主义善行就不再像对考茨基展现的那样明显。按照马克思的假设，资产阶级将交付革命这样一种工业，其中的工厂将服从真正科学的指导。人们可以说在当前的科学工作中个体大致是可以互换的。因此，由于群体——其成员会受到认真的科学教育——间的协作，社会主义政体将容易保持对生产的出色管理，它是这样一种管理——其中在学校里学到的好方法将得到持续应用，集体精神将消除没有效率的工人。于是过渡就将经由一座经济之桥而达到——而我们在为社会主义做准备的岁月里一定要小心不去损害桥的坚固性。按照考茨基的假设这座经济之桥并不存在，因为工业资本主义直到它灭亡的那一天也不能在其工厂中给科学以某种支配地位。在一个其间傲慢主人的意志表现得这么明显的体制过后，只有某种国家社会主义可以得胜[69]——其中政治家将代替金融家来统治。但是曾被金融家选作辅助者的人当然不会被官僚有效地取代。因为取而代之的将是一类可称为小封建贵族的人，他们具有以前国王保护下的贵族表现出的手腕、灵活的顺从以及轻蔑荣誉这些品性。

四

以上考察倾向于表明，向社会主义的迈进并不会以一种如马克思所设想的那样简单、必然因而也易于预先描述的方式发生。马克思的黑格尔学识引导他基本上不自觉地承认在神秘的绝对精神（Weltgeist）力量影响下的历史推进（至少对于据认为拥有某种优越文明的民族来说是这样的）。这一理念的运作强加给物质以实现诸种目的——其逻辑秩序最终由天才人物发现了——的义务。与所有的浪漫主义者一样，马克思设想绝对精神在他朋友们的头脑中运作着。这种学说包含一定的真理。侥幸发生的一些事情（它们常常被称做天意）完全可以被归入时段的划分之中,[70]其中每一时段都能够根据可以归入某种逻辑秩序的特征来界定。这样一种安排给过去的一组事件——这些事件在哲学家们看来这么有趣,以致非得认为它们可以通过知识来把握——赋予实质。但是我们一定不要误以为这种学者式的规划是将来要起作用的法则。[71]

如果我们像马克思一样承认我们处在一场会终结资产阶级政体——它的持续将带来很大的社会危害——的灾难的前夜,马克思在科学地谈论向社会主义的迈进时所用的借口就相当有理。1847年后,在马克思看来资本主义如此枯竭以致它不再能够在其经济发展上开出新阶段来。因此所有到革命前夕会发生的事情,必定归于在对过去的研究中所确认的那些阶段的延续。乌托邦主义者——这些人相信通过旨在恰当培养优秀公民意志的热诚布道,就能引导世界实现他们所珍爱的想象——在马克思看来是察觉不到在他们周围起作用的力量的懵懂无知之辈。要在革命之时以及紧接革命之后发生作用的社会机制[72]是严谨的观察在马克思本人的时代也能察觉到的那些机制。推论这些机制——其法则已由马克思时代的运动给出——的后果在马克思看来无可置疑地构成一项真正的科学工作。

《共产党宣言》发表35年之后,马克思在欧洲的社会经济中仍没有察觉到任何实质的变化。在美国的托拉斯被谈及之前很久,大金融家们已经通过合并矿业公司或铁路赚了数以百万计的金钱。由此可证高利贷资本主义并未寿终正寝。一些本当非常出色的企业由于它们的组织者对它们征收巨额款项而表现平平。马克思似乎并没有看出使得拉萨尔的思想在德国凌驾于他之上的重要原因。他并没有怎么理解1870年战争之后紧接着的后果——腓特烈大帝的原则被扩展到属于日耳曼文化的所有国家。如果不承认马克思轻易地放弃了唯物主义历史哲学的领地而使自己听从绝对精神学说的引导,那么这些幻觉就很难解释。社会机制不再是经验数据,而是神秘历史力量的代理。没有必要再审视历史,因为对过去的学术研究已经发现绝对精神展开的现代方式而未曾确定这种展开方式的持续时间。

1914年的战争倾覆了对社会民主之未来的任何展望。德国军队很可能不是由协约国将军的战略所击败的,而是由诺斯克利夫爵士①通过

---

① 诺斯克利夫爵士,即哈姆斯沃思(1865—1922),英国著名报业主,曾创办《答问》周刊、《勿忘我》杂志、《每日邮报》(1896)、《每日镜报》(1903),购买《伦敦晚报》,取得对《泰晤士报》的控制权(1908)。

独立社会民主分子在德国成功传播的反民族主义宣传所击败的。[73]皇帝放弃了战争，同时并不想投入内讧，他相信西方的民主体制会比霍亨索伦王室①更好地驾驭社会民主。社会民主分子相信以巨大的领土丧失、无尽的屈辱，以及军事机构的消失——法国政治家长期以来在其面前战栗不已[74]——来换取给德国人民谋幸福的权利，代价并不十分昂贵。从工人阶级的立场来看，社会主义政府的记录并不光彩：它屠杀了大量工人，就像卡芬雅克在1848年以及梯也尔②在1871年所作的那样；它签署了一个条约，该条约判罚德国的无产阶级可能要去劳动100年来给法国及英国的资产阶级增加财富。该政府不敢与苏联结好，因为协约国不允许它靠近俄国。根据协约国的看法，俄国胆敢藐视民主原则。惯于在国际会议上作出权威性决定的考茨基认为他将是和平的最高仲裁者，但他却落到穷酸文人的层次。他不得不自我满足于执行可疑的任务，以迎合本国的以及无产阶级的敌人。他对我们的外交家唯恐有一天会出现在莱茵河边的布尔什维克的猛烈抨击无人可及。[75]

如此之多的新事物已经引入世界之中，以致我们不再能给那些在马克思看来直到革命之前仍会保持不变的范畴赋予很大价值。从今以后，一切都归于混乱，什么都不再是必然的，任何预言都不可能。我想很有必要提请读者注意蒲鲁东1860年10月29日写给与他友善的一位医生的信中的一段重要文字：在路易·菲利普③的统治下，社会已经开始瓦解，具有哲学头脑的人无法怀疑一场巨大的革命来临了……今天文明确确实实处在危机之中，与之相似的危机我们在历史上只能找到一个，即决定了基督教兴起的那一危机。所有的传统都耗竭了，所有的信仰都废止了。而另一方面新的规划却没有成形：我指的是它尚未进入大众的良知。这就是我所说的瓦解。这是自有社会存在以来最糟糕的时期。所有因素一起折磨着好人：良知受难、平庸得势、是非混淆、原则受损、感情卑劣、习俗可鄙、压制真理、奖赏撒谎、阿谀奉承、假充内行、道德

---

① 霍亨索伦王室，该王室1415—1701年间统治勃兰登堡，1701—1918年间统治普鲁士，1871—1918年间统治德意志帝国。

② 梯也尔（1797—1877），法兰西第三共和国总统（1871—1873）、历史学家，历任内政大臣、外交大臣和首相，同德国缔结和约（1871），镇压巴黎公社（1871），著有《法国革命史》、《执政府和帝国史》等。

③ 路易·菲利普（1773—1850），法国国王（1830—1848），1830年七月革命后登基，建立七月王朝，镇压工人和民主运动，1848年二月革命后逃亡英国。

败坏……我没有什么幻想,我不指望明天就在我们国家中看到像魔杖一挥似的有了自由的复兴、对法律的尊重、公众的诚实、舆论的坦率、对报纸的信任、政府的道德、资产阶级的理性以及百姓的常识。[76]不,一点也不;衰落——我看不到头、且不会少于一两代人的时间——就是我们的命运……我看到的将只有罪恶;我将死于无边的黑暗,让我的生平打上在一个腐败社会里永世受罚的印记。[77]

情况甚至比1860年更为严峻,因为我们刚刚走出一场将引发无数弊病的战争。蒲鲁东预计拿破仑三世会再次将法国投入冒险,于是在1860年10月27日写给肖德的信中说:"我非常确信我们正越来越进入到一个瓦解与动乱的时期……大屠杀将会来临,这些血浴之后的衰竭将是令人恐怖的。我们将看不到新时代的工作,我们将在黑暗中搏斗。我们必须抖擞精神忍耐这种生活,平静地尽我们的责任。让我们互相帮助。让我们在黑暗中彼此召唤,抓住每一次机会竭尽我们的所能:这是对遭受迫害的德性的慰藉。"[78]那么让我们不要对当今处处发现可怕的衰竭感到震惊,这种现象是事物的本质使然。

我们可以像蒲鲁东在1860年1月23日对米什莱所说的那样评论我们这个时代,他说:"只有通过在思想中和人们的心灵中发起一场彻底的革命,我们才能摆脱这种状态。你我都在为这一革命而努力;如果子孙后代记得我们的话,这将是我们在他们眼中的荣耀。"[79]社会民主因为曾经顽固反对想在人们头脑和心灵中发起革命的无政府主义者而在今天受到残酷惩罚。

我们必须看到今天存在着一个能够重申革命者勇气的压倒性历史事实。到处的工人都感觉到与苏维埃共和国团结在一起,而资产阶级则感到与反布尔什维主义者亲近。罗马教皇——他曾如此小心地避免在战争期间被指控偏离了他自认作为所有天主教徒之父应有的中立——在波兰受到红军严重威胁之时却予以干涉。在他眼中这不是两个共和国围绕完全世俗的利益出现争执的问题。布尔什维克在他看来是教会与之适应的全部文明的毁灭者,就像阿尔比派[①]曾经在中世纪的正统圣人看来的那样。因为不敢鼓吹对新的异教徒发起十字军战争,主教团的头头们要求

[①] 阿尔比派,起源于11世纪法国阿尔比的基督教派别,13世纪被诬为异教徒,遭教皇与法王组织的十字军镇压。

信徒祈祷上天佑护波兰。[80] 一些资产阶级的大人物，比如布鲁塞尔市长以及大批别的著名人物，对拒绝为向华沙运送武器弹药效劳的工人的行为大表震惊。另外，无产阶级——甚至是在列宁的第三国际并不怎么受欢迎的英国——对苏维埃共和国也有一种休戚相关的感觉。他们不听那些意在让他们证明俄—波冲突中公理在波兰一方的"能人"的话。对他们而言，就像对教皇那样，这不是一个国际政治的问题，而是因经济冲突的发展而摆在整个欧洲的社会问题。许多工人直到此前仍想知道那些将社会主义的绝对主张描述为错误宣传的作家在何种程度上是正确的，但是在几乎长达三年的时间里布尔什维克在远比法国的新教教会建立时困难的环境下抵抗了欧洲。由此我们必须承认在正常情况下推行社会主义是不会有多少困难的。

在1858年5月21日的一封信中，蒲鲁东对他的医生克雷坦说他的《论正义》一书虽然过于难解而不易流行起来，但仍然会有相当的影响："科学的深刻性今后将要保证它的确实性，而确实性是迅速前进的保证。今天为使这种确实性从理论本身进入公共意识需要有多少读者呢？几十人足矣，不需要更多。剩下的人将抓住他们所能抓住的，而他们从科学中学到的东西将会补足其余。"[81]这种确实性对于社会主义未来的重要性（蒲鲁东如此有效地将其表现出来）今天被人们以一种远比一本书多少直接的效果更加牢靠的方式把握了。它是由苏维埃共和国提供给我们的榜样达致的。在大众灵魂中从未灭绝的崇高感，[82] 受到布尔什维克惊人的自我牺牲纪录的感动，对已经由智识承认的社会主义的确实性给予了确认。

苏维埃共和国的榜样具有给那些坚持社会主义的人——他们在与改良主义者的斗争中面临重重困难——以非同寻常的信心的效果。改良主义者立足于在我们的心灵中常常能找到的并不十分高尚的情感，[83] 他们也在不同程度上受到资产阶级政治领袖的支持。今天思考1860年6月24日蒲鲁东就《周日快递》（*Courrier du Dimanche*）的发表给肖德的建议仍然非常有用，他在这封信中说：

当心琐碎的抵制。不要与专制主义争论；不要让人以为你认真对待它的合法性，以为你想用帝国法律的手段来克服它。你将自取其辱，在你绝对料想不到的某一天，你会发现你已经陷入圈套、受到羞辱。[84]在法国当今的状况下,如果人执意要以平等的武器来攻击帝国,那么这种攻击会持续一百年。到那时,如小说作者所说,人人都已死掉了,国家也完全衰落了。我们所需要的是一场积极有力的战争、一个秘密出版机构,以及公开的反对——如果需要的话还有密谋——[85]最后,当无法做任何别的事情时,就沉默。是的,沉默。哪种沉默在此问题上不会胜过奥利维埃们与于勒·法弗尔们的长篇大论百倍呢?[86]

我认为很值得在这里再次给出《当代经济学的社会基础》一书的最后几行文字:"早期的基督教本来很有可能得到容忍,就像许许多多别的奇异崇拜,比如犹太教那样,[87]但它寻求自我隔绝。于是就激起了猜疑甚至迫害。是顽固的教义教师们使新宗教不能在罗马社会取得一个正常位置。不乏有聪明人将德尔图良①以及所有那些不接受任何慰藉的人视为疯子。今天我们看到正是由于这些所谓的疯子,基督教才得以形成它的思想观念并在时来运转时掌握了世界。"[88]

注 释

1. 本章写于1920年9月。我大量用到我在《马克思主义批判文集》(*Saggi di critica del marxismo*)以及《当代经济学的社会基础》中提出的想法,但第四部分是新写的。(本章在法文原版中是作为附录出现的——英译注)。

2. 马克思:《资本论》(*Capital*),第70页。在马克思主义的知识理论中,一条普遍原理是科学解释以其为基础的现象是最后才出现的(同上书,第1卷,第30页,col. I)。遵循同样的思想,马克思写道:"问题是与解决问题的手段一起出现的"(同上书,第36页,col. I)当人承认这条原理时,就一定会发现新派学究争论说在亚里士多德和圣托马斯所处理的那么一点资料上能够建立永恒的哲学是多么幼稚。

3. 马克思:《资本论》,第3卷,第2部分,第164页。

4. 同上书,第166—167页。工业资本主义永不休止地增加它的设备——这种状况使它可以增加它的利润并常常会更加彻底地支配工人。

5. 一则流行的希腊观点在通过高利贷生出金子与把这种贵重金属的生产归于太

---

① 德尔图良(160?—220?),迦太基基督教神学家,用拉丁语而非希腊语写作,使拉丁语成为教会语言及西方基督教传播工具,著有《护教篇》、《论基督的肉体复活》等。

阳之间建立起联系，由此引出某种唯物主义，它与后苏格拉底哲学的倾向很难调和。

6. 马克思：《资本论》，第3卷，第2部分，第165页。

7. 1694年创立的英格兰银行被看做是导致高利贷者的业务无利可图的杰作。（同上书，第176页）

8. 马克思：《资本论》，第1卷，第338页，col. I。纽约一位股票经纪人对卢瑟斯说："英国小资本家一群群地联合起来到这里购买已经建立起来并投入运营的工厂、啤酒厂、食品加工包装厂等等，但是美国人却用他们带来的钱建立私有公司形式的新企业；创造性的才干一直是属于个体的。"[《美国人的生活：牧场、农场和工厂》(La Vie américaine. Ranches, fermes et usines)，第350页]

9. 苏伊士运河股份实现的巨大收益，对那些一贯不愿涉足冒险的资产阶级的头脑转变很有作用。雷赛布在他的巴拿马冒险中的大肆浪费并未产生多少不良影响——他仍然是那位伟大的法国人、那位卓越的地峡钻凿者、那位使得他的祖国名扬世界的人。这一冒险相当奇怪，因为声誉良好的巴黎各银行只给了他很微弱的支持。

10. 拥有巨额资本的大银行一般并不乐于投机——这种做法可能损害公众必须对它们抱有的绝对信任。我们可以说它们对股票市场起到一种缓和作用，就像它们以前缓和了高利贷者的要求一样。骗子们常常对实力雄厚的银行发起一波又一波的攻击，因为银行妨碍了他们。因此我们必须警惕旨在攻击这些机构的活动。

11. 19世纪中期，许多旧商家放弃了它们在法国的业务，因为大银行开始实行折扣，铁路和汽轮公司向人们提供它们的服务，运输费用也下降了。相反，在以前，长途运输非常难于组织，部分退款是以无数的注意事项为前提的。

12. 按照格雷高里·金氏法则，不足达到10%时，单位价格会上涨30%，而总价值大约增长12%。

13. 马克思：《资本论》，第3卷，第1部分，第363页。

14. 同上书，第361—362页。这种发展在英国历史的如下事实中也有表现："商业阶级和商业城市在政治上是反动的，它们同土地贵族和金融贵族结成联盟来反对工业资本。要信服这一点，人们只需把利物浦的政治作用和曼彻斯特、伯明翰的政治作用比较一下就行。工业资本的完全统治，只有在谷物法废除之后，才为商人资本家以及英国的金融贵族所认识与屈服。"（第360页）

15. 克罗齐接受了这第一种解释，见他的《黑格尔哲学中活的东西和死的东西》(Ce qui est vivant et ce qui est mort dans la philosophie de Hegel)，第106页。

16. 马克思：《资本论》，第1卷，第31页，col. 2。

17. 梅里诺：《社会主义的形式和本质》(Formes et essence du socialisme)。法文版本是1898年的。拒绝马克思灾难理论的社会主义者应当热切接受梅莱诺（Saverio

Merlino)的学说,但我们的"改革家"却不能理解这位意大利社会主义者的思想。

18. 就像我在本书第五章第六节所说,这种优越性在人们想保存热量时表现得相当突出。这一点我经常提请人们注意。

19. 考茨基固执地维护不断无产阶级化的法则源于他不愿承认向某种社会组织的倒退,而马克思指出倒退构成迈向社会主义过程中的重要一步。在《哲学的贫困》(The Poverty of PhiLosophy)中,马克思说棉花赶走了羊毛和亚麻布,马铃薯赶走了面包,酒精赶走了白酒,而"棉花、马铃薯和酒精成为资产阶级社会的枢纽"(第82页)。他可能将这三种劣质产品的使用看做代表了资产阶级演进不可逆转的一步。

20. Reuleaux 早就断言 1—3 马力的发动机非常适于利用热空气、瀑布或汽油,应被纳入"最重要的现代机器,并被看做带有某部分工业彻底变革的种籽",这部分工业将回归某种工匠制度。(《运动学》,第 559—561 页)

21. 纱线称量上的有意出错以及对质量缺陷的任意评价导致可耻的弊病,这使得工人多次暴动。

22. 马克思:《资本论》,第 1 卷,第 336 页,col. 1。

23. 同上书,第 157 页,col. 1。

24. 同上书,第 148 页,col. I. 马克思曾将印度的织布工比做蜘蛛。

25. 同上书,第 157 页,col. 2。

26. 体育训练同样旨在使人以机械般的准确和敏捷执行动作。它们使得个人机械化并且仅当智能或多或少消失之后才能成功。有人发现运动对智力来说并不怎么有益,但我认为并未给出原因。

27. 马克思这里显然指的是法律和政治关系。

28. 马克思:《资本论》,第 1 卷,第 31 页,col. 2。

29. 马克思自然不会赞同蒲鲁东在他的《财产所有者须知》(L' Avertissement aux propriétaries)一书第一部分末尾引述的(勒德鲁—罗林)的这一断言:"如果在选举改革之后人们依然是不幸福的,那么他们就不再有理由抱怨。"

30. 在马克思那里,自由或多或少总是与理性同义;恩格斯说通过社会革命,世界将从必然王国进到自由王国。这意味着理性将胜过不理性。

31. 马克思在一个脚注中说生产性劳动不应从教育中分出去。

32. 由此我们应懂得对异化工人——他们曾被降到虫子的角色——的奴役将会消失,本能将让位于以前由业主所垄断的智力。

33. 马克思:《资本论》,第 1 卷,第 211 页。

34. 我在别的地方说过所有的监督者和工人在一个处于进步的产业中必须永远做学徒。[乔治·索雷尔:《无产阶级理论的素材》(Matériaux d'une théorie du prolétariat, Paris: Marcel Rivière), 1919,第 137 页] 工头会比工程师和工人更难接受这种状况。

35. 1919 年年底，某化工厂一位我知道心思极为谨慎的工程师给我写信说："至于生产的监督者们（我也是其中之一），他们的无知是如此普遍，以致他们实际只是名义上的头儿，这些人一味沿袭作为工厂支柱的老工人们的常规的、有时是优秀的方法。"

36. 1920 年 10 月 31 日的《论辩》抱怨英国将军马斯特曼——他不允许法国官员进入德国飞机制造者应用或研究秘密程序的工厂。

37. 这位国际劳工联合会的总书记一丝不苟地行使管事者的作用，这使他成为一个值得注意的榜样。他的敌人控告他背叛，但他们自然是错的；作为一位前工人，在如此多的资产阶级分子告诉他他被称做法国的救星之一时仍能保持那样的镇静，确实相当不易。

38. 马克思：《资本论》，第 1 卷，第 10 页。

39. 考茨基：《社会革命》（*La Révolution sociale*），第 79、81 页。

40. 同上书，第 76—78 页。

41. 同上书，第 82 页。考茨基在这里将张伯伦和格莱斯顿进行对比。但难道前者不是冶金企业家而是金融家的代表吗？英国的冶金企业家看来很可能对日本在 1904 年突然决定投入对俄国的战争负有相当的责任。棉花制造商反之则是和平主义者。

42. 同上书，第 74—75 页。

43. 考茨基不敢预言美国将会模仿德国，但他错误地相信英国在爱尔兰模仿的正是普鲁士的政策。在我看来，英国社会政策的出现并不具有与德国同样的原因。考茨基说："只有一个特征不符合这种描述：即英国的军队仍然不是按照普鲁士方式组织的。"（同上书，第 81 页）他所指出的相似之处是非常次要的。

44. 卢瑟斯：《工业联盟》（*Les Syndicats industriels*），第 272—276 页。作者指出要在那些不是生产大众消费品的部门中建立卡特尔是困难的，因为这些部门依靠的是买主一时的念头。

45. 同上书，第 279 页。

46. 同上书，第 136 页。

47. 同上书，第 160 页。

48. 同上书，第 125 页。

49. 同上书，第 108 页。

50. 考茨基正确地讲道，"金融资本家是以更现代的形式出现的旧高利贷者"（考茨基：《社会革命》，第 74 页）。

51. 卢瑟斯幽默地评论说："这种邻居是人应该像爱自己一样去爱的，但是由于人性的弱点，人对他的考虑要比对自己的考虑少得多。"（卢瑟斯：《美国人的生活：

牧场、农场和工厂》，第 137 页）

52. 同上书。在第 145 页作者说美国的习语"家，甜蜜的家"可以解释为如下习语："不在别人的家里该是多么让人高兴啊。"

53. 同上书，以及《美国人的生活：教育与社会》（*La Vie américaine. L' Education et la société*），第 9—10 页。

54. 这些旧州中的许多美国人今天仍然有农耕的兴味（卢瑟斯：《美国人的生活：牧场、农场和工厂》，第 265 页）。

55. 同上书，第 281 页。

56. 同上书，第 111 页。参见第 121 页。

57. 同上书，第 144 页。

58. 在另一处，他说美国是个"斗争剧烈、精力充沛、野心过剩的国家"（《工业联盟》，第 278 页）。我们不应忽略民族排斥情绪，这种情绪源自清教徒，按照卢瑟斯的观点，它能很好地解释北方对南方的严酷，就像某些幻觉使得保护主义相当容易被接受那样。（《美国人的生活：牧场、农场和工厂》，第 318 页）

59. 联合精神在美国得到高度发展，但是它与农奴制、隐修生活或军事习俗无关。谁也不会在美国的联合——这种联合对于追求公益来说已经相当成功——中丢掉他的个性。

60. 卢瑟斯：《工业联盟》，第 80 页。

61. 同上书，第 85—87 页。管理者常常会用掉本应返还普通股的资金（这种返还资金反过来一定会增加生产能力）。1900 年 7 月，冶金集团（即那些铁丝托拉斯）最好的普通股每股价值 32 美元，而两年前，它们是以每股 100 美元的价格发行的。

62. 卢瑟斯：《美国人的生活：牧场、农场和工厂》，第 104—110 页。

63. 卢瑟斯：《美国的工业垄断》（*Les Industries monopolisées aux Etats – Unis*），第 218—223、230—239 页。在缆绳托拉斯中，资金的盗用非常巨大。

64. 卢瑟斯：《美国人的生活：牧场、农场和工厂》，第 324—325 页。

65. 卢瑟斯：《工业联盟》，第 41 页。

66. 卢瑟斯：《美国的工业垄断》，第 39—54 页。

67. 同上书，第 5 页。

68. 同上书，第 327 页。

69. 在第一次世界大战期间，资产阶级政府盲目地造出很多使大众对国家社会主义的观念熟悉起来的机构。真正的马克思主义应该向其作斗争的与其说是资本主义，不如说更是国家社会主义。这种斗争是必需的，因为人们看不出国家社会主义如何能过渡到无产阶级的社会主义。

70. 蒲鲁东 1860 年 1 月 23 日写信给米什莱说："我们正在开始我们革命的第二

阶段。我认为第一阶段始自伏尔泰、卢梭与杜尔哥的时代，终于1848年；始于笛卡尔，终于黑格尔。"(《通信集》，第14卷，第192页）1848年的新品质因此就来自黑格尔的影响；无疑，蒲鲁东这里意在宣称他对革命观念的这一复兴是有功的。这种观点在法国爱国的社会学家看来一定非常可耻，这些人自1914年以来一直在咒骂黑格尔哲学。

71. 参考我在原文第134页所说的，尤其参考《无产阶级理论的素材》，第23—24页。

72. 有关社会机制，参考索雷尔《无产阶级理论素材》，第80页。

73. 一位曾被关押在德国的法国人告诉我说，早在1917年年底人们就预见到一场军事灾难，因为权威不再受到尊敬。

74. 1814、1815年，波旁家族尚未经受如此严峻的状况，人们就一直在为巴黎条约而谴责他们，直至他们下台。法国政治家的这种恐惧可用于解释他们今天对一个不能自卫的敌人的肆意侮辱。

75. 独立社会主义者沿袭考茨基的道路；当工人们试图阻止武器弹药由协约国运往波兰时，独立分子背叛了苏维埃俄国。[1920年9月2日《人道主义》(*Humanité*)，据 Rothe Fahne] 我在修改这篇手稿时，于1921年1月27日的《信息》(*Information*) 上读到 Serrati 指控列宁扼杀德国的独立社会主义者以利于狂热支持一场报复性战争的人，指控莫斯科"一直在谴责独立分子是舔法国将军的靴子的奴仆"。在意大利的大报上有时也能读到独立分子是诺莱将军的密探这样的文字。

76. 蒲鲁东一个莫大悲伤就是看到工人们听任自己受《世纪》(*Siécle*) 及《民族舆论》(*Opinion nationale*) 中沙文主义哗众取宠的空话蒙蔽。10月27日，他写信给肖德说："千万注意不要使你自己被《周日快递》(*Courrier du Dimanche*) 上我称之为爱国情绪而实际上是爱国主义之垮台的东西所引诱。你所做的任何事情，如果帝国可能从中获益，或者它与帝国朝向同一方向、帮助帝国，那么它对法国就是有害的，对文明也是有害的：沉默，永远沉默！"(《通信》，第5卷，第187页）按照蒲鲁东的意见，真正的爱国主义就是与拿破仑三世作斗争。8月4日，他写信告知德尔哈塞比利时示威抗议皇帝的合并计划："我对之感到高兴，我认为反对波拿巴主义的任何事情都是极其自由、公正、人道、共和甚至是法国的。"(第124页）"神圣同盟"的想法在蒲鲁东看来无疑会是非常奇怪的。

77. 蒲鲁东：《通信》，第5卷，第205—206页。在1864年写作《工人阶级的政治能力》(*Capacité plitique des classes ouvrières*) 之时，他又重新燃起了希望；10月9日，他告诉德尔哈塞他希望看到资产阶级的崩溃。(《通信》，第14卷，第65页）。

78. 蒲鲁东：《通信》，第5卷，第187—188页。

79. 蒲鲁东：《通信》，第14卷，第192页。5月3日他给一位老朋友写信说：

"让我们贡献出我们所有的思想；让我们冷静平和地贡献出它，然后我们就必须听其自便。我们做不了更多的事情。"(《通信》，第5卷，第47页)

80. 法国神职人员自然是在这场战争中清楚地显示了它的策略：第一次是1918年7月末，在福熙在圣心教堂给他的军队祝圣之后；另一次是1920年8月，在华沙大门口将胜利给了波兰人。经验证明上天谴责德国人和布尔什维克。法国的反动宣传家毫不怀疑德国和苏维埃共和国恶魔般的力量从未停止过反对文明。

81. 蒲鲁东：《通信》，第8卷，第46页。蒲鲁东看到大革命的哲学并不受制于支配着亚里士多德或者康德这类人的学说之传播的学术环境。他说："人们并不阅读我的书，而不阅读我的书，他们也会听到我所说的。他们的心灵极其相信革命。"蒲鲁东在这里肯定他的学说与工人阶级的感情相当一致。一个作者如果没有资格得到这一评论，他在社会主义者中就不能称做伟大。

82. 这就是大众的心灵总是接受为资产阶级评论忽视的诗人所写的有时显得笨拙，但震撼人心的诗歌的原因。

83. 蒲鲁东1860年10月27日写信给Beslay说："我不给《周日快递》供稿；我发现它对帝制法国的反对并不十分有力。"(《通信》，第196页)

84. 在1860年10月27日的一封信中，他对肖德说："你知道，在一个专制权力下，谈论对之不能谴责而只能沉默的事情最容易不过了。有人想表达某种观点，甚至是对立的观点；有人以保持独立而自许；有人求助于无数计谋与告诫。有人说话小心；有人做出让步；最后且常常发生的是，有人在说得很少且很糟之后，最终却给对手以好处。"(同上书，第183—184页)

85. 蒲鲁东不会受到莫斯科总部1920年7月26日下达法国社会党的有关忠于第三国际的规定之第一、第八条的中伤。这两条要求，通过给宣传赋予坦率的革命调子而改变宣传的特征，将合法行动与非法行动结合起来。

86. 《通信》，第10卷，第85—86页。

87. 这本该极易成为现实，因为基督教很早就在罗马受人保护，甚至在上层社会中拥有信徒。如果说伟大的作者们，比如尤维纳利斯没有谈及基督徒，或者比如塔西佗简略而局促地谈论他们，依我看来这是因为他们急于让这一群体——这一群体中既有他们的读者，也有这一新宗教的朋友——不为人所觉察。

88. 当我写作《迈向社会主义》时，我手头既没有《现代经济导论》(*Introduction à l'economie moderne*)也没有我论述实用主义一书的手稿。因此如果读者比较目前这篇作品与该两本著作时发现有重复之处，敬请原谅。

人名对照表

A
Abeille 阿贝耶
Aeschylus 埃斯库罗斯
Aglaure 阿革劳律
Aiguille 艾吉耶
Antoinette, Marie 安托奈特
Arago 阿拉贡
Arendt, Hanna 阿伦特
Aristotle 亚里士多德
Arnauld 阿尔诺
Aurelius, Marcus 奥勒留

B
Bachaumont 巴绍蒙
Bacon 培根
Balzac 巴尔扎克
Baron 巴隆
Barre, Chevalier de la 巴雷骑士
Baudrillart 博德里亚
Bayle 培尔
Béranger 贝朗瑞
Bergson 柏格森
Bernoulli, Daniel 丹尼尔·伯努利
Berthelot 贝特洛

Bertrand, J.　贝特朗
Boileau　布瓦洛
Boissier, G.　布瓦西
Bolinbroke, Henry St. John　亨利·圣约翰·博林布鲁克
Borda　博尔达
Bossuet　波舒哀
Bougainville　布干维尔
Bouquet, dom　唐·布凯
Bourdaloue, Jesuit　杰修特·布尔达卢
Bourgeois, Léon　莱昂·布儒瓦
Briand, Aristide　阿里斯泰德·白里安
Brunetiére, Ferdinand　斐迪南德·布吕纳介
Brunschvicg　布伦士维格
Buckle, Henry Thomas　巴克尔
Burckhardt　布克哈特
Bureau, Paul　保罗·比罗
Buffon　布丰
Bury　巴瑞
Buzot　比佐

C
Cagliostro　卡廖斯特罗
Calas　卡拉斯
Calvin　加尔文
Carnegie, Andrew　卡内基
Camot　卡诺
Catherine (Empress)　叶卡捷琳娜（二世）
Cavaignac　卡芬雅克
Chamberlain　张伯伦
Chapelain　夏普兰
Charlemagne　查理曼（即查理大帝）
Charlevoix　沙勒瓦

Chateaubriand 夏多布里昂
Chaudey 肖代
Choiseul 舒瓦瑟尔
Clairaut 克莱罗
Collins, John Anthony 约翰·安东尼·柯林斯
Compayré 孔佩雷
Comte, Auguste 孔德
Condillac 孔狄亚克
Condorcet, Marquis de 孔多塞
Constant, Benjamin 贡斯当
Conti 孔蒂
Corneille 高乃依
Cotin 科坦
Coumay 库尔奈
Cournot 库尔诺
Crébillon 克雷比雍
Crétin 克雷坦
Croce, Benedetto 克罗齐
Crookes 克鲁克斯
Cuvier 居维叶

D

d'Agrenson 达让松
d'Alembert, 达朗贝尔
Damiens 达米安
Darcet 达尔塞
Darwin 达尔文
Daubenton 多邦东
Daudet, Léon 莱昂·都德
D'Avenel 达弗内尔
Deffand, Mme du 德芳夫人
d'Egmont, Madame 埃格蒙夫人

Democritus 德谟克利特
Destrée 德斯特雷
Diafoirus, Thomas 托马斯·迪弗洛斯
Diderot 狄德罗
Dransy 德朗西
Dreyfusard 德雷福斯
Dubos 迪博
Duhem 迪亚

E
Edelstein, Ludwig 路德维希·埃德尔斯坦
Eiffel, Gustave 居斯塔夫·埃菲尔
Eimer 埃梅
Engels 恩格斯
Epicurus 伊壁鸠鲁

F
Fabricus 法布里修斯
Favre, Jules 于勒·法弗尔
Fechner 费希纳
Ferguson, Adam 亚当·弗格森
J. Flach 弗莱彻
Flaubert 福楼拜
Fouillée, Alfred 阿尔弗雷德·富耶
Fléchier 弗莱希耶
Foch 福煦
Fontenelle 丰特内勒
Fourier 傅立叶
Force 福斯
France, Anatole 法郎士
Frederick the Great 腓特烈大帝（即腓特烈二世）
Fréron 弗雷隆

G
Galiani 加利亚尼
Galileo 伽利略
Gauss 高斯
Geoffrin, Madame 若弗兰夫人
Giard, Alfred 阿尔弗雷德·吉阿
Giraud, Victor 吉罗
Glotz 格洛茨
Gongora y Argote 贡戈拉—阿尔戈特
Goethe 歌德
Graffigny 格拉芬格尼
Grimm 格林
Guesde 盖德

H
Hallays, André 阿勒
Hartmann 哈特曼
Havelock, Eric A. 海夫洛克
Havemeyer 海夫迈耶
Hegel 黑格尔
Helvétius 爱尔维修
Hemet 海默特
Henry, Ch. 亨利
Holbach, Baron 霍尔巴赫
Holy See 圣塞
Huet 佑特
Hulme, T. E. 休姆

I
Ihering 耶林
Illuminees 爱留梅尼斯

J

Jacques, Jean 雅克
James, William 詹姆斯
Jansen 詹森
Jaurès, Jean 饶勒斯
Justinian 查士丁尼一世
Juvenal 尤维纳利斯
Jouhaux 儒奥
Journée 儒内

K

Kautsky 考茨基

L

Laboulaye 拉布莱
Lacombe. P. 拉康贝
Lafargue 拉法格
La Fontaine 拉封丹
l'Ain, Girod de 艾因
Lally 拉利
Lamarck 拉马克
Lambert, Marquise de 拉姆贝侯爵夫人
Lamotte 拉莫特
Langlois 朗格卢瓦
Laplace 拉普拉斯
l'Aretin 阿雷顿
Lassalle 拉萨尔
Launay, Mademoiselle de 洛内小姐
Lavoisier 拉瓦锡
Le Bon, Gustave 古斯塔夫·勒庞
Lebrun, Charles 勒布朗

Lémery　莱默里
Lemn　列宁
Le Play　勒普莱
Lesseps, de　雷赛布
Lichtenberger　利希滕贝格
Loisy, ex–Abbé　卢瓦西
Longueville　隆格维尔
Louis–Phillippe　路易·菲利普
Louvois　卢瓦
Lovejoy, Arthur O.　阿瑟·拉福乔
Lucretius　卢克莱修
Luxemburg, Rosa　罗莎·卢森堡
Lycurgus　莱库格斯

M

Mably　马布利
Machiavelli　马基雅维利
Maine, Duchess du　D. 梅因
Maine, Sumner　萨姆纳·梅因
Malesherbes　马尔泽尔布
Malisset　迈理塞特
Malon, Benoit　马隆
Mannheim, Karl　曼海姆
Marcuse, Herbert　马尔库塞
Marmontel　马蒙泰尔
Marx, Karl　马克思
Massillon　马西隆
Maupeou　莫普
Maupertuis　莫普修斯
Maurepas　莫尔巴
Merlino, Saverio　梅里诺
Merton, Robert　默顿

Mesmer　梅斯梅尔
Metschnikoff　孟基内凯夫
Michelet　米什莱
Mirabeau, Marquis de　米拉波
Mirandola, Pico de la　皮柯·米兰多拉
Mill, John Stuart　穆勒
Minerva　米涅瓦
Moliere　莫里哀
Montaigne　蒙田
Morellet　莫尔莱
Morgan, Lewis Henry　摩尔根
Morgan, Pierpont　摩根
Muy, Marshall de　缪

N
Napoleon　拿破仑
Necker, Jacques　雅克·内克尔
Nemours, Dupont de　杜邦·德·纳穆尔
Newman　纽曼
Nimrod　宁录
Nollet　诺莱
Northcliffe (Harmsworth)　诺斯克利夫（哈姆斯沃思）

O
Ollivier　奥利维埃
Orpheus　奥菲士

P
Palissot　帕雷索特
Pan, Mallet du　潘
Parmentier　帕蒙梯埃
Parny　帕尼

Pascal　帕斯卡
Paul, Saint　圣保罗
Paul, Vincent de　文森特·德·保罗
Penn, William　彭威廉（佩恩）
Pecqueur, Constantin　康斯坦丁·派克奎尔
Pericles　伯利克里
Perrault, Charles　佩罗
Perronet　佩隆内
Plato　柏拉图
Poisson　泊松
Polybius　波利比奥斯
Pompadour, Madame de　庞巴杜尔夫人
Popper, Karl　卡尔·波普尔
Prometheus　普罗米修斯
Protagorean　普罗泰哥拉派
Proudhon　蒲鲁东
Puchta　普查特

Q
Quesnay　魁奈
Quetelet　奎特莱

R
Rabelais　拉伯雷
Raphael　拉斐尔
Racine　拉辛
Raynal　雷纳尔
Reinach, Joseph　约瑟夫·雷纳克
Renan　勒南
Ribot, Theodule　利鲍
Richelieu　黎塞留
Richet　里歇

Robespierre 罗伯斯庇尔
Rocquain 洛克奎因
Ronsard 龙萨
Rouelle 卢埃尔
Rousiers, Paul de 保罗·卢瑟斯
Rousseau 卢梭

S
Amant, Saint 圣阿芒
Sahagun, Franciscan Bemardino de 萨阿干
Saint-Cyran, de 圣西戎
Saint-Pierre, Abbe de 圣皮埃尔
Saint-Simon 圣西门
Saint Sulpice 圣絮尔皮斯
Sainte-Beuve 圣伯夫
Sartre, Jean-Paul 萨特
Saussure, Nicolas de 索绪尔
Savigny 萨维尼
Say 萨伊
Stael, Madame de 斯塔尔夫人
Sambat, Marcel 马塞尔·桑巴特
Semiramis 塞米勒米斯
Seneca 塞内加
Sengnobos 塞贡博斯
Sévigné, Madame de 塞维涅夫人
Shakespeare 莎士比亚
Shils, Edward 希尔斯
Siéyès 西哀士
Smith, Adam 亚当·斯密
Socrates 苏格拉底
Solon 梭伦
Sophocles 索福克勒斯

Spartine　斯巴顿
Stanley, John　约翰·斯坦利
Strauss, Leo　列奥·施特劳斯
Sully　苏利

T
Tacitus　塔西佗
Tame　丹纳
Tanon　唐纳
Tencin　唐森
Tertullian　德尔图良
Thélème　勒莱梅
Thierry, Augustin　奥古斯丁·梯也里
Thomas, Saint　圣托马斯（阿奎那）
Tillet　蒂莱特
Turgot　杜尔哥
Tocqueville　托克维尔
Tracy, Destitut de　特拉西, 德斯蒂·德
Tristan　特里斯坦
Tronchet　特蔡特
Trosne　特罗斯尼
Trublet　特鲁莱特

U
Ure　尤利

V
Vandervelde　旺多弗德
Vendome　旺多姆
Verney, du　凡尔内
Thiers　梯也尔
Vico　维柯

Vidal, F.　维达
Villeneuve – Bargemont　维尔纽夫－巴尔热蒙
Voiture　瓦蒂尔
Voltaire　伏尔泰

W
Wagner　瓦格纳
Walker　沃克
Weber, Max　韦伯

Y
Young, Arthur　阿瑟·扬

Z
Zola, Emile　爱弥儿·左拉